Inhalt

Reisen in feinstoffliche Sphären

Außerkörperliche Erfahrungen

mit Kommentaren

von den Meistern der Weisheit

Konfuzius und Kuthumi

Autorin: Ute Kretzschmar

1. Neuauflage als Buch 2024

Impressum:
© Antar-Verlag, Im Enzengarten 3, 79379 Müllheim

Covergestaltung & Satz: Winter, Steffen
Druckerei: booksfactory.de

ISBN 978-3-948034-50-4

Vorwort

Es gibt Jahre im Leben, da hat man das Gefühl in einem Albtraum festzusitzen. Die eigene bekannte Realität gerät unaufhaltsam ins Schwanken und alles bricht zusammen. Das Jahr 1992 war so ein Jahr für mich. Gleich nach Neujahr kam mein Lebensgefährte Bertram ins Krankenhaus. Die Diagnose hieß Krebs. Wir hatten das Gefühl von Hiobsbotschaften überrollt zu werden und einer unbekannten Herausforderung ausgeliefert zu sein.

Bertram kam ins Krankenhaus und sechs Wochen später war er tot. Alle gemeinsamen Zukunftspläne waren schlagartig hinfällig. Ich war allein!

Damals habe ich mir gewünscht, ich hätte die Macht, die Zeit zurückdrehen und an irgendeinen Punkt der Vergangenheit neu starten zu können, mit dem Ziel, das Endergebnis zu verändern! Nur hatte ich diese Macht nicht und durfte mich stattdessen mit der Realität und dem Tod auseinandersetzen.

Ich ahnte damals noch nicht, dass genau die Begegnung mit dem Tod und die darauffolgenden Ereignisse absolut wichtig für meine Entwicklung und Weltsicht waren. Durch sie bin ich wachgerüttelt worden!

Und ich wusste 1992 auch noch nicht, welche Erfahrungen mir bevorstanden. Zu diesem Zeitpunkt begannen für mich intensive Wachträume, außerkörperliche Erfahrungen, Astralreisen, Begegnungen mit Verstorbenen und mentale Entwicklungsschritte.

Zum Zeitpunkt, als meine Erlebnisse begannen, war ich 32 Jahre alt. Bis dahin hatte sich in meinem Leben nichts Weltbewegendes zugetragen. Meine Lebensanschauung war eher nüchtern und realistisch und besagte in einem Satz:

Das Leben beginnt mit der Geburt und endet mit dem Tod!

Dieser Glaube sollte schon bald wie ein Kartenhaus zusammenstürzen!

Als ich Bertram kennenlernte, war ich 27 Jahre. Schon als ich ihm das erste Mal begegnete, hatte ich das Gefühl, den kennst du schon ewig! Es war Liebe auf den ersten Blick!

Mit dem Tod war ich bisher nur wenig konfrontiert worden und wenn, dann waren es ältere Menschen aus der Verwandtschaft.

Ich hatte weder eine religiöse Erziehung genossen, noch einen Schimmer von Esoterik, aber auch kein festes Weltbild. Möglicherweise hat gerade das meine außerkörperlichen Erfahrungen begünstigt!

Jedenfalls wurde ich vollkommen unvorbereitet, bedingt durch meine Neugier und dem Wunsch Bertram nahe zu sein, in etwas hineingezogen und musste mir Schritt für Schritt diese neue Welt erobern.

Meine ersten Begegnungen mit dem feinstofflichen Bereich waren die mit Bertram, später bekam ich einen geistigen Begleiter, den ich Micro nannte. Er brachte mich in Kontakt mit meiner Seelenfamilie und wieder Jahre später folgten Begegnungen mit Aufgestiegenen Meistern und Erzengeln.

Dabei habe ich jede Menge falsch gemacht! Es war nicht immer leicht, und ich bin dabei durch Höhen und Tiefen gegangen, die alles andere als angenehm waren. Es dauerte Jahre, bis ich lernte, meine innere Balance zu halten und mit der geistigen Welt so umzugehen, dass sie zur Bereicherung wurde, ohne dass ich mich von diesen Kontakten abhängig fühlte! Und es dauerte weitere Jahre bis ich die Verwirrung, die diese Erlebnisse in mir zurückließen, abstreifen konnte.

Seit 2002 gebe ich spirituelle Seminare und habe mittlerweile mehrere Bücher mit Botschaften von Meister Konfuzius und Kuthumi geschrieben. Mein Weltbild und mein Leben haben sich gegenüber damals fundamental verändert.

Ich habe die Meister der Weisheit gebeten, ihre Erklärungen zu meinen Erlebnissen so zu gestalten, dass sie auch für interessierte Leser bereichernd sind und alle Missverständnisse ausgeräumt werden. Aber diese Erklärungen erhielt ich selbst erst viele Jahre nach meinen abenteuerlichen Erlebnissen und konnte damals nicht davon profitieren.

Begrüßung durch die Meister

Seid gesegnet, seid in der Liebe, hier sind Meister Konfuzius und Kuthumi!

Viele spirituelle Lehrer werden in der Physis geboren mit einem Plan des Erwachens. Aber nicht immer verläuft der Plan so, wie ihr ihn ursprünglich ersonnen habt.

Auf irdischer Ebene besitzt ihr ein Ego und dieser Teil von euch hat erst einmal ein bestimmtes Weltbild, und er bewertet und analysiert gern. Ihr habt euch also vor dieser Inkarnation, in euer Leben Ereignisse eingeplant, die die Aufgabe haben, eure Sicht auf die Welt zu erschüttern, um euch einen größeren Überblick zu erschaffen und dieses Wissen möglicherweise an andere weiterzugeben!

Wie die Sache letztendlich ausgeht, könnt ihr im jenseitigen Bereich bei der Planung nicht wirklich festlegen, denn dort habt ihr einen erweiterten Blickwinkel und wisst Dinge, die euch in der Physis nicht zur Verfügung stehen.

Beim Geborenwerden durchlauft ihr den Kanal des Vergessens und damit gibt es auch die Möglichkeit, spirituelle Erfahrungen hartnäckig zu leugnen, miss zu deuten oder die Wahrheit zu erkennen. Und dieses Erkennen braucht oft viele Jahre und den nötigen emotionalen Abstand.

Wir haben unsere Schülerin Ute ermuntert ihre Erlebnisse zu veröffentlichen. Es war nicht ganz einfach, sie davon zu überzeugen! Sie hat sich gesträubt, weil sie der Meinung war, dass sie durch die „Fehler“ und „langsamen Entwicklungsschritte“ unendlich blamiert sei!

Wir, die Aufgestiegenen Meister, sehen das anders! Außerkörperliche Erfahrungen wurden bereits in alten

Mysterienschulen gelehrt und die Schritte der Selbsterkundung stehen für jeden Menschen an, der sich derzeit auf der Erde befindet und dabei sein möchte bei der Umgestaltung der Welt in ein Paradies für alle.

Das Bewusstsein der inkarnierten Menschen vollzieht momentan enorme Entwicklungsschritte! Aus diesem Grunde ist es uns ein Bedürfnis, die vorliegenden Aufzeichnungen aus unserer Sicht zu kommentieren, weil viele Menschen gerade durch diesen Prozess gehen.

Spirituelle Entwicklung verläuft selten geradlinig. Wenn ihr erwacht, gibt es häufig eine euphorische Phase, in der ihr euch getragen fühlt von der Licht- und Liebesenergie eures göttlichen Hohen Selbstes. Danach kommt bei vielen ein Absturz. Ihr durchschreitet das dunkle Tal der Seele und arbeitet euch langsam Schritt für Schritt durch eure persönlichen Verstrickungen. Am Ende des Tales seid ihr eine vollkommen andere Person als die, die die ersten Schritte ging! Die geistige Welt möchte euch gern mit Informationen aus dem feinstofflichen Bereich unterstützen und Licht in menschliche Verwirrungen bringen. Wir wünschen euch eine spannende Lektüre und viele wertvolle Erkenntnisse!

Meister Konfuzius und Meister Kuthumi
(Überarbeitet Mai 2024)

Anruf aus dem Krankenhaus

13.02.1992

Ich hatte das Telefon abends mit ans Bett genommen und trotz meiner Befürchtung kein Auge zutun zu können, schlief ich tief und traumlos. Das Personal der Intensivstation bereitete mich seit zwei Tagen auf die Möglichkeit, dass Bertram sterben könnte, vor. Das Telefon klingelte morgens um halb 7 Uhr. Die Intensivstation meldete sich und die Oberschwester sagte nur: „Es geht zu Ende!"

Ich hatte sie gebeten anzurufen, bevor Bertram starb, weil ich ihn nicht im Stich lassen wollte. So war zumindest mein Gefühl, obwohl ich vom Verstand her wusste, nichts ausrichten oder verändern zu können.

Ich rief Bertis Schwester Diana an und wir verabredeten uns in 20 Minuten im Krankenhaus. Zum Waschen war keine Zeit, ich warf mir ein paar unpassende Sachen über und fuhr in die Klinik.

Jetzt starb er also und ich hatte so sehr auf ein Wunder gehofft! Irgendwie funktionierte ich und fuhr den mittlerweile vertrauten Weg zur Klinik. Bertram hatte vor drei Wochen eine Krebsoperation und lag seither in einem sedierten Zustand auf der Intensivstation. Ich hatte mir vorgestellt, wie ich ihm hinterher alles erzählte, was sich in der Zeit seines künstlichen Komas zugetragen hatte und jetzt lag er im Sterben.

Ich parkte das Auto und eilte hinein. Diana stand vor der Tür der Intensivstation und reichte mir einen Besucherkittel. Unsere Blicke trafen sich. Ihre Augen glitzerten feucht, ebenso wie meine. Ich glaube, es war die erste Umarmung zwischen uns in all den Jahren, die wir uns kannten.

Wir gingen ins Zimmer und standen rechts und links seines Bettes. Berti hatte die Augen geschlossen. Wir hatten letztes Jahr seinen 40. Geburtstag gefeiert. Und jetzt lag er hier, wurde beatmet und überall führten Schläuche in seinen Körper. Ich nahm seine Hand und erschrak über die Kälte – auch seine Arme und Beine waren kalt.

Lediglich der Rumpf war noch warm. Das EKG-Gerät, was seine Herztöne anzeigte, hatte große Pausen zwischen den schwachen Herzschlägen.

Diana sprach etwas abseits mit dem Arzt. Ich beugte mich über Berti, streichelte seine Wange und flüsterte: „Gehe ins Licht! Dein Vater und Onkel Sepp sind da und bringen dich nach Hause." Ich wusste keineswegs, ob das, was ich da sagte, der Wahrheit entsprach. Aber ich hoffte voller Inbrunst, dass es genauso wäre!

Plötzlich rollte Bertram eine einzelne Träne über die Wange. Hatte er mich gehört? Trotz Koma? War es ein Zeichen? Ein Abschiedsgruß? Ich hoffte es!

Ich wusste nichts über die Seele, aber ich hatte vor Jahren das Buch „Leben nach dem Tod" von Dr. Raymond Moody gelesen und darin ging es um Nahtodeserfahrungen. Voller Verzweiflung hoffte ich, dass in diesem Buch die Wahrheit stand. Als ich es damals las, tat ich es aus Interesse und Neugier, vermied es aber mir eine eigene Meinung darüber zu bilden.

Der Arzt trat ans Bett und erklärte uns noch einmal Bertis hoffnungslosen Zustand und unterrichtete uns, dass er jetzt das Beatmungsgerät abschalten würde. Innerhalb kürzester Zeit zeigte das EKG eine Nulllinie. Berti, mein Liebster, Freund und Lebensgefährte war tot.

Es ist mir heute noch rätselhaft, wie Diana und ich gemeinsam alle Wege, Besuche, Anrufe und anstehende Erledigungen geschafft haben. Ich hatte das Gefühl neben mir zu stehen und irgendwer bewegte meinen Körper, tätigte Anrufe, sagte auf der Arbeitsstelle Bescheid, traf Entscheidungen, brachte einen Anzug zum Bestatter, fuhr das Auto und funktionierte irgendwie. Ich war gefangen in einem Albtraum.

Meister Konfuzius erklärt:

Wenn ihr im Irdischen in einer Ausnahmesituation seid und dazu gehört der Tod eines geliebten Menschen, dann erhaltet ihr intensive

Unterstützung von eurem Hohen Selbst. Es ist euer persönlicher Schutzengel, der euch über viele, viele Leben betreut und auch intensiver beisteht, falls das erforderlich sein sollte.

Ihr habt mit eurem Hohen Selbst einen Vertrag, der so ausschaut, dass es euch an einem Tag in der Woche energetisch und geistig unterstützt. An diesem Tag seid ihr in einem ausgeglichenen, freudvollen und lebensbejahenden Zustand, ihr habt tolle Ideen, lacht, trällert innerlich und fühlt euch rundum zufrieden. Oft seid ihr in Gesprächen mit anderen klarer und sprecht Dinge aus, die euch zuweilen selbst in Erstaunen versetzen. Beobachtet euch selbst und versucht den Tag herauszufinden.

In Notsituationen wird der normale Betreuungsrhythmus intensiviert.

Die Hand

Februar 1992:

Es war wenige Nächte nach Bertis Tod. Ich war für die erste Zeit zu meinen Eltern gezogen, weil ich unsere gemeinsame Wohnung im Moment nicht ertragen konnte. Ich schlief bei meiner Mutter im Zimmer.

Plötzlich wurde ich wach, weil ich etwas in der Hand hielt: Es fühlte sich an wie eine Hand, normal temperiert, fünf Finger, fünf Fingernägel, der Handrücken – kurz: eine völlig intakte Hand!

Ich erschrak nicht. Im Gegenteil, ich war vollkommen entspannt und ruhig.

Ich betastete die Hand und wusste vom ersten Moment an – es war Bertis Hand.

Ich kontrollierte alle Möglichkeiten einer Täuschung: Meine eigene zweite Hand konnte es nicht sein, sie befand sich neben meinem Körper. Die Hand, welche ich hielt, lag auf meiner Brust.

Es war auch nicht der Stoff meines Schlafanzuges, dazu hatte ich sie zu genau kontrolliert!

Dabei muss ich erwähnen, dass wir vor Bertis Tod immer vor dem Einschlafen „Händchen gehalten" haben. Das wusste außer uns beiden kein Mensch!

Auch habe ich am nächsten Tag meine Mutter gefragt, ob sie in der Nacht an meinem Bett war. Sie verneinte.

Bertis Tod war für mich ein außergewöhnlicher Verlust. Wir hatten uns sehr geliebt und eine glückliche, harmonische Beziehung gehabt, natürlich auch mit Herausforderungen.

In der ersten Nacht nach seinem Tod habe ich kein Auge zugetan. Sowie das Licht aus war, hatte mich das „Elend" übermannt, und ich heulte die ganze Nacht Rotz und Wasser. Dazwischen stand ich auf, setzte mich bei meinen Eltern in die leere Küche und rauchte.

Wenn ich allein in der Küche saß, habe ich immer in Gedanken mit Berti Zwiegespräche geführt.

Tausend Mal habe ich ihn aufgefordert, mir ein Zeichen zu geben, falls er noch irgendwo, in einer anderen Welt, existierte!

Ich habe geglaubt, jetzt müsste gleich eine Vase vom Schrank fallen oder wenigstens die Gardine in die Höhe wehen. Nichts dergleichen geschah!

Das Letzte, an was ich mich vorm Einschlafen erinnerte, war der Gedanke:

Tue es nicht als Traum ab! Es war real!

Die Zeit verging. Ich konnte mich zwar noch überdeutlich an die Geschichte mit der Hand erinnern, war aber mittlerweile bereit, das Ganze überreizten Nerven oder einer Art intensiven Wunschdenkens zu zu schreiben!

Bertis erster Besuch

Bertram war bereits mehrere Wochen beerdigt, und ich war inzwischen wieder in unsere gemeinsame Wohnung übersiedelt, in der ich von nun an allein lebte. Die ersten Tage meiner Rückkehr waren schlimm. Mir hatte ein älterer Mann auf Bertis Beerdigung gesagt: „Erinnere dich an die positiven Erlebnisse, dann kannst du auch weiter in der Wohnung leben!" Er hatte recht!

In letzter Zeit dachte ich viel über den Sinn des Lebens nach. Es erschien mir einfach widernatürlich und ungerecht, dass das Leben nach einem Zufallsprinzip verlaufen und ohne jeden Sinn sein sollte, wie die Schulwissenschaft erklärte.

Dieses Weltbild hatte mich noch nie so gestört wie jetzt, nachdem Bertram verstorben war!

Seit meiner Jugend interessierte ich mich für ungewöhnliche Phänomene. Ich hatte Geschichten gelesen über Erlebnisse, die den Schluss zuließen, dass es eine Seele gab. Aber es reichte für meinen Trost nicht aus, dass es da vielleicht irgendeine Witwe in England gab, der ihr verstorbener Mann erschienen war!

Ich wollte es ganz persönlich selbst wissen und zwar Bitteschön ohne jeden Zweifel!

Deshalb bestellte ich jeden Abend, bevor ich ins Bett ging: „Berti, falls du noch irgendwo existierst, möchte ich es wissen!"

Die Antwort kam bald:

Es ereignete sich in der Nacht vom 12. auf den 13. Mai 1992, etwa ein viertel Jahr nach seinem Tod. Ich war gegen 23.30 Uhr ins Bett gegangen und am Eindösen.

Auf einmal wurde ich durch ein Geräusch wach. Ich habe lange überlegt, womit man dieses Geräusch am treffendsten vergleichen könnte. Einen perfekten Vergleich gibt es nicht!

Am ehesten trifft es wahrscheinlich das Sirren eines Bumerangs, wenn er durch die Luft fliegt, jedoch ohne Zugluft!

Neben mir auf Bertis Bettseite lag jetzt ein Körper, und er sagte zu mir: „Erschrick bitte nicht! Du brauchst keine Angst zu haben! Ich bin es, der Berti!“

Er streichelte mir zärtlich das Gesicht und küsste mich. Ich spürte ganz deutlich seine Hände, seine Bartstoppeln und seine Lippen.

Ich drehte mich auf die Seite und betrachtete die Konturen des Körpers. Er hatte einen merkwürdigen Lichtschein über der Haut. Es war eindeutig Bertram!

Sein Körper, ganz lebendig, seine Haare, seine Wangen, seine Gesichtszüge, sein Schnurrbart, der bis auf die Oberlippe reichte, und ich dachte noch, wenn wir ihn vor der Beerdigung geschnitten hätten, müsstest du jetzt nicht mit so einem ungepflegten Bart herumlaufen!

Ich sagte ihm, dass ich es toll fände, dass er trotz allem vorbeikommen könnte, und dass ich mich wahnsinnig freute!

Er antwortete, dass er es genauso empfände!

Die Unterhaltung, welche wir führten, war eine Art Telepathie – Gedankenübertragung ohne laute Worte. Ich hatte seine Antworten ganz einfach im Kopf.

Als nächstes bestürmte ich ihn mit Fragen:

Ich wollte wissen, wo er jetzt war? Ob es ihm gefiel? Ob er seine Tante Olga, die erst kürzlich gestorben war, getroffen hätte? Ob er von nun an öfters vorbeikommen würde?

Ich wollte alles wissen und erhielt nicht eine einzige Antwort! Stattdessen streichelte und küsste er mich weiter. Ich tastete seinen Körper ab, um zu kontrollieren, dass auch nichts fehlte. Es war alles vorhanden – nur von den Operationsnähten fühlte ich nichts!

Ich bombardierte ihn weiter mit Fragen, jedoch ohne Reaktion. Es war gerade, als ob er meine Fragen überhaupt nicht wahrnahm oder er wusste nicht, wie er sie beantworten sollte.

Ich spürte mit absoluter Deutlichkeit seinen Schnurrbart überall auf meiner Haut.

Das war unmöglich ein Traum!

Ich zermarterte mir den Schädel, auf welche Weise ich dennoch etwas herausbekommen könnte. Wenn ich ihm beispielsweise sagte, dass ich ihn liebe und vermisse, gab er mir zu verstehen, dass es ihm ebenso ging! Nur meine Fragen überhörte er gänzlich.

Ich fragte schließlich: Wieso beantwortest du meine Fragen nicht?

Keine Antwort!

Ich schalt mich gleichzeitig einen Trottel, weil das ja schon wieder eine Frage war!

Ich musste es anders formulieren! Und sagte schließlich:

„Jetzt habe ich es endlich kapiert: Du darfst mir meine Fragen nicht beantworten, und all das, was ich wissen will, erfahre ich sowieso später einmal, wenn es bei mir soweit ist!“

Er lachte mich mit seinem breitesten Berti-Grinsen an und bestätigte:

„Genauso ist es!“

Wir streichelten und küssten und liebten uns. Er war überaus lebendig und vollkommen real!

Irgendwann muss ich eingenickt sein, und er ist geräuschlos verschwunden. Kurz darauf war ich wieder wach und betastete das leere Bett neben mir.

Ich dachte: Oh, schade, er ist weg!

Ich hörte noch einmal das Bumeranggeräusch und wie durch Zauberei war er plötzlich wieder da. Er gab mir zu verstehen, dass die Zeit noch nicht ganz abgelaufen sei, und er könnte noch eine Weile bleiben. Wir streichelten uns weiter, bis ich abermals einschlief, und er schließlich endgültig verschwand.

Ich bin davon überzeugt, dass es 100% kein Traum und dass es ohne jeden Zweifel Bertram war!

Am nächsten Morgen stand ich vor einem riesigen Problem: Wie sollte ich das Ganze einordnen? Mir war in 32 Jahren nie etwas Derartiges passiert! Jede logische Erklärung versagte unweigerlich! Ich hatte mir zwar bestellt, dass ich ganz klar Bescheid wissen wollte, aber das hieß noch lange nicht, dass ich mit der Antwort auch umgehen konnte!

Meine erste Reaktion war: Das kannst du keinem Menschen erzählen! Wahrscheinlich hast du jetzt einen „Dachschaden“ erlitten!

Normalen Leuten passiert so etwas nicht!

Ich fing an, mich selbst zu belauern, um einzugrenzen, wie groß der Schaden sei. In meinem Alltagsleben lief alles wie gehabt! Keine unerklärbaren Ereignisse oder Bewusstseinstrübungen! Das beruhigte mich etwas! Solange ich nur nachts verrückt war, konnte ich es ertragen!

Schließlich hielt ich es nicht mehr länger aus: Ich musste mit jemandem darüber reden!

Ich ging zu meiner Freundin Heidi. Wir hatten vor Jahren in derselben Firma gearbeitet und uns angefreundet. Dann hatten wir gleichzeitig unsere Männer kennen gelernt und in dieser Phase nur noch sporadisch Kontakt. Sie hatte mir vor Jahren das Buch „Leben nach dem Tod" von Moody geliehen, ihr wollte ich mich am ehesten anvertrauen. Allerdings rechnete ich stark damit, dass sie mir einen Psychiater empfehlen würde. Das war allerdings ein Irrtum!

Sie erzählte mir, sie habe zwar keine eigenen Erfahrungen in diese Richtung, aber sie habe schon ähnliche Dinge von anderen Leuten gehört! Nun, das hatte ich auch! Aber es war ein riesiger Unterschied, ob man im Radio eine solche Geschichte hörte, oder ob man sie selbst erlebte. Dennoch war ich erleichtert mit jemandem darüber sprechen zu können.

Meister Konfuzius erklärt:

Viele Menschen, die eine ihnen nahestehende Person durch den Tod verloren haben, wünschen sich genau wie du, sie möge irgendwo weiter existieren, und sie hätten auch gern einen Hinweis, dass ihre Hoffnung sie nicht trügt.

Als erstes möchten wir euch versichern, dass die Seele unsterblich ist!

Im Moment des Todes verlässt die Seele den Körper. Oftmals wird sie von ebenfalls verstorbenen Verwandten und Freunden abgeholt. Sie kehrt zurück in ihre geistige Heimat – für sie ist diese Heimkehr ein Freudenfest!

Das Einzige, was ihre Freude schmälert, sind die trauernden irdischen Angehörigen, die oft vollkommen verzweifelt über den Verlust sind. Viele sogenannte „Verstorbene" nehmen nachts im Traum Kontakt zu ihren Hinterbliebenen auf, um ihnen mitzuteilen, dass das Leben ewig ist und es ihnen gut geht!

So ist es auch in deinem Fall geschehen!

Aber die Art und Weise, wie es von der lebenden Person aufgenommen wird, ist doch sehr unterschiedlich. Manche irdische Menschen sind so von der Endgültigkeit des Todes überzeugt, dass sie durch die Träume, die die Absicht haben, sie aufzuklären, nur in noch tieferes Leid stürzen!

Ist eine Person für dieses Erwachen bereit, kann sich ihr der Verstorbene so mitteilen, dass sie die Wahrhaftigkeit der Seele nach und nach erkennt!

Für gewöhnlich gibt es dann einen Kampf mit dem Ego und dem bisherigen rationalen Weltbild! Wie der Kampf ausgeht, ist von Fall zu Fall unterschiedlich!

Meine Versuche zu „schweben"

Es war Ende Juli 1992 auf Kreta. Ich war mit meiner Schwester und meinem künftigen Schwager in den Urlaub nach Griechenland gefahren. Da ich die Reise nachgebucht hatte, wohnten wir zwar im selben Ort, aber in anderen Hotels.

Berti hatte mich seither nicht mehr besucht. Ich hatte in den vorangegangenen Monaten die Bücherläden nach geeigneter Literatur abgeklappert. Leider kannte ich nicht einmal die Rubrik „Esoterik" und fischte im Trüben. Etwas Geeignetes hatte ich jedenfalls noch nicht gefunden! Ich las gerade Heidis „Hexenbuch".

Darin stand, dass es Leute gab, die nach Belieben zu jeder Zeit ihren Körper verlassen konnten und damit umherflogen.

Das wollte ich auch probieren! Nur war entweder die Anleitung nichts wert oder ich selbst zu ungeschickt! Man sollte sich entspannen und vorstellen unter der Decke zu schweben. Jedenfalls klappte es bei mir nicht!

Nach mehreren Fehlversuchen tat sich dann doch etwas:

Ich lag nachmittags im Hotelzimmer auf dem Bett und war am Dösen.

Plötzlich schwebte ich schwerelos in einem leeren, dunklen Raum. Dummerweise sah ich nicht sehr viel. Ich spürte aber die Anwesenheit einer anderen, fremden Person, welche mir den Rücken zuwandte.

Meine Optik war wirklich nicht beneidenswert, entweder es war vollkommen dunkel oder es flackerten für kurze Momente Bildfetzen vorbei.

Ich gab mich der anderen Person, es war ein Mann mit südländischem Aussehen, zu erkennen und forderte ihn auf, mich zu umarmen. Er wandte sich mir zu und nahm mich in die Arme. Ich spürte deutlich seine Berührung.

Im nächsten Moment wurde es laut vor dem Hotel. Ich öffnete die Augen und lag wie vorher auf dem Bett im Zimmer. Kein Traum!

Wenn ich träume, habe ich weder Bildstörungen noch spüre ich so deutlich Berührungen! Das Verrückte daran war, dieser Mann hatte ganz und gar nicht wie ein deutscher Tourist ausgesehen, eher wie ein Grieche, aber wir hatten keine Verständigungsprobleme. Er hat mich sofort verstanden!

Wie sollte ich das nun wieder einordnen?

Ein weiterer Besuch von Berti

Es war in der Nacht vom 11. auf den 12. 08. 92, ich war am Eindösen.

Plötzlich griff eine Hand nach meiner, und ich wusste sofort: Das ist Bertram! Wir umarmten und küssten uns.

Schließlich schwebte Berti ein, zwei Meter über mir. Er breitete die Arme aus und sagte: „Komm zu mir! Du kannst es!"

Ich habe mich von meinem Körper getrennt und schwebte zu ihm. Er hielt mich fest. Dieses Experiment habe ich ca. 20 Mal wiederholt, ging zurück in meinen Körper und schwebte ohne jede Kraftanstrengung nach oben zu Berti.

Ich teilte ihm mit, dass er fast auf den Tag genau vor einem halben Jahr gestorben sei. Sein Gesicht spiegelte grenzenlose Verwirrung wider. Es war gerade, als ob ich chinesisch gesprochen hätte!

Ich weiß nicht genau, wie ich es deuten soll: Entweder er konnte mit der Zeitangabe nichts anfangen oder sein Zeitgefühl war ein völlig anderes!

Auf einmal waren noch andere Hände da, die sich mir entgegenstreckten. Es war, als wollten mich viele Leute begrüßen. Ich sagte ihnen, dass ich es toll fände, dass so viele gekommen seien, und fasste nach den Händen. Leider habe ich die dazugehörigen Personen nicht erkannt – ich sah nur viele Hände. Sie waren mir aber alle überaus freundlich gesonnen.

Plötzlich tauchte aus meinem Unterbewusstsein ein Name auf, und ich fragte mit großem Interesse nach einer weiblichen Person. Es war ein alter Name: Eleonore – ganz offenbar hatte ich großes Interesse an ihr!

Im gleichen Moment schaltete sich mein Gehirn ein und meldete: „Du kennst niemanden, der so heißt!"

Von irgendwoher erhielt ich die Antwort: „In deinem jetzigen Leben kennst du niemanden, der so heißt! Aber früher hast du sie gekannt!"

Die Hände verschwanden. Berti blieb. Wir küssten, streichelten und liebten uns, bis ich schließlich einschlief und er verschwand.

Erst viele Monate später ist mir etwas klar geworden: Es war bestimmt kein Zufall, dass Berti in so zahlreicher Begleitung erschienen war. Wahrscheinlich war es auch für die andere Seite ungewöhnlich, dass jemand durchkam! Es ist anzunehmen, dass auch sie großes Interesse an Kontakten haben!

Meister Konfuzius erklärt:

Eure Experimente gingen über in die zweite Phase. Wenn du beim ersten Besuch deines Freundes die Information erhalten hattest: „Hallo, mich gibt's immer noch!“, so wolltest du doch diesmal durch persönliche Erfahrung die Existenz deiner eigenen Seele deutlich wahrnehmen. Dein starkes Ego war keineswegs bereit, so schnell sein Weltbild einzupacken! Du suchtest nach Beweisen und ein paar merkwürdige Wachträume reichten dir nun wirklich nicht!

Deine Vermutung ist richtig, dass es nicht unbedingt die Regel ist, dass sich jemand aus dem jenseitigen Bereich mit derartiger Deutlichkeit bemerkbar macht und von der irdischen Person auch wahrgenommen wird. Dein verstorbener Freund hatte seine Freunde dabei, um ihnen zu zeigen, wie es möglich sei, erfolgreich diesen Kontakt herzustellen. Er war sehr stolz auf seine Leistung und dass du ihn wahrnahmst.

Nun ist es so, die Ereignisse, an die du dich erinnerst, sind nur ein Bruchteil dessen, was tatsächlich zwischen euch an Treffen stattgefunden hat. Wenn du nachts schläfst, besucht dein Traumkörper die geistige Heimat und dieser Teil von dir, ist sich der eigenen Seele und der ewigen Existenz bewusst. Die Traumebene ist Teil des jenseitigen Bereiches. Ihr habt bei den Treffen, die dein Verstand nicht erinnert hat, einen Plan entwickelt, durch welche Ereignisse dein Ego veranlasst werden könnte, sein Weltbild zu revidieren.

Dein Interesse an dem Namen Eleonore stammte aus einem vergangenen Leben. Sie war früher deine Ehefrau, als du eine männliche Inkarnation in Süddeutschland und Österreich lebtest.

Nun zum Thema Zeit: Außerhalb der irdischen Ebene gibt es keine Zeit und erst recht keinen Zeitdruck, wie ihr das auf der Erde zuweilen erlebt. Der feinstoffliche Körper muss nicht schlafen, so wie es in der Physis üblich ist. Dadurch gibt es keine Veranlassung Tage, Wochen oder Monate zu zählen. Ihr erfahrt dann eher ein ewiges Jetzt!

Aus diesem Grund schaute dein Freund etwas erstaunt drein, als du ihn mit der Zeitangabe konfrontiertest. Er musste sich erst einmal erinnern, wie lang auf irdischer Ebene ein halbes Jahr ist. Auch in euren Träumen befindet ihr euch außerhalb der Zeit. Wenn ihr eure Traumerinnerungen beobachtet, wird das manchmal sehr deutlich!

Das Hypnose – Experiment

August 1992:

Ich hatte in einem Moody-Buch eine Anleitung zur Hypnose entdeckt und wollte sie ausprobieren!

Heidi, meine Freundin, hatte ich dafür als Opfer auserkoren. Sie war schnell bereit. Wir überlegten uns, wo ich sie in Trance hinschicken konnte.

Heidi erzählte mir, sie habe in der letzten Nacht einen tollen Traum gehabt, in welchem sie sich auf einem Bahnsteig mit einem interessanten Mann unterhalten habe. Er hätte einen Seesack gehabt und wäre schon durch die ganze Welt gereist. Leider erinnere sie sich nur noch ungenau.

Wir beschlossen also, den Traum in Hypnose wieder auszugraben!

Sie legte sich aufs Sofa, wir schlossen so gut es ging, alle Geräusche aus, und ich begann sie nach dem Hypnosetext langsam in Trance zu versetzen.

Eigentlich war meine Hoffnung, dass das Experiment erfolgreich verlaufen könnte, nicht sehr groß. Es kam allerdings anders: Heidi entpuppte sich als fantastisches Medium!

Sie war nach ca. 20 Minuten in einem tiefen tranceartigen Zustand, und ich dirigierte sie auf dem Bahnhof umher und stellte ihr fleißig Fragen.

Ihre Antworten kamen widerwillig und einsilbig, so als ob ihr das Sprechen Mühe bereitete. Ich musste ihr auf gut Deutsch jedes Wort aus der Nase ziehen!

Sie berichtete detailliert über die Kleidung des Mannes, welche Farbe der Zug habe, wo Bänke standen, welche Leute ein- und ausstiegen, was sie selbst tat und worüber sie sich mit dem Reisenden unterhielt.

Allerdings antwortete sie nur, weil ich sie ständig mit Fragen piesackte.

Irgendwie kam mir der Gedanke, dass sie mir möglicherweise eine Komödie vorspielte? Ich wollte es jedenfalls überprüfen!

Dazu fiel mir ein, dass sich Heidi, als sie zu mir kam, über die Hitze beklagt hatte. Draußen waren mindestens 30°C. Sie hatte mir berichtet, sie habe heute schon dreimal geduscht, sei aber schon wieder vollkommen verschwitzt.

Diese Tatsache machte ich mir zunutze und erfand einen Eiswaggon!

Ich forderte sie auf, sie solle sich mal umdrehen, im Hintergrund sei ein Abstellgleis mit einem Eiswaggon, da drin sei es herrlich kühl! Ich erkundigte mich, ob sie den Eiswagen sehen würde?

Sie sagte: „Ja!“ (Ich konnte es kaum fassen!)

Ich dirigierte sie Schritt für Schritt dorthin, erzählte ihr, die Tür stehe offen, und sie könne das weiße Blockeis an den Wänden sehen und der kühle Nebel würde nach unten kriechen. Ich machte ihr den Eiswaggon nach allen Regeln der Kunst schmackhaft und ließ sie schließlich eintreten.

Die Wirkung war verblüffend: Ihre Arme bekamen eine Gänsehaut!

Ich bin fast ein bisschen erschrocken – es war also doch keine Komödie!

Danach habe ich sie wieder auf den „sonnigen Bahnsteig“ geholt, und mich beeilt sie wach zu kriegen.

Wir haben uns anschließend noch bei einem Glas Wein darüber unterhalten. Sie berichtete, das Sprechen sei ihr furchtbar schwergefallen, ihre Zunge sei wie ein lebloser Klumpen in ihrem Mund gelegen. Außerdem beschwerte sie sich darüber, ich habe sie zu unsanft geweckt und nun habe sie das Gefühl, Sand in den Augen zu haben.

Von der Bahnhofsszene habe sie teilweise deutliche Bilder gehabt, es wären ihr allerdings auch noch andere Bildfetzen dazwischen gekommen, die sie jetzt nicht mehr näher benennen konnte.

Was mich zutiefst erstaunte, war, dass sie einen Gegenstand, den ich mir erdacht hatte (den Eiswaggon), gesehen, betreten und gefühlt hatte! Das war unglaublich und schwer zu verstehen!

Wir beschlossen auf jeden Fall, von nun an öfter ein Hypnose-Experiment zu machen!

Meister Kuthumi erklärt:

Euer Bewusstsein ist ein wunderbares Instrument, auf dem ihr spielen könnt. Nur die meisten Menschen, wie auch du zu diesem Zeitpunkt, spielen sehr unbewusst. Mit der Kraft der Gedanken und Gefühle könnt ihr in eurem Leben den Himmel erschaffen, aber auch die Hölle!

Euer Hypnose-Experiment enthält einen Schöpfungsaspekt: Du sagtest deiner Freundin, hinter ihr befände sich ein Eiswaggon!

Worauf sie in ihrer Bewusstseinsreise diesen von dir erfundenen Gegenstand ebenfalls wahrnahm. So funktionieren die Gesetzmäßigkeiten außerhalb der materiellen Welt! Alles, was ihr euch erdenkt, realisiert sich augenblicklich und ist benutzbar wie in der Materie!

Ihr alle besitzt im jenseitigen Bereich einen Aufenthaltsort, mit dem ihr zutiefst vertraut seid. Dieser Ort ist eure geistige Heimat für die Zeit eures Inkarnationszyklus. Ihr lebt dort mit einer Gruppe Seelen zusammen, die ihr sehr gut aus dem jenseitigen Bereich oder früheren Leben kennt. Mit Hilfe eurer Gedanken und inneren

Vorstellungsbilder gestaltet ihr euer eigenes Wohnhaus und wir können euch versichern, dass manche Häuser ein wenig „verrückt" aussehen, da ihr zuweilen eine Mischung von Baustilen und Lieblingsgebäuden bevorzugt ... so ähnlich wie das Weasley-Haus in den „Harry-Potter-Filmen". Das Ganze realisiert ihr mit eurer Gedankenkraft.

In der Materie tut ihr dasselbe – nur dass es bei euch aufgrund der stofflichen Trägheit eine zeitliche Verzögerung gibt und ihr benutzt eure Hände oder euer Organisationstalent.

Du sagtest deiner Freundin, sie solle einsteigen in diesen Eiswagen, und ihre Arme bekamen eine Gänsehaut! Sie hat also die Kühle des Raumes gefühlt, obwohl sie doch mit ihrem physischen Körper im warmen Wohnzimmer lag. Könnt ihr daran erkennen, wie euer Bewusstsein funktioniert? Eure Erwartungen realisieren sich!

Es ist keineswegs gleichgültig, welche Gedanken ihr auswählt. Mit der Wahl eurer Gedanken erschafft ihr in euch entweder Frieden und Sicherheit oder Unfrieden und Leid.

Die Erde befindet sich momentan in einer Veränderungsphase, und in dieser Zeit wird von jedem inkarnierten Menschen erwartet, dass er lernt, mit seiner Gedankenkraft konstruktiv und positiv umzugehen! Über eure Gedanken und inneren Visionen zieht ihr Ereignisse in euer Leben und erschafft innere Befindlichkeiten. Bitte tut es bewusst!

Ein verirrter Geist

Es war Ende August 1992:

Ich schlief und muss wohl unbewusst dabei meinen Körper verlassen haben. Auf jeden Fall hatte ich keine Astralreise geplant, noch kann ich mich an einen Körperaustritt erinnern. Ich wurde wach und spürte die Anwesenheit einer anderen Person. Dieser Geist lag bei mir im Bett. Ich spürte deutlich seinen Körper unter der Decke. Er lag schließlich unter mir, ich mit dem Rücken auf ihm drauf.

Ich dachte erst, es sei Berti. Aber dieser Geist benahm sich sehr eigenartig. Er versuchte mir ständig, die Decke über den Kopf zu ziehen. Anfangs habe ich es als Spiel betrachtet, es bereitete mir keine Mühe, ihn abzuwehren. Kräftemäßig war er mir nicht überlegen!

Langsam wurde mir dieses Treiben allerdings zu dämlich. Ich beförderte ihn unter mir weg und gab ihm zu verstehen, dass ich sehen wolle, wer mit mir im Bett lag!

Er war jetzt über mir, und ich öffnete mühsam die Augen meines Seelenkörpers.

Vor mir entrollte sich eine hässlich grinsende Fratze. Ich erschrak furchtbar und brüllte ihn an: „Verschwinde!"

Im selben Moment stürzte ich abrupt in meinen Körper zurück, wo ich schweißgebadet und mit jagendem Herzschlag aufrecht im Bett saß. Ich habe lange nicht gewagt, wieder einzuschlafen, vor Angst, er sei noch in der Nähe!

Spätere Überlegungen:

Wenn man auf Astralreisen über irgendetwas erschrickt, hat man das Gefühl, in ein bodenloses tiefes, schwarzes Loch zu fallen, man stürzt aus großer Höhe in absolute Schwärze. Im nächsten Moment ist man wieder im Körper drin, hellwach und muss sich erst einmal beruhigen.

Das Ganze erinnert mich an etwas, was ich bereits früher, als ich noch keine Ahnung von außerkörperlichen Erfahrungen hatte, während der Einschlafphase ab und zu erlebt habe. Auch da hatte ich beim Einschlafen mitunter das Gefühl, in ein tiefes, schwarzes Loch zu fallen, und war vor lauter Schreck sofort wieder wach, meistens mit rasendem Herzen.

Ich weiß, dass ich damit durchaus keine Ausnahme bilde! Vielen Menschen geht es so!

Ebenso gut bin ich auch früher schon im Traum geflogen. Diese Flugträume haben mich immer außergewöhnlich begeistert. Der Unterschied zu einem Traum ist nur, dass man diesen Flug bei einer Astralreise absolut live erlebt, man ist mit all seinen Gefühlen, Empfindungen und Gedanken dabei, man spürt den Wind auf der

Haut, fühlt die Geschwindigkeit und kann vorher gesetzte Ziele anfliegen. Aber dazu später!

Mittlerweile weiß ich, dass alle Menschen nachts im Schlaf ihren Körper verlassen, nur tut es die breite Masse unbewusst und der Traumkörper übernimmt die Führung!

Erlebt man es zufällig einmal live, tritt für gewöhnlich der Falleffekt mit dem schwarzen Loch auf.

Meister Konfuzius erklärt:

Ein Teil von dir hatte Angst vor diesen neuartigen Erlebnissen. Einerseits warst du neugierig und hast alle deine Bedenken verdrängt, aber andererseits hast du dich auch gefragt, ob dabei irgendetwas Nachteiliges passieren könnte?

Und diese unbewusste Frage hat deine Seele aufgegriffen und dir die Szene mit dem verirrten Geist kreiert. Es war ein Hinweis auf die Möglichkeit, dass ein Geistwesen in dein Energiefeld eindringen könnte!

Jeder Mensch verlässt nachts im Schlaf seinen irdischen Körper. Das, was ihr als Schlafen bezeichnet, ist in Wahrheit eine Art Doppelleben, welches ihr für gewöhnlich vor euch selbst versteckt. Eure Seele benötigt den Kontakt zu ihrer geistigen Heimat, nur so ist sie in der Physis überlebensfähig! Sie bewegt sich im feinstofflichen Bereich mit absoluter Professionalität! Euer physischer Körper liegt im Bett in einer Art versiegelten Starre und wird sich erst wieder bewegen, wenn der Traumkörper nach ca. 90 Minuten aus dem feinstofflichen Bereich zurückkehrt. Dann verändert er die Lage im Bett und „schläft" wieder ein. Das wiederholt sich in jeder Nacht vier bis sechs Mal.

Gut, nichts, was geschieht, geschieht ohne Sinn! Du hattest also eine Begegnung mit einem übergriffigen Geistwesen, welches dich erschreckt hat! Und dein göttliches Hohes Selbst hat diese Begegnung zugelassen, weil es eine Entwicklung kommen sah, vor der du bewahrt werden solltest!

Berti zeigt mir, wie ich den Körper verlassen kann

Zwischenzeitlich hatte ich eine Heilerin in meiner Gegend aufgesucht, nicht aus gesundheitlichen Gründen, sondern um ihr von meinen Astralreisen zu berichten. Sie erzählte mir, dass derartige Phänomene in letzter Zeit häufig auftraten und sie ähnliche Beschreibungen schon von anderen Menschen gehört hatte.

Des Weiteren empfahl sie mir die „Seth-Bücher" von Jane Roberts und gab mir noch zwei Tipps: Ich sollte mich vor den außerkörperlichen Erfahrungen erden! Dabei sollte ich mich mit den Füßen auf den Boden stellen und mir vorstellen, dass aus meinen Fußsohlen Wurzeln wuchsen, welche sich tief und fest im Boden verankerten. Außerdem gab sie mir den Rat, wenn ich auf meinen Rundflügen nichts sah, mir sinnbildlich vorzustellen, eine Kerze anzuzünden.

Doch nun zur Astralreise: 11. 10. 92

Ich wusste schon vorher, dass es passieren würde! Ich war im Wohnzimmersessel vorm Fernseher eingenickt. Plötzlich vernahm ich einen Pfiff!

Augenblicklich war ich wach und sah mich im Zimmer um. Ich kannte diesen Pfiff! Es war der Ruf, den Berti und ich benutzt hatten, wenn wir uns früher irgendwo im Menschengewühl aus den Augen verloren hatten!

Natürlich war nun, da ich wieder wach war, niemand da! Jedenfalls niemand, den ich mit meinen physischen Augen sehen konnte! Ich war voller Vorfreude!

Circa eine Stunde später ging ich ins Bett. Ich erdete mich vorher. Es dauerte nicht lang und Berti war in der Nähe, ich spürte es. Ich verließ meinen Körper und schwebte ihm entgegen. Wir umarmten und küssten uns. Ich dachte an viele Dinge, die ich unbedingt erfahren, ausprobieren, ausrichten und mir einprägen wollte.

Es war sehr dunkel. Ich wollte mehr sehen, und bildete mir ein, eine Kerze anzuzünden. Leider bewirkte es nicht sehr viel, wenn überhaupt wurde es nur um eine Nuance heller. Die Möglichkeit eine brennende Kerze zu materialisieren, kannte ich noch nicht.

Ich konzentrierte mich auch nur sehr unterschwellig auf die Kerze, da ich gleichzeitig intensiv mit Bertram beschäftigt war.

Wir küssten und streichelten uns. Ich sagte ihm, wie sehr ich ihn liebte und richtete ihm, wie versprochen, Grüße von meiner Mutter aus, der ich mittlerweile auch von meinen außerkörperlichen Erfahrungen berichtet hatte. Berti war heute nicht sehr gesprächig.

Ich ging ca. 10 mal in meinen Körper zurück, um mir das Gefühl des Aufsteigens beim Körperaustritt genauestens einzuprägen. Hier eine Beschreibung:

Ich dachte: Da oben ist der Berti, er wartet auf dich! Körperlich geschieht beim Körperaustritt Folgendes:

Im Zentrum des Körpers (Bauch) beginnt es zu rauschen und vibrieren. Ein Sog macht sich bemerkbar, welcher nach oben zum Kopf zieht. Selbst wenn man den Körper verlassen hat, hat man niemals auch nur für einen Moment das Gefühl, körperlos zu sein.

Damals habe ich den Körper über das Kronenchakra verlassen. Es war anders als beim letzten Besuch von Berti, da hatte ich eher das Gefühl zu ihm zu schweben.

Meister Konfuzius erklärt:

Dein Verlassen des Körpers über das Kronenchakra war etwas, was nicht geschehen sollte!

Solange ihr einen irdischen Körper bewohnt, sucht ihr nachts, wenn ihr schlaft, die Traumebene auf. Das geschieht normalerweise so, dass sich der feinstoffliche Körper nach dem Einschlafen aus der physischen Hülle herausrollt mit einer Drehbewegung oder sich daraus erhebt und die Traumebene aufsucht.

Das Aussteigen über das Kronenchakra bleibt Sterbenden vorbehalten! Sie zerreißen dabei die Silberschnur und lassen eine leere Hülle zurück. Es geschieht nur selten sofort und beim ersten Mal. Für gewöhnlich setzt es ein Jahr vor dem tatsächlichen Ableben ein!

Es ist für einen alten, sterbenden Menschen auch das Signal: Du bist im jenseitigen Bereich willkommen, regele deine irdischen Angelegenheiten!

Nun, hatte sich die Austrittsform bei dir verändert, so dass die Wahrscheinlichkeit bestand, dass du dein Leben vorzeitig beenden könntest! Du warst für außerkörperliche Erfahrungen zu wenig geerdet und ganz darauf erpicht, deinen verstorbenen Freund zu treffen. Im irdischen Leben hattest du niemanden, für den du dich verantwortlich fühltest und auch im Beruf fandest du damals keine Erfüllung. Es gab kein Ziel für das du lebtest, aber dafür eine große Sehnsucht nach deinem verstorbenen Freund. Des Weiteren hattest du die Leichtigkeit und freiheitliche Energie des Jenseits gefühlt.

Die Tatsache, dass du plötzlich über das Kronenchakra den Körper verließest, neigte die Waagschale in Richtung Tod. So etwas geschieht vollautomatisch!

Dein Hohes Selbst, welches sich im feinstofflichen Bereich aufhielt und deine Kontakte zu Bertram beobachtete und auch unterstützte, ahnte bereits, dass es so kommen könnte. Es hatte die Begegnung mit dem verirrten Geist zugelassen oder besser gesagt inszeniert, um deinen Forscherdrang zu bremsen. Es hoffte, du würdest diese Erfahrungen als zu gefährlich einstufen und sie aufgeben. Aber erschreckende Erlebnisse haben dich nicht zum Aufgeben bewogen! Noch hattest du keine Ahnung von der tödlichen Gefahr, in der du schwebtest!

Ich geistere nachts durch die Wohnung

26. 10. 92 nachts:

In dieser Nacht war es außergewöhnlich stürmisch. Der Wind heulte ums Haus, die Bäume bogen sich, und ab und zu krachte es beunruhigend. Ich konnte sehr schlecht schlafen, war ständig wach und hatte arge Bedenken, meine Satellitenschüssel könnte durch den Sturm losgerissen werden und hinunterfallen.

Ich stand einmal auf, kontrollierte die Fenster, schaute nach der Schüssel, trank in der Küche etwas und ging wieder ins Bett.

Aber an Schlafen war trotzdem nicht zu denken. Als es wieder einmal bedrohlich klirrte und ich gerade wieder aus dem Bett steigen wollte, überlegte ich mir:

Wieso steigst du eigentlich immer aus dem warmen Bett, rennst in die Kälte und kontrollierst alles?

Weitaus angenehmer wäre es doch, in der Wärme liegen zu bleiben und den Geist zum Nachschauen zu schicken!

Mein Astralkörper empfand offenbar keine Kälte.

Also konzentrierte ich mich darauf, meinen Körper zu verlassen und den Geist auf Kontrollgang zu schicken! Es klappte nicht auf Anhieb. Als ich aber im Halbschlummer war, befand ich mich auf einmal zu meinem größten Erstaunen in der Küche. Ich kontrollierte das Fenster, es war alles in Ordnung, jedoch war es reichlich dunkel im Raum. Also begab ich mich zum Lichtschalter. Dabei stellte ich fest, dass ich mich höher als gewöhnlich im Stehen befand. Meine Füße waren nicht am Boden. Ich musste mich nach dem Lichtschalter, der ansonsten in Brusthöhe war, hinunterbeugen.

Ich erkannte ganz deutlich meine Hand am Lichtschalter. Es war zweifellos meine eigene Hand, jedoch mit geringfügigen Veränderungen: ohne Schrammen und ohne Alterserscheinungen! Auch waren die Fingernägel viel feiner als in Wirklichkeit. Sie erinnerten mich an die zarten Fingernägel von Babys, nur hatten meine Erwachsenengröße.

Ich versuchte mehrmals, den Lichtschalter zu kippen. Ohne Erfolg!

Einen Moment kam mir der Gedanke, die Glühbirne sei kaputt, aber sie hatte am Abend noch gebrannt und funktionierte auch am nächsten Morgen. Ich versuchte es wieder und wieder, den Lichtschalter zu kippen, bis mir klar wurde, dass meine Finger ganz einfach darüber hinwegglitten oder einsanken. Es war mir unmöglich, ihn zu bewegen! Ich gab es auf!

Mich störte aber trotzdem weiter die Dunkelheit, also streute ich den Befehl aus:

Es möge heller werden!

Und siehe da, als ob eine unsichtbare Macht an einem Dimmer gedreht hätte, es wurde eine Nuance heller im Raum.

Wie ich zurück in meinen Körper gekommen bin, kann ich nicht sagen. Vermutlich bin ich übergangslos eingeschlafen.

Meister Konfuzius erklärt:

Euer feinstofflicher Seelenkörper ist zeitlos und befindet sich in einem stetigen Zustand der Unversehrtheit! Verletzungen eures physischen Körpers, Amputationen oder Operationen dringen nicht in den feinstofflichen Bereich vor. Aus diesem Grund können auch Menschen, denen auf physischer Ebene ein Körperteil abgenommen wurde, immer noch ein Jucken an nicht vorhandenen Gliedmaßen verspüren. Das gleiche trifft auch auf Menschen zu, deren Körper im Augenblick des Todes sehr verunstaltet wurde. Im feinstofflichen Bereich seid ihr unverletzbar!

Aus diesem Grund nahmst du deine Hand als vollkommen wahr!

Geistwesen können im Allgemeinen auf physischer Ebene nichts bewegen.

Astralreise ins Jenseits

28. 11. 92 nachts:

Schon als ich ins Bett ging, hatte ich ein gewisses Gefühl, welches mir sagte: Berti ist in der Nähe! Ich kann dieses Gefühl nicht näher definieren, es war ganz einfach da, ohne dass ich vorausgehend etwas gehört oder gesehen hätte!

Ich ging sofort auf altbewährte Weise aus meinem Körper heraus. Wir begrüßten uns.

Ich durchwuschelte seine Haare, wir küssten uns, und wir tauschten unsere Freude darüber aus, dass es wieder einmal geklappt hatte. Ich sagte zu Berti: „Zeig mir deine Welt!"

Danach fassten wir uns an den Händen und unternahmen eine Flugreise. Wir flogen gemächlich Hand in Hand durch Nebelschwaden (vermutlich Wolken). Ich erzählte ihm unterwegs, dass ich zur Zeit gerade eine eklige Erkältung hätte und er aufpassen solle, dass er sich nicht ansteckt!

Kaum, dass ich die Warnung ausgesprochen hatte, mussten wir beide darüber lachen. Selbst mir war schlagartig klar, dass eine Ansteckung im feinstofflichen Körper nicht möglich war! Wir tauchten auf einmal in eine mir fremde Welt, die voller Licht und Farbe war, ein.

Dabei muss ich einfügen, dass alle bisherigen Treffen in sogenannten „Grauzonen" stattgefunden hatten, wobei ich alles nur schwarz / weiß sah.

Diese Welt war anders!

Sie war hell, klar und voller Farbe. Leider ist meine Erinnerung an alles, was ich gesehen habe, beinah vollständig ausgelöscht. Nur eine einzige Szene ist mir sehr bildhaft in Erinnerung geblieben:

Wir befanden uns in freier Natur, und überall lagen bunte, farbige Kieselsteine herum, welche die Form von Würfeln hatten und in sich gemasert waren. Sie sahen sehr beeindruckend aus! Berti hat eine Handvoll dieser Steine aufgehoben, wobei ich fast behaupten möchte, er habe sich nicht danach gebückt, sondern lediglich seine Hand geöffnet und schon lagen die Steine darin.

Er zeigte sie mir. Danach hat er sie wie Würfel ausgespielt und auf eine rosafarbene, samtartige Unterlage geworfen.

Plötzlich musste ich husten (Erkältung) und war augenblicklich in meinem Körper.

Es ist eigenartig, dass als einzige Erinnerung an diese jenseitige Welt gerade die Kieselstein-Szene erhalten geblieben ist. Ich bin davon überzeugt, dass ich bedeutend mehr gesehen habe und diese Welt zweifelsfrei extern war!

Allerdings beinhaltet die Kieselstein-Szene auch eine deutliche Aussage: Die Würfel sind gefallen! Berti wollte mir damit sagen: Ich bin in der jenseitigen Welt und du auf der Erde! Es ist eine Tatsache! Akzeptiere es!

Ich habe diese Information wohlweislich verdrängt, da sie mir nicht in den Plan passte!

Mittlerweile war ich schon so auf Astralreisen versessen, dass ich sie freiwillig nie aufgegeben hätte!

Anschließend haben wir unser Treffen in der Grauzone fortgesetzt. Wir waren noch eine Weile zusammen, bis ich schließlich eingeschlafen bin.

Meister Konfuzius erklärt:

Der feinstoffliche Körper, der bei allen Menschen des Nachts den physischen Körper verlässt, ist über die Silberschnur mit der Physis verbunden. Diese Silberschnur tritt aus der Schädeldecke aus und geht beim feinstofflichen Körper am rechten Schulterblatt hinein. Sie ist sehr dehnbar und aus einem Stoff, der Materie und jedes Hindernis durchdringen kann, ohne sich zu verschlingen. Die Silberschnur ist eure energetische Verbindung zum physischen Körper, während des Aufenthaltes in geistigen Ebenen. Ihr bekommt in einem gewissen Rhythmus von ca. 90 Minuten ein Signal von der Physis, welches euren feinstofflichen Körper zurückruft. Beide Körper verbinden sich wieder. Ihr bringt euren physischen Körper in eine andere Lage, schlaft wieder ein und verlasst abermals die materielle Hülle. Sollte irgendetwas mit eurem physischen Körper nicht in Ordnung sein, dann sendet er das Rückrufsignal. Dein Husten hat dich zurückgebracht zum physischen Körper.

Nun zu der Aussage: Die Würfel sind gefallen! Bertram wollte dir damit die Botschaft übermitteln: Es muss ein Ende haben! Du hast es sehr wohl verstanden, aber dein Ego wollte es nicht wahrhaben!

Für dein Weiterleben auf irdischer Ebene war es notwendig, dass du entweder besser geerdet warst oder deine außerkörperlichen Erfahrungen in größeren, zeitlichen Abständen stattfanden! Besser geerdet sein bedeutet auch, dass du dein irdisches Leben mit mehr Freude und Begeisterung lebtest. Das war nicht der Fall!

Die unterirdische Stadt

Traum: November 1992

Ich erzähle diesen Traum deshalb, weil er einer von diesen gigantischen, filmartigen Erlebnissen war, an die man sich bis ins kleinste Detail erinnert. Außerdem enthält er eine Botschaft, welche ich aber zu jenem Zeitpunkt nicht verstanden habe:

Ich war in diesem Traum etwa 12 - 13 Jahre alt und voller Abenteuerdrang. Des Weiteren hatte ich einen Freund, der etwa gleich alt war und dieselben Vorlieben hatte. Wir trafen uns, um eins unserer Abenteuer auszukosten, und beschlossen, einen Ausflug in die unterirdische Stadt zu machen!

Der Weg dorthin begann im Keller eines Hauses.

Wir stiegen die Treppen immer weiter in die Tiefe. Den Treppen folgte ein Labyrinth von unterirdischen Gängen. Wir hatten ein Licht bei uns – eine Art tragbare Lampe. Es war sehr dunkel. Die Gänge wurden zunehmend schmaler und von schwarzer Färbung.

Wir kamen schließlich an einem viereckigen, metallenen Deckel an, welcher eine Öffnung in der Wand verschloss. Er hatte die Größe eines Computerbildschirmes und war beige gestrichen. Er ließ sich ohne große Mühe öffnen.

Dahinter verbarg sich ein flacher Kriechgang. In der Breite war die Ausdehnung sehr gewaltig. Es schien, als sei ein Haus auf sehr niedrigen Stelzen errichtet worden. Wir mussten zwischen Hausboden und Erdboden hindurchkriechen.

Auch war uns bewusst, dass uns diese unterirdische Stadt verboten war!

Und einer der Hauptgründe war, dass dieser flache Kriechgang jederzeit einstürzen konnte! Ich robbte als Erste, flach auf dem Boden liegend hinein. Mein Freund folgte dicht hinter mir. Die schmale, gefährliche Stelle betrug nur etwa 10m, danach wurde der Gang höher und auch zunehmend heller. Am Ende des Kriechganges hatten wir einen freien Blick auf die unterirdische Stadt. Unsere momentane Position befand sich etwas erhöht auf einem Berg. Die Stadt lag unter uns. Sie war märchenhaft schön!

Die Häuser waren ausnahmslos stilvoll, bis ins Detail verziert, und der Ort strahlte eine bezaubernde Romantik aus. Wir lagen noch immer auf dem Bauch und bestaunten von oben das Lichtermeer. Unmittelbar vor uns befand sich das Elektrizitätswerk. Überall kamen saubere weiße Kabel aus der schwarzen Erde, sie waren auf Spulen gewickelt und verloren sich dann freihängend zur nächsten Befestigung. Die Spulen erzeugten einen Summton.

Wir bewegten uns dann seitlich vom Elektrizitätswerk weg und begaben uns den Berg hinunter in die Stadt. Der Himmel über dieser unterirdischen Stadt war sternenlos und pechschwarz. Allerdings wurden die Gebäude und Straßen von zahllosen Lichterketten erleuchtet – man konnte gut sehen.

Es waren viele Menschen auf den Straßen unterwegs. Vor einer Bushaltestelle stand eine größere Anzahl wartender Fahrgäste. Wir schlenderten gemütlich durch den Ort und sogen alle Sehenswürdigkeiten begeistert in uns auf. Es gab viele Geschäfte mit hell erleuchteten, dekorativen Schaufenstern, ebenso Cafés und einen kleinen Fluss. Der Fluss war nicht natürlichen Ursprungs, es war ein gemauerter Kanal von ca. vier Metern Breite und etwa zwei Metern Tiefe. Durch die Mitte des kleinen Kanals zog sich am Boden eine Lichterkette. Er hatte sozusagen Unterwasserbeleuchtung. Dieser Fluss machte im Zentrum der Stadt einen rechtwinkligen Bogen, ebenso die Straße.

An eben dieser Biegung standen wir und schauten ins Wasser. Aufgrund der Lichterkette konnten wir das Flussbett sehr gut sehen. Es war nicht eckig, sondern U-förmig mit abgerundeten Seiten. Das Wasser schien sehr klar und sauber zu sein.

Ich erzählte meinem Freund, dass auf der anderen Seite des Kanals, auf dem rechtwinkligen Grundstück, in jener alten, weißen, herrschaftlichen Villa der Doktor wohne! Er sei ein Freund meines Großvaters!

Mein Freund entschied kurzerhand, wir sollten hinüberschwimmen und ihn besuchen. Ich wollte es eigentlich nicht, aber noch ehe ich etwas erwidern konnte, war er ins Wasser gesprungen und auf dem Weg nach drüben. Ich tat es ihm gleich und tauchte eine längere Strecke unter Wasser, wobei ich sehr deutlich die Lichterkette und die gemauerten Backsteine sehen konnte.

Wir kletterten auf der anderen Seite ans Ufer. Mein Freund stürmte wieder vor mir her, so dass ich ihn auch diesmal nicht bremsen konnte. In mir nagte das schlechte Gewissen, ich wusste, dass mir die unterirdische Stadt verboten war, und er hatte offenbar nichts Eiligeres zu tun, als mit der Nachricht zu meinen Verwandten zu rennen!

Das Seitenportal der Villa, welches aus zwei riesigen Glastüren bestand, stand sperrangelweit offen. Dahinter erstreckte sich eine Art Empfangshalle mit schlanken, marmorierten Säulen, kostbaren Teppichen, einem brennenden Kamin und mehreren Sitzgelegenheiten.

Mein Freund war natürlich schon drin. Ich trat vorsichtig ein und sah mich in der Halle um. Alles war überaus prunkvoll und romantisch!

Von der anderen Seite kam über eine Treppe eine Haushälterin in die

Halle. Sie trug ein dunkles Kleid mit einer schneeweißen Latzschürze und hatte das Haar nach oben gesteckt. Sie begrüßte uns mit einem Schrei des Entsetzens und sagte in etwa:

„Um Gottes Willen! Wie seht ihr denn aus? Ihr wisst doch, dass ihr nicht hier hinunter kommen sollt!“ Und speziell zu mir sagte sie kopfschüttelnd: „Was wird nur dein Großvater dazu sagen?“

Sie erteilte uns den Befehl, uns zum Trocknen an den Kamin zu stellen! Des Weiteren teilte sie uns mit, sie werde jetzt den Doktor von unserem Besuch in Kenntnis setzen, worauf sie nach oben verschwand.

Ich hatte noch immer ein ungutes Gefühl und wollte am liebsten gehen, stellte mich aber neben meinen Freund an den flackernden Kamin und streckte die Hände nach der Wärme aus. Ich betrachtete meine Kleidung: Sie bestand aus einem weißen Leinenanzug. Hose und Oberteil waren aus festem Stoff. Die Hemdsärmel waren bis zum Ellenbogen aufgekrempelt, und die weiße Hose wurde von einem breiten schwarzen Gürtel gehalten. An meinen Füßen trug ich braune geschnürte, knöchelhohe Stiefel, wie sie von Bergsteigern benutzt werden. Ich empfand das Aussehen meiner Kleidung weitaus weniger katastrophal! Wenn man noch dazu bedachte, dass ich mit diesem weißen Anzug durch die unterirdischen Gänge gerobbt und anschließend durch den Fluss geschwommen war, empfand ich mich als beinah sauber.

Der Doktor kam in die Halle. Er war ein alter, hagerer Mann mit schneeweißem Haar. Er schüttelte missbilligend den Kopf, lachte aber versöhnlich:

„Was für ein seltener Besuch! Ich wette, ihr seid durch die unterirdischen Gänge geklettert. Ihr wisst ganz genau, wie gefährlich das ist! Und ihr wisst außerdem, dass es verboten ist! Dein Großvater wird vor Entzücken an die Decke springen! Du wirst ihn jetzt anrufen und erzählen, wo du bist!“

Das war das Letzte, was ich wollte! Gerade mein Großvater durfte von dem Ausflug in die unterirdische Stadt nichts erfahren!

Ich druckste herum und fragte den Doktor, ob das wirklich sein müsse? Und wenn ja, ob er ihn nicht anrufen könnte?

Der Doktor sagte entschieden: „O nein! Du wirst ihn selber anrufen und zwar sofort!“

Ich ging zum Telefon. Es befand sich auf einem kleinen, geschnitzten Beistelltischchen, direkt neben der geöffneten Glastür. Es war ein sehr alter Telefonapparat aus Marmor. Die Wählscheibe, sowie die Gabel, welche den Hörer trug, und die Sprech- und Hörmuscheln waren vergoldet. Ich nahm den Hörer ab, welcher mir schwer erschien, und wählte die Nummer.

Es war mir vollkommen klar, dass mein Großvater ausflippen würde, wenn er von unserem Abstecher in die unterirdische Stadt erfuhr. Mit Erleichterung stellte ich fest, dass nicht er persönlich, sondern ein Dienstmädchen den Anruf entgegen nahm. Ich begrüßte sie und teilte ihr mit, wo wir uns befanden, und trug ihr auf, es meinem Großvater auszurichten!

Auch sie weigerte sich entschieden: „O nein! Das werde ich nicht tun! Das wirst du deinem Großvater schön selber erzählen!“ Sie sagte, er sei im Moment gerade beschäftigt, aber ich solle in fünf Minuten noch einmal anrufen! Sie würde dann dafür sorgen, dass er den Anruf entgegen nähme!

Ich legte auf und teilte dem Doktor den Inhalt meines Gespräches mit. Mein Freund, welcher neben mir in der offenen Eingangstür stand, entdeckte auf einmal draußen auf der Straße zwei Bekannte. Er rannte ihnen nach.

Ich rief dem Doktor zu, wir wären gleich wieder da! Wir eilten einem Pärchen mit Kinderwagen nach. Nach wenigen Metern hatten wir sie eingeholt, es waren Verwandte meines Freundes. Die beiden jungen Leute begrüßten uns auf das Herzlichste. Der Kinderwagen war hoch und altmodisch und hatte große Speichenräder. Wir gingen ein Stück mit ihnen. Sie waren im übrigen die einzigen Bekannten, die nicht über unsere Anwesenheit in der verbotenen Stadt aus allen Wolken fielen!

Wir verabschiedeten uns bald von ihnen und beratschlagten, was wir jetzt tun sollten? Wir kamen zu dem Ergebnis, dass wir ohnehin mit einer Strafe zu rechnen hätten, wobei es vollkommen zweitrangig war, ob wir uns nun eine oder drei Stunden hier unten amüsierten!

Da wir nun einmal in der unterirdischen Stadt waren, wollten wir dieses Abenteuer auch voll auskosten! Ärger bekamen wir so oder so! Also beschlossen wir, noch ein bisschen zu bleiben! Wir benutzten diesmal die andere Straße, welche im rechten Winkel zur Flussbiegung verlief. Wir schlenderten durch die beleuchteten Gassen und sahen uns die Schaufenster an.

Sie waren sehr liebevoll dekoriert, und die Ausstellungsstücke wurden beleuchtet. Es sah alles sehr hübsch aus. Auch kamen wir an einem Café vorbei, welches ich sofort wiedererkannte. Da drin hatten wir mal eine Familienfeier gehabt!

Wir liefen die Straße weiter und entdeckten ein Havariefahrzeug des Elektrizitätswerkes auf einer Brücke. Wir schauten zu, wie die Männer des Elektrizitätswerkes etwas an der Unterwasserbeleuchtung reparierten. Ich sagte zu meinem Freund, dass wir Glück gehabt hätten, dass dieser Schaden nicht schon während unseres Bades im Kanal bestanden hätte!

Wir traten schließlich den Rückweg zum Doktorhaus an.

Unterwegs unterhielten wir uns über die Vor- und Nachteile der unterirdischen Stadt. Wir stellten fest, dass die Leute hier leider die Sonne nie sehen konnten! Außerdem hatten sie nur künstliche Pflanzen, und Tiere gab es überhaupt nicht! Aber ansonsten wäre hier alles ganz friedlich und überaus romantisch!

Gegen einen zeitlich begrenzten Aufenthalt hatten wir durchaus nichts einzuwenden!

Wir erreichten das Doktorhaus. Man erwartete uns bereits!

Mein Großvater saß mit seinem Freund, dem Doktor, zusammen. Er fixierte uns grimmig und sagte barsch: „Schert euch ins Auto!“

Bald darauf saßen wir im Fond des Pkws. Mein Großvater saß hinterm Steuer. Das Auto war altmodisch. Es hatte abgerundete Fensterscheiben und das Armaturenbrett war mit Holz verkleidet. Ich war erleichtert darüber, dass die Sache so glimpflich abgelaufen war!

Großvater sagte, er hätte vor allen Dingen Angst, dass wir eines

Tages in diesen unterirdischen Gängen verschüttet würden. Wir fuhren durch einen Tunnel nach oben. Am Ende des Tunnels war helles Tageslicht.

Ende des Traumes!

Meister Konfuzius erklärt:

Filmartige Träume habt ihr für gewöhnlich dann, wenn in eurem Leben wichtige Entscheidungen anstehen oder eine eingeschlagene Richtung korrigiert werden soll. Wobei der Traum eine Analogie erzählt zum irdischen Geschehen und möglichen Folgen.

Du stürzt dich mit deinem Freund in ein Abenteuer, was gefährlich ist! Die Elektrizität hat Ausfälle – dies möchte deiner Seele mitteilen, es könnte zu energetischen Zusammenbrüchen kommen, wenn du dieses Abenteuer weiter ausdehnst. Dein Freund wollte Hilfe holen und andere in deine Betreuung einbeziehen, da ihm die Angelegenheit zu unüberschaubar wurde!

Du wurdest auf die Gefahr der unterirdischen Gänge hingewiesen. Das heißt übersetzt: In der erdnahen Ebene lauern Bedrohungen, von denen du keine Ahnung hattest!

Der Großvater steht für eine reife, weit entwickelte Seele – dein Hohes Selbst – das notfalls eingreift und das Abenteuer beendet. Und du hast in diesem Traum deine Position vertreten, die da sagt: Mir gefällt dieses Abenteuer, und ich werde so lange bleiben, wie es nur irgendwie geht!

Wie weit kommt man mit Meditation?

12. 12. 92 nachmittags:

Ich habe es mir zur Gewohnheit gemacht, täglich eine Stunde lang Entspannungsübungen zu machen. Als Meditation kann ich es eigentlich nicht bezeichnen, da ich meine Übungen stark auf meine persönlichen Bedürfnisse zurechtgeschnitten habe. Das heißt im Klartext:

Ich trainiere den wachen, bewussten Ausstieg aus dem Körper!

Bisher ist mir das immer nur in der Einschlafphase gelungen, jetzt möchte ich es mit meinem bewussten Willen im Entspannungszustand erreichen!

Ich gehe dabei folgendermaßen vor: Ich lege mich auf die Couch, entspanne mich und denke an nichts anderes, als dass mein Körper ruhig und entspannt ist. Ich simuliere eine Art Schlafzustand mit ruhiger Atmung. Wenn ich genügend entspannt bin, öffne ich die Augen, suche mir einen Punkt an der Decke und rede mir ein: Da oben will ich hin!

Es ist schwierig! Ich habe es nach nunmehr einer Woche Training noch immer nicht geschafft!

Außerdem passiert es leicht, dass man im Liegen einschläft. Aus diesem Grund habe ich die Taktik heute das erste Mal geändert:

Ich habe mich nicht auf die Couch gelegt, sondern in den Sessel gesetzt. Die Beine liegen erhöht auf der gegenüberliegenden Armlehne, ich lehne mich zurück und entspanne mich.

Nach einer längeren Zeit spüre ich das bekannte Vibrieren im Bauch, es steigt nach oben bis zum Kopf. Ich habe das Gefühl, dass mein Schädel gleich platzt, so ist er angefüllt mit Energie.

Und dann beginne ich etwas zu sehen: Ich sehe meine Augen von hinten als zwei helle Lichtpunkte. Zur gleichen Zeit laufen farbige, quirlige Muster auf einem dunklen Hintergrund von oben nach unten. Ich schaffe den Ausstieg aus dem Körper nicht!

Ich drücke schließlich den Druck, der sich in meinem Kopf

ausgebreitet hat, in den Körper zurück. Die Farbmuster verschwinden, dafür hat sich meine Wahrnehmungsfrequenz verändert: Ich vernehme Schritte im Flur. Jemand kommt ins Wohnzimmer. Er beugt sich über den Sessel und nimmt mich in die Arme.

Es ist Berti!

Was jetzt beginnt, ist ein außerordentlich realistischer Wachtraum. Berti gibt mir zu verstehen, ich solle so bleiben und nichts sagen. Wir streicheln und lieben uns und tasten unsere Körper ab. Berti trägt ein kariertes Hemd, eine Hose und darüber seine geliebte grüne Strickjacke – seine früheren irdischen Lieblingssachen. Ich sehe nicht konstant, sondern nur Fetzen!

Plötzlich kommt mir die Idee, die Augen meines physischen Körpers zu öffnen, um zu kontrollieren, ob er tatsächlich da ist. Ich spüre zuvor ganz deutlich seinen Körper und seine Umarmung.

Als ich die Augen öffne, ist niemand da!

Ich sehe nur meinen eigenen Körper im Sessel. Gleichzeitig spüre ich, wie die Berührungen, die eben noch realistisch waren, wie Watte zerfließen.

Ich mache die Augen schnell wieder zu und sage zu Berti: „Du musst dich neu materialisieren, ich hatte die Augen geöffnet!"

Das ist natürlich Unsinn! Heute weiß ich, dass ich schnell meinen Trancezustand wieder hergestellt habe!

Seine Hände und sein Körper nehmen wieder feste Konturen an. Er ist wieder komplett.

Gleichzeitig bekomme ich Wut auf mich selber. Ich hasse meine Unfähigkeit, aus dem Körper auszusteigen, und sage zu Berti: „Verdammt noch mal! Gib mir doch eine Ohrfeige, vielleicht komme ich dann raus!"

Er lehnt diesen Vorschlag ab und sagt: „Du weißt doch, dass ich so etwas nicht tue! Wir versuchen es anders!"

Er entfernt sich und läuft in der Wohnung herum. Schließlich kommt er mit einer Decke zurück, er deckt mich zu und streichelt mich. Er sagt: „Ich gehe jetzt in die Küche. Versuche, mir zu folgen! Wenn du es schaffst, bist du draußen!"

Ich höre, wie sich seine Schritte in die Küche entfernen, und strenge mich an, meinen Körper zu verlassen. Ich spüre erneut das Vibrieren, es steigt bis in den Kopf. Schließlich öffne ich sogar den Mund, in der Hoffnung, damit den Austritt zu erleichtern.

Nichts! Ich bleibe drin!

Ich antworte ihm schließlich: „Das Einzige, was ich tun könnte, wäre aufzustehen und hinüber zu kommen! Aber davon haben wir beide nichts!“

Er kommt wieder zu mir ins Wohnzimmer und nimmt mich in die Arme. Wir brechen den Versuch für heute ab! Ich verabschiede mich von Berti, langsam zerfließt alles, ich öffne meine Augen und erhebe mich aus dem Sessel. Aus der Trance bin ich augenblicklich draußen. Ich schaue mich im Zimmer um, still vor mich hin lächelnd: Irgendwo in diesem Raum steht Bertram, darüber bin ich mir ganz sicher, nur kann ich ihn jetzt, da ich durch die Augen meines physischen Körpers schaue, nicht mehr wahrnehmen!

Im Nachhinein mache ich mir darüber Gedanken:

Sinnesorgane reagieren wahrscheinlich nur auf eine begrenzte Frequenz! Alles, was außerhalb dieser Frequenz liegt, ist weder hör-, fühl- noch sehbar. Durch Meditation oder Hypnose kann man das Bewusstsein verändern und somit die Grenzen verschieben!

Pech für unsere Wissenschaftler! Sie werden wohl weiterhin mit ihren Messgeräten im Dunkeln tappen!

Meister Konfuzius erklärt:

Du hast dich dabei viel zu sehr angestrengt! Dein Hauptaugenmerk war auf den physischen Körper und auf das Verlassen desselben gerichtet. Hättest du dich ohne Anstrengung in die Küche „gedacht“, wäre es geglückt!

Drei Körper

Es war ca. eine Woche vor Weihnachten 1992. Ich ging abends ins Bett.

Seit etwa 14 Tagen mache ich täglich Entspannungsübungen mit dem Ziel, meinen materiellen Körper zu verlassen und auf mich selbst hinunter zu schauen. Bei den Entspannungsübungen achte ich darauf, meine bewussten Gedanken auszuschalten. Es flattern zwar ab und zu Fetzen vorbei, aber ich konzentriere mich mehr auf mein Stirnchakra.

Nach einer gewissen Zeit habe ich das Gefühl, als ob in meinem Kopf eine Mauer einfällt und mein Verstand augenblicklich kristallklar wird. Es ist ein ungewöhnlich interessantes Erlebnis, aber ich habe noch keine Ahnung, wofür ich es weiter benutzen kann. Heute weiß ich, dass es der Moment ist, wo sich das Kronenchakra öffnet!

Ich hatte mir also das Ziel gesetzt, mich von außen zu sehen! Sozusagen als Beweis!

Ich lag also im Bett und war in der Einschlafphase, verließ meinen Körper und stand plötzlich im Wohnzimmer. Es war hell.

Irgendwoher erhielt ich die Information: Den Körper zu verlassen, ist ganz einfach. Es geht ohne jede Kraftanstrengung! Mache einfach einen Schritt nach vorn!

Ich tat es, und zu meinem größten Erstaunen stand ich direkt vor mir, und zwar von Angesicht zu Angesicht. Ich schaute mir selbst ins Gesicht!

Als mir klar wurde, was sich da abspielte, erschrak ich.

Ich saß augenblicklich senkrecht im Bett, mein Puls raste, und ich versuchte, das Erlebte zu verstehen. Am meisten verwirrte mich die Tatsache, dass ich offenbar drei Körper besaß!

Mit meinem physischen Körper lag ich im Bett, mit meinem Astralkörper stand ich im Wohnzimmer, und aus diesem bin ich noch herausgetreten. Ich zählte es hundertmal – es blieb dreifach!

Noch hatte ich keine Ahnung, dass der Mensch über mehrere

feinstoffliche Körper verfügt!

Meister Kuthumi erklärt:

Eure Seele ist ein komplexes Gebilde. Wir werden die einzelnen Aspekte mit einfachen Worten erklären:

Das Verbindungsglied zwischen materiellem Körper und der Seele ist der sogenannte Ätherkörper – ein Energiefeld, welches ermöglicht, dass Physis und geistiges Bewusstsein sich verbinden. Da dieses Energiefeld nach dem physischen Körper die nächst niedrige Schwingung besitzt, ist es für das menschliche Auge am leichtesten zu sehen. Wenn ihr euch trainiert in Aurasicht, werdet ihr als erstes einen Lichtschleier wahrnehmen, der die Materie umgibt. Das ist der Ätherkörper! Alles Lebendige hat diesen Lichtschein. Er hat die Aufgabe beim Menschen, einen Schutzmantel um die Physis zu erschaffen! Wenn ihr schlaft, bleibt er beim physischen Körper zurück und versiegelt ihn.

Kommen wir nun zu eurem Bewusstsein:

Grob gesehen seid ihr eine Mischung aus Gedanken und Gefühlen. Da gibt es den Emotionalkörper, er hat die gefühlsmäßigen Aspekte eurer Vergangenheit gesammelt. Er macht euch empathisch und verfügt außerdem über einen Speichermechanismus. Das bedeutet, dass immer wiederkehrende Handlungen abgespeichert werden, die ihr dann wie bei einem Autopiloten abrufen könnt.

Beispiel: Vielleicht könnt ihr euch noch erinnern, wie ihr das Autofahren erlerntet?

Damals war es für euch schwierig, die drei Pedale, die Gangschaltung, den Blinker in der richtigen Reihenfolge zu bedienen und obendrein den Verkehr und die Hinweisschilder zu beachten. Nachdem ihr aber einige tausend Kilometer zurückgelegt hattet, war euch das Fahren in Fleisch und Blut übergegangen. Ihr musstet dann nicht mehr beim Abbiegen überlegen, ob ihr als erstes den Blinker setzt oder die Geschwindigkeit drosselt oder einen anderen Gang einlegt. Der Speichermechanismus wusste sehr genau, wie es geht!

Und ihr benutzt ihn bei allen wiederkehrenden Handlungen! Er entlastet euch. Andererseits kann er auch Ängste aus früheren Leben abgespeichert haben. Das geschieht zumeist dann, wenn ihr ein dramatisches Ableben erlebt. Dann prägen sich die damit verbundenen Ängste in euer Zellbewusstsein ein.

Beispiel: Angenommen ihr musstet in einem früheren Leben in einen Krieg ziehen, dabei wurdet ihr mit Gewalt, Entbehrung und Elend konfrontiert und seid letztendlich umgekommen. Diese emotionale Erfahrung könnte in einem späteren Leben, sobald sich die Weltlage zuspitzt und verschiedene Kräfte die Kriegstrommeln schlagen, getriggert werden und euch mit alten Ängsten überrollen.

Diese Fähigkeiten hält euer Emotionalkörper für euch bereit. Er erinnert sich außerdem an einen Zustand des inneren Friedens und der Ausgeglichenheit. Die Strahlkraft eures Emotionalkörpers geht ca. 5 - 10 cm über euren physischen Körper hinaus und diese Schicht ist am leichtesten fühlbar. In Reiki oder Therapeutic-Touch lernt ihr, das feine Energiefeld eures Emotionalkörpers zu spüren, zu reinigen und zu energetisieren.

Nun kommen wir zu dem Bereich eurer Gedanken, der eingebauten Göttlichkeit und persönlichen Überzeugungen:

Erst einmal bringt ihr alle Talente, Fähigkeiten und inneres Wissen mit, welches nicht aus diesem gegenwärtigen Leben stammt. Niemand kommt als unbeschriebenes Blatt auf die Erde!

Ihr geht, wenn ihr geboren werdet durch den Kanal des Vergessens. Doch das, was ihr vergesst, sind nicht die Talente und handwerklichen Fähigkeiten als solche, sondern eher die unwichtigen Nebensächlichkeiten, wie Kochen - gelernt in 18. Jahrhundert, Tischlern - gelernt im 17. Jahrhundert, Kräuterkunde - gelernt im 19. Jahrhundert. Die Fähigkeiten gehen durch den Filter, wo und wann ihr sie gelernt habt, ist zweitrangig. Aber selbst das könntet ihr erinnern, falls es euch interessiert.

Im Energiefeld eures Mentalkörpers sind außerdem alle Lebensüberzeugungen, persönliche Meinungen und Glaubenssätze aktiv, die ihr momentan als stimmig für euch gewählt habt. Er beherbergt das Ego, hat Verbindung zum kollektiven Bewusstsein und kann sich auch mit dem großen Ganzen – der universellen Weisheit oder der Akashachronik – verbinden. Dabei ist es entscheidend, wie sehr euer Ego eure eigene Göttlichkeit zulässt. Euer Gedankenkörper befindet sich im stetigen Wandel und strebt die höchstmögliche Wahrheit und Entwicklung an. Überzeugungen, die gestern für euch noch stimmig waren, könnten heute als nicht vollkommen erkannt werden und würden dann neue Erkenntnisse hervorbringen.

Euer Bewusstsein ist höchst komplex!

Wenn alle Aspekte eurer Seele freudvoll zusammenarbeiten, treten immer mehr die Göttlichkeit und eure schöpferische Kraft an die Oberfläche, die ihr dann bewusst nutzt.

Astralreise zu Heidis Hund Trixi

15. 01. 93 abends:

Ich saß im Wohnzimmer im Sessel und las. Mich überkam eine starke Müdigkeit, und ich dachte mir, ich sollte mir diese Tatsache zu nutze machen und einen Versuch starten. Ich legte das Buch also weg und lehnte mich bequem zurück. Meine Entspannungsübungen waren diesmal kurz, ich war schnell in Trance. Bilder tauchten in meinem Geist auf und zogen vorüber. Eine der letzten Szenen, an die ich mich erinnerte, war der Besuch meiner Freundin Heidi.

Sie saß in der Erinnerungsszene auf meinem Sofa. Ich selbst lief durchs Wohnzimmer und war am Erzählen. Plötzlich stolperte ich. Ich hatte das Gefühl, aus meinem Körper herausgeschleudert zu werden und in Zeitlupe in ein schwarzes, bodenloses Nichts zu stürzen.

Die Landung war weich und sanft auf Teppichboden.

Noch bevor ich darüber nachdenken konnte, was eigentlich passiert war und wo ich mich befand, begrüßte mich ein Hund. Es war Heidis kleiner schwarzer Hund Trixi. Er sprang um mich herum und war offenbar hocherfreut. Ich befand mich in Heidis Wohnung in Vögisheim ca. acht Kilometer von meinem Wohnort entfernt. Meine Sicht war allerdings sehr begrenzt. Ich sah nur etwa einen Meter im Umkreis, hinter mir befand sich die Balkontür und rechts von mir stand ein Schränkchen, alles weitere war in weißen Nebel gehüllt.

Ich versuchte den Hund zu rufen, meine Zunge war anscheinend gelähmt, und ich brachte unter viel Mühe „Trixi“ zustande.

Ich saß am Boden. Voller Erstaunen stellte ich fest, dass ich Kleidung trug. Ich konnte mich bei vorangegangenen Astralreisen nie an Sachen erinnern. Damit kann ich auch nicht mit Sicherheit sagen, dass ich nackt war. Ich hatte bisher nie darauf geachtet, aber diesmal trug ich Kleidung. Ich hatte dasselbe an wie mein materieller Körper!

Trixi sprang weiter an mir hoch. Ich sagte schließlich ebenso mühevoll: „Aus!“

Es funktionierte! Das Tier gehorchte und legte sich auf meinen Schoß. Ich streichelte sie und spürte das warme Fell zwischen meinen Fingern.

Fragen geisterten mir durch den Kopf: Was war passiert? Hatte ich bei dem Sturz in das schwarze Loch mehrere Kilometer zurückgelegt? Wieso saß ich nicht daheim im Sessel?

Kaum, dass ich an daheim gedacht hatte, zerfloss der Hund unter meinen Händen und verschwand. Ich saß augenblicklich zu Hause im Sessel.

Ich blinzelte kurz, um mich zu orientieren: Alles klar! Mein Wohnzimmer!

Mein Trancezustand war noch immer sehr intensiv. Jetzt hörte ich Geräusche aus der Wohnung: ein Rauschen, es klang, als ob jemand Badewasser einließ. Außerdem rumorte es im Flur. Ich dachte, es könnte Berti sein, und rief mühsam seinen Namen. Meine Zunge war immer noch gelähmt. Das Rumoren schwoll an, und ich hatte das Gefühl, dass etwas Großes, Schweres, Unheilvolles durch meinen Flur walzte. Ich hörte Ketten klirren.

Eine innere Stimme warnte mich: „Brich es ab! Was immer da kommt, es ist nicht Bertram!“ Ich öffnete die Augen, war sofort aus der Trance heraus und schüttelte mich in den Wachzustand. Ich ging in den Flur und grinste das unsichtbare Gespenst an und sagte schadenfroh: „Pech gehabt! Du kommst zu spät!“

Als ich auf die Uhr sah, war es 0.10 Uhr. Ich rief Heidi auf ihrer Arbeitsstelle an, sie hatte heute Spätdienst bis Mitternacht und war gerade dabei Abrechnung zu machen.

Trixi war an dem Abend allein daheim.

Zusammentreffen mit einem „Monster“

28. 01. 93 nachts:

Ich ging gegen 0.30 Uhr ins Bett. Eine Astralreise hatte ich nicht geplant, es ergab sich allerdings von selbst. In der Einschlafphase spürte ich eine Gestalt neben meinem Bett stehen. Ich dachte, es könnte Bertram sein. Kurz darauf schwebte der Geist über mir. Ich verließ meinen Körper, wobei ich deutlich die einzelnen Austrittsstufen erlebte. Ich umarmte den Geist, tastete sein Gesicht ab und glaubte, Bertis Züge zu erkennen. Ich begrüßte ihn erfreut, bekam allerdings keine Antwort. Wir küssten uns, wobei meine Hände an seinen Ohren vorbei zum Hinterkopf wanderten.

Ich machte eine eigenartige Entdeckung: Sein Hinterkopf hatte gewaltige Ausmaße, besaß wulstartige tiefe Rillen und war fast ohne Haare.

Sofort fragte ich: „Was ist mit deinem Kopf passiert?“

Keine Antwort.

Stattdessen nahm er mich bei der Hand, und wir schwebten davon. Wir legten eine ziemliche Strecke zurück. Alles, was ich erkennen konnte, waren graue Nebelschwaden.

Auf einmal beschlich mich ein ungutes Gefühl. Eine innere Stimme sagte mir:

„Kehr um! Hier stimmt etwas nicht!“

Ich ließ los und war rasch wieder im Bett bei meinem Körper. Es hatte sich mittlerweile ungebetener Besuch eingenistet. Jemand war gerade dabei, meinen Körper in Besitz zu nehmen. Ich schmiss den Geist raus, es war eindeutig ein anderer als der Erste, und zog selber wieder ein. Er war jedoch reichlich hartnäckig und wollte sich nicht so einfach abwimmeln lassen. Er kam dreimal wieder, und ich kämpfte gegen ihn. Erst als ich vollkommen wach wurde und mich auf die Seite drehte, wurde ich ihn endgültig los.

Am nächsten Tag stand ich wiederholt vor einem großen Problem: Wie sollte ich das Erlebte verstehen? Was war das für ein Monster?

Wäre ich religiös erzogen worden, hätte ich ihn sicherlich für den Teufel gehalten, aber in meinem Weltbild gab es keinen Teufel. Und selbst wenn ich mir in meiner Fantasie einen Teufel erdacht hätte, so hätte ich ihm einen menschlichen Kopf mit Tierhörnern gegeben.

Dieses Monster sah allerdings entschieden anders aus: Es verfügte über einen gewaltigen Hinterkopf mit massiven Wülsten, tiefen eingegrabenen Rillen und war ohne Haare.

Genaugenommen hatte er Ähnlichkeit mit Worf von der „Enterprise“ – allerdings mit Glatze.

Erst mehrere Jahre später habe ich in einem Buch die Antwort auf diese Frage gefunden: Diese Menschen stammen von einem anderen Planeten. Viele von ihnen haben eine Vorliebe für die Astralebene der Erde, wo sie leider häufig Unfug treiben. Sie werden in dem Buch als „Echsen“ bezeichnet und kommen von den Urplejaden.

Meister Konfuzius erklärt:

Meine Liebe, du warst versessen auf außerkörperliche Erfahrungen und für dieselben viel zu schlecht geerdet, noch wusstest du etwas von den Gefahren. Wir möchten aber jetzt nicht das Bild vermitteln, dass ihr beim Einschlafen irgendeiner Gefahr ausgesetzt seid!

Wenn euer feinstofflicher Körper nachts die Physis verlässt, so tut er das sehr rasch! Ihr hebt euch heraus und fliegt mit turboartiger Geschwindigkeit in hohe geistige Ebenen. Euer physischer Leib bleibt in einer Art Schutz-Versiegelung zurück. Ihm kann, wenn ihr normal einschlaft, nichts geschehen, denn eure Seele bewegt sich mit absoluter Perfektion. Ganz anders verhaltet ihr euch, wenn ihr mit eurem Wachbewusstsein den Körper verlasst. Für euren Verstand ist diese Welt neu und ihr bewegt euch entsprechend vorsichtig. Wie tapsige junge Hunde müsst ihr alles erkunden und begreifen.

Nun ist diese niedere Ebene, die die Erde umgibt, eine Licht- und Schattenwelt. Nicht alles, was euch dort begegnet, ist freundlich und hat ein sonniges Gemüt. Da gibt es beispielsweise zurückgebliebene Seelen, die nicht in den jenseitigen Bereich heimgekehrt sind, weil sie glauben, man würde sie dort wegen irgendwas bestrafen. Sie haben meist ein schlechtes Gewissen, weil sie zu ihren Lebzeiten etwas getan haben, wofür sie sich selbst schämen. Und das ist der Grund, warum sie zum Zeitpunkt ihres Todes nicht ins Licht zurückgekehrt sind. Sie verfügen über keinerlei Macht und sind eher bedauernswerte Geschöpfe.

Nun hast du jemanden getroffen, der nicht menschlich aussah. Wir können dir versichern, es war nicht der Teufel! Du hast mittlerweile schon herausgefunden, dass die Bewohner der Plejaden so ausschauen.

Nun, ihr befindet euch im Dualen Universum und hier gibt es eine Anzahl bewohnter Welten, auf denen ihr Leben erfahren könnt. Und wenn ihr euch für eine Inkarnation auf einem Planeten entscheidet, dann nehmt ihr das Aussehen der dortigen Bewohner an. Das ist selbstverständlich! In euren Sciencefiction-Filmen erschafft ihr euch manchmal Gestalten, die durchaus Ähnlichkeit mit Bewohnern von anderen Planeten haben, das trifft beispielsweise auf Worf von der Enterprise zu! Aber nicht jede Horrorgestalt, die da über den Bildschirm wandelt, gibt es tatsächlich! Die göttliche Seele verkörpert sich in gutaussehenden Wesen! Und die Unterschiede sind zumeist eher gering. Die Bewohner von Mardock haben beispielsweise eine Hautfalte auf der Nasenwurzel, die ihr nicht habt.

Gut, wenn ihr dann sterbt – egal auf welchem Planeten – verlässt eure Seele den Körper und kehrt ins Jenseits zurück! Das ist der normale Weg! Und er gilt für alle Inkarnierten in diesem Universum. Die Gesetzmäßigkeiten sind überall gleich!

Und es gibt auch auf jedem Planeten Verstorbene, die aus persönlichen Gründen, in der erdgebundenen Zone zurückbleiben. Du hast also jemanden getroffen, der seine letzte Inkarnation nicht auf der Erde sondern auf den Plejaden verlebt hat.

Nun könntet ihr euch, aufgrund eurer räumlichen Vorstellung, fragen, warum bleibt so ein „Außerirdischer" nicht auf seinem Heimatplaneten und spukt dort ein bisschen herum?

Es ist so: Alles ist miteinander verbunden! Wenn ihr im Jenseits seid, werdet ihr Bewohner von sämtlichen Planeten treffen, und einige von ihnen sind möglicherweise eure Freunde. Dasselbe trifft auf den Bereich der zurückgebliebenen Seelen zu!

Ihr seid geistige Wesen, und als solche, könnt ihr mit Lichtgeschwindigkeit reisen. Dann sind die Erde, die Plejaden, die Venus, die Jupiterwelt, Aldebaran und Sirius nur einen Katzensprung entfernt. Eure Vorstellungen von einem Universum gehen von riesigen Weiten aus, in Wirklichkeit seid ihr euch sehr viel näher. Aber das würde jetzt den Rahmen der Antwort sprengen!

Im jenseitigen Bereich, den ihr alle teilt, ist es vollkommen normal, dass ihr „Außerirdische" trefft. Es sind Seelen, die euch vertraut sind und ihr habt die Möglichkeit in verschiedenen bewohnten Welten zu inkarnieren und nehmt dann auch das typische Aussehen der Bewohner an. Dieses Aussehen speichert sich in eurer Seele ab und solltet ihr euch entschließen das nächste Mal auf Pegasus zu inkarnieren, dann gibt es dort eine Kolonie oder Kontinent, der vorzugsweise von schwarzen, weißen, lockigen oder blonden Menschen bewohnt wird. Was glaubt ihr denn, wo das unterschiedliche Aussehen der Menschen auf der Erde herrührt?

Gut, kommen wir jetzt zu der Frage: Welche reale Gefahr existiert nun tatsächlich bei Astralreisen?

Erst einmal könnte jemand, der frisch über den „Tellerrand" seiner Inkarnation schaut, alles Mögliche in ein Wesen hineininterpretieren, was auf der Erde nicht existiert. Aber du bist vor etwas ganz

Konkreten gewarnt worden: nämlich, vor der Übernahme deines Körpers durch eine andere Seele!

Manchmal kommt es vor, dass so eine zurückgebliebene Seele glaubt, sie müsste noch irgendetwas Versäumtes auf irdischer Ebene tun und da sie mit ihrem Körper nichts bewegen kann, sucht sie sich einen erkundungsfreudigen Menschen, der schlafwandlerisch um seinen eigenen Körper herumtappt und offensichtlich Neuland erkundet. Die Art, wie ihr euch bewegt, verrät das euer Wachbewusstsein aktiv ist! Das bedeutet aber nicht, dass jeder gleichermaßen gefährdet ist! Bei erfolgreichen Übernahmen, gehört beim Opfer eine bestimmte Mentalität dazu: Diese Personen lassen sich häufig von anderen ihre Pläne verändern. Sie zeichnet Unsicherheit, Schwäche und eine Bereitschaft zur Unterordnung aus – sie haben mit anderen Worten eine ausgeprägte Opfermentalität, neigen zur Selbstzerstörung und konsumieren häufig Alkohol und Drogen. Das sind die Typen, die erfolgreich übernommen werden könnten!

Diese Mentalität war dir fremd. Du warst zwar schlecht geerdet, aber deine Antenne zu spüren, wenn etwas nicht in Ordnung war, hat funktioniert! Du kehrtest zum Körper zurück und warfst den Eindringling erfolgreich raus. Das war vollkommen richtig!

Prinzipiell sind außerkörperliche Erfahrungen wertvoll, weil ihr dabei sehr rasche Entwicklungsschritte macht. Nur solltet ihr entweder Bescheid wissen über die Gesetzmäßigkeiten dieser Ebenen, oder ihr solltet aus dem Traum heraus, wenn sich euer Körper in einer hochschwingenden, friedvollen Ebene befindet, euer Bewusstsein dazuschalten – dann ist es gefahrlos.

Dein Hohes Selbst hat dir die Erlebnisse geschickt, damit du um die Gefahren dieser niederen Ebene wusstest!

Es hatte die Hoffnung, du würdest Astralreisen als zu gefährlich einstufen und dich stattdessen der Meditation zuwenden! Aber darauf hat es wohl umsonst gehofft!

Besuch von Berti

06. 02. 93 nachts:

Ich hatte abends Fernsehen geschaut und war gegen Mitternacht so müde, dass ich mich kaum noch wach halten konnte. Die Gelegenheit für eine Astralreise schien also günstig. Ich fasste den Entschluss, den Fernseher auszuschalten, um mich der Astralreise zu widmen.

Nur kam ich nicht mehr dazu!

Als ich mich erheben wollte, blieb mein Körper sitzen und der Astralkörper trennte sich von ihm. Es ging so schnell, dass ich es eigentlich erst im Nachhinein bemerkte: Meine Füße hatten keine Bodenberührung! Ich machte ein paar Schwebeversuche – ja, ich war im Astralkörper!

Fast augenblicklich spürte ich die Anwesenheit einer anderen Person: Berti!

Wir begrüßten und umarmten uns. Ich befühlte sein Gesicht und tastete den Hinterkopf ab – alles okay! Diesmal hatte ich es mit dem Original zu tun!

Ich bedankte mich bei ihm, dass er mir das Astralreisen beigebracht hatte.

Gönnerhaftes Grinsen von Berti!

Auch erwähnte ich mein Zusammentreffen mit diesem merkwürdigen Geist. Er sagte dazu nichts, aber ich hatte das Gefühl, dass er es bereits wusste. Wir liebten uns.

Das Wohnzimmer erschien mir viel größer. Es hatte den Anschein, als befinde sich die Couch in der Mitte des Raumes. Eine Kerze stand auf dem Tisch und brannte. Die kleine Lampe links von der Couch war ebenfalls an. Auch lief der Fernseher noch, man konnte Bilder sehen, aber das Programm und die Akustik waren in den Hintergrund getreten.

Bertram stand auf und ging ins Bad. Ich hörte Wasser rauschen. Ich schwebte hinaus in den Flur und sah die weißen Wände, allerdings ohne Bilder und Perlenvorhang, auch erschien mir der Flur breiter und länger. Berti kam zurück. Wir kuschelten uns auf dem Sofa aneinander. Ich erzählte ihm, dass ich Schwierigkeiten mit dem astralen Sehen hätte, manchmal fühlte ich nur und sah gar nichts. Er sagte mir, ich solle mich auf Sehen konzentrieren!

Es klappte hervorragend! Die Umgebung, einschließlich Berti, wurde augenblicklich farbiger und schärfer!

Vorher war ich unsicher, ob ich mich tatsächlich in meiner Wohnung befand. Es deuteten zwar viele Einzelheiten darauf hin, aber manche Dinge hatte ich ganz einfach ausgeblendet. Allmählich kapierte ich den Unterschied: Wände, welche man direkt vor sich hatte, verschwanden und gaben einen großen dunklen Raum frei. Wenn ich z.B. vom Wohnzimmer in die Küche schaute, konnte ich die Küche sehen, obwohl in Wirklichkeit eine Wand dazwischen war. Es kam auf den Blickwinkel an: Wenn man seitlich von einer Wand stand, und sie verlief vorwärts, nahm man sie als Wand wahr! Stand man allerdings unmittelbar davor, mit Blick auf die Wand, verschwand sie!

Wir kuschelten und streichelten uns. Ich fragte Berti, ob er nicht mein geistiger Ratgeber werden möchte? Ich besuchte gerade einen Silver-Mind-Kurs und von daher stammte die Idee eines inneren Ratgebers. Ich wollte allerdings keinen Inneren, sondern gleich einen aus der geistigen Welt!

Berti antwortete: Im Prinzip würde er es gern tun, aber er habe im Moment andere Verpflichtungen übernommen, so dass er fürchte, dieses Amt nicht gut ausführen zu können!

Ich fragte ihn, ob er jemand anderen wisse, der dafür geeignet wäre? Möglichst jemanden, der alle Fragen beantwortet!

Ja, er kenne so jemanden!

Ich wollte natürlich sofort wissen, wer es sei, und ob ich die Person schon kennen würde? Berti sagte mir, er wolle erst selbst mit ihm reden!

Wir streichelten und küssten uns noch eine Weile. Dann verabschiedeten wir uns, und ich ging in meinen Körper zurück. Es war 1.30 Uhr.

Die Botschaft von Tante Erna

11. 02. 93:

Ich ging um ca. 23.00 Uhr ins Bett. Eine Astralreise hatte ich nicht geplant, es passierte spontan. Ich verließ meinen Körper und fand mich nach kurzer Zeit im Inneren eines mir unbekannten Hauses wieder. Dort traf ich Berti. Wohnte er hier? Vermutlich!

Er war heute etwas einsilbig und erschien mir bedrückt. Ansonsten war es ein Treffen wie die vorangegangenen. Bertram verschwand plötzlich ohne Begründung.

Ich war allein in dem Raum und schaute mich um: Es war ein Schlafzimmer mit dunklen holzgetäfelten Wänden. Ich wartete eine Weile, weil ich glaubte, er würde zurückkommen. Offenbar hatte er es sich anders überlegt. Also beschloss ich, ihn suchen zu gehen!

Ich verließ den Raum durch die Wand und gelangte in einen intensiv weiß leuchtenden Flur. Woher die Lichtquelle kam, konnte ich nicht feststellen. Die Wände zu beiden Seiten waren weiß. Auf der Frontseite befand sich eine ebenfalls weiß gestrichene Tür. Das Auffälligste an diesem Flur war die geradezu überirdische weiße Leuchtkraft.

Ich schwebte langsam auf die Tür zu und wunderte mich, dass diese Tür trotz meiner Annäherung bestehen blieb. Auf Astralreisen ist es üblich, dass sich Hindernisse, auf welche man frontal zusteuert, ganz einfach in Luft auflösen und den Weg freigeben.

Diese Tür nicht!

Ich überlegte gerade, ob es mir möglich sein würde, sie zu öffnen. Meine Erfahrung sagte: nein! Man kann auf Astralreisen nichts bewegen, jedenfalls ich nicht!

Auf einmal stand wie aus dem Boden gezaubert Tante Erna vor mir. Ich vermute, dass sie von der anderen Seite durch die Tür gekommen war. Sie hatte ein hellblaues Kleid mit Rüschen an und sah frisch, wohlgenährt und zufrieden aus. Auch hatte sie keinerlei Falten, ich hätte sie nicht älter als Mitte 50 geschätzt. (Sie war vor ca. 15 Jahren als alte Frau gestorben.)

Ich war total überrascht und begrüßte sie verwundert: „Tante Erna! Wo kommst du denn her?“ Sie lächelte einen Augenblick, wurde aber sofort ernst und bekam einen schmerzhaften Gesichtsausdruck. Was sie mir sagte, war kurz, direkt und schockierend:

„Es tut mir so furchtbar leid, aber ich muss es dir ganz einfach sagen: Du musst dich beeilen! Dir bleibt nicht mehr viel Zeit! Du wirst zu Weihnachten bereits bei uns sein!“

Ich wusste sofort, womit ich mich beeilen sollte: Ich hatte vor ca. 14 Tagen beschlossen, ein Buch über Astralreisen zu schreiben!

Ich war geschockt und heulte auf vor Ärger: „Warum hast du es mir gesagt? Ich wollte es nicht wissen!“

Überall aus den Wänden tauchten plötzlich Personen auf, die uns auseinander drängten. Ich selbst war vor Schreck wie gelähmt und kann mich eigentlich an alles Weitere nicht mehr erinnern.

Es ist möglich, dass Berti oder andere Geister versucht haben, mich zu beruhigen – ich war jedenfalls nicht mehr aufnahmefähig!

Am nächsten Morgen im Bad erinnerte ich mich an meine Astralreise. Das Treffen mit Bertram war im Großen und Ganzen reichlich verblasst, nur die Szene mit Tante Erna hatte sich fest in meinem Gedächtnis eingefressen.

Warum? War es die Strafe für meine Neugier?

Spätere Überlegungen:

Es steht zweifelsfrei fest, dass es Tante Erna keineswegs Spaß gemacht hat, es mir zu sagen. Es passt auch in keiner Weise zu ihrem Charakter! Sie hatte sich bereits zu ihren Lebzeiten mit der Thematik „Leben nach dem Tod“ beschäftigt. Ihr Mann war ca. 1 Jahr vor ihr gestorben, und sie war schon damals überzeugt, dass der Tod nicht das Ende sei, sondern nur ein Übergang in eine andere Welt! Wenn sie früher bei unserer Familie zu Besuch war, schnitt sie manchmal dieses Thema an.

Mich interessierte es damals weniger, und ich sagte mir: „Wenn du so alt wärst wie sie und quasi mit einem Bein im Grab stehen würdest,

würdest du dir wahrscheinlich auch solche Hoffnungen machen! Es ist verständlich! Aber leider schwachsinnig!“ so dachte ich damals. Vom Charakter her war Tante Erna eine liebevolle alte Frau, die sich bemühte, in jeden Säufer und Querulanten etwas Göttliches zu sehen!

Und nun traf ich sie etwa 15 Jahre nach ihrem Tod auf einer Astralreise, und sie sagte mir mein eigenes Ende voraus – ich war schockiert.

War es möglich, dass ich mein Leben so kurz geplant hatte? Gerade jetzt, wo alles so prima wie niemals zuvor lief, sollte es zu Ende sein?

In diesem Zusammenhang fällt mir eine längst vergangene Geschichte ein:

Ich war damals etwa 17 / 18 Jahre alt. Bei Radio Luxemburg wurde zu dieser Zeit eine Sendung ausgestrahlt, welche „Unglaubliche Geschichten“ hieß. Mutter, meine Schwester Claudia und ich krochen regelrecht in das Radio hinein. Die Sendung beschäftigte sich mit Botschaften aus dem Jenseits, und es wurden dabei Tonbandaufnahmen mit Stimmen von Verstorbenen vorgespielt.

Ich fand sie hochinteressant, vermied es aber, mir darüber eine persönliche Meinung zu bilden.

Tante Erna war zu diesem Zeitpunkt etwa ein Jahr tot.

Claudia kam auf die Idee, über Tonband Tante Erna anrufen zu wollen. Meine Reaktion darauf kann ich zwar jetzt verstehen, aber damals hat sie mich zutiefst verwundert.

Claudia hockte mit Tonband und Mikrophon startbereit am Tisch, und sie erklärte mir gerade, wie sie vorgehen wollte. Bis zu diesem Moment war ich ebenfalls daran interessiert gewesen, aber mit einem Mal überfiel mich eine geradezu phobieartige Panik. Ich hatte plötzlich Todesangst!

Ich war fest davon überzeugt, wenn ich jetzt die Stimme von Tante Erna höre, falle ich auf der Stelle tot um!

Ich wollte meine Angst Claudia gegenüber nicht eingestehen und habe aus purer Verzweiflung angefangen, mich über die ganze Sache lustig zu machen. Ich habe es so lange ins Lächerliche gezogen, bis

Claudia vom Mikrophon abließ und verärgert davonlief!

Mir fiel ein tonnenschwerer Stein vom Herzen!

Ich konnte mir damals meine plötzliche Panik und Todesangst in keiner Weise erklären. Ich weiß nur, dass sie überaus intensiv war! War damals bereits beschlossen, was mir Tante Erna sagen sollte? Habe ich deshalb mit Angst reagiert?

Meister Konfuzius erklärt:

Nein, der Entschluss ist eher kurzfristig gefallen! Genau genommen hat deine Tante diese Botschaft deinem Freund abgenommen, da er nicht fähig war, sie zu überbringen!

Nun, lasst uns das etwas genauer erklären:

Dein verstorbener Freund rief aufgrund deines Wunsches nach einem geistigen Ratgeber so etwas wie eine Versammlung ein. Alle, die dich im jenseitigen Bereich kannten, kamen zusammen und beratschlagten über die Situation. Deine Seele war auch dabei.

Bertram fühlte sich überfordert mit deiner Betreuung, da er sich auch im jenseitigen Bereich weiterbilden wollte und du ihn andererseits ständig riefst. Was er damals nicht wusste, war, welche Bedeutung dein Verlassen des Körpers durch das Kronenchakra hatte. Er wusste zwar, dass so Sterbende den Körper verließen, aber da er dich auch nach Art der Schlafenden den Körper verlassen sehen hatte, war ihm die Veränderung nicht so bedeutungsvoll erschienen. Dein Hohes Selbst erklärte ihm, dass die Möglichkeit bestehen würde, dass du dein Leben vorzeitig beendetest wegen der schlechten Erdung. Und es hatte versucht dich zu bremsen, allerdings ohne Erfolg!

Von deinem Seelenplan her war vorgesehen, dass du durch den Tod deines Freundes und die anschließenden außerkörperlichen Erfahrungen, zum Einen erwachtes, dich für die Seele und feinstoffliche Bereiche begeistertest und dieses Wissen als spiritueller Lehrer weitergabst. Wie gesagt, es waren zu diesem Zeitpunkt Möglichkeiten, die du mit deinem freien Willen auch verändern konntest.

Man beratschlagte darüber, wie man dich zu mehr Lebenswillen animieren konnte? Was musstest du erfahren, um dein Leben wert zu schätzen und eine neue Richtung einzuschlagen?
Bertram war hin- und hergerissen, er fühlte sich schuldig, dich auf diesen Weg gelockt zu haben, wusste aber andererseits auch, dass die Entscheidung bei dir lag. Also beschloss man, dir deutlich und direkt zu sagen, womit du zu rechnen hattest, wenn du weiter mit so schlechter Erdung Astralreisen machtest!
Deine Tante ist für Bertram eingesprungen. Sie war außerdem sehr interessiert daran, dass die Erdbewohner aufgeklärter wurden. Schon zu ihren Lebzeiten hatte sie sich mit der Theosophie auseinandergesetzt. Sie hoffte sehr, dass du ein Buch über deine Erfahrungen schreiben würdest, und um die Wichtigkeit dessen zu unterstreichen, sagte sie zu dir: „Du musst dich beeilen! Dir bleibt nicht mehr viel Zeit! Du wirst zu Weihnachten bereits bei uns sein!“
Diese Information war eine Hochrechnung deiner Freunde aus dem jenseitigen Bereich. Sie hatten alle vor ihrem Ableben erlebt, wie sich der Körperaustritt zum Kronenchakra verlagerte. Ebenso hofften sie, dass dein Lebenswille durch die Botschaft intensiviert wurde.

Die Nachricht

16. 02. 93:

Ich war am 15. abends gegen 23.30 Uhr ins Bett gegangen. Ich beschäftigte mich bereits seit Tagen mit Tante Ernas Nachricht, diesmal war ich entschlossen, etwas Näheres herauszufinden! So konnte es nicht weitergehen! Der Satz: „Du wirst zu Weihnachten bei uns sein!“ verfolgte mich permanent!

War es nun eine unveränderliche Tatsache oder ein Irrtum?

Ich wollte also wissen, was auf mich zukam, und es interessierte mich auch, auf welche Weise ich meine Zukunft beeinflussen konnte. Auch war mir klar, dass ich dieses Wissen nur auf höheren Ebenen abfragen konnte. Auf Berti oder Tante Erna wollte ich mich dabei jedenfalls nicht verlassen! Ich wollte vordringen bis zu ihrem Chef und dort Erkundigungen einziehen! Mit dem festen Vorsatz einer Astralreise lag ich also im Bett und ging in Gedanken die einzelnen Schritte durch, wobei ich nach einer perfekten Formulierung für mein Anliegen suchte. Ich wurde heute einfach nicht müde, die Sache beschäftigte mich zu stark.

Ich spürte das Vibrieren im Bauch und den Sog von den Füßen her ansteigend. Im nächsten Moment war ich draußen.

Von der Umgebung konnte ich wenig erkennen, es war alles grau in grau. Aber Berti erwartete mich bereits. Ich begrüßte ihn kurz und schoss gleich auf das Ziel los:

„Du weißt, was Tante Erna mir gesagt hat! Es beschäftigt mich ziemlich! Ich muss mich unbedingt mit jemandem darüber unterhalten. Aber sei mir nicht böse, ich wollte mich eigentlich nicht mit dir darüber unterhalten! Ich möchte mit eurem Boss reden!"

Berti grinste mich zufrieden an. Er sagte, er wisse Bescheid! Meine Wünsche seien bereits überdeutlich hier drüben angekommen!

Ich staunte nur kurz. Mit der Zeit gewöhnt man sich an die verrücktesten Sachen!

Ich sagte: „Na, um so besser! Dann brauchen wir keine Zeit zu verlieren! Fliegen wir hin!"

Berti schüttelte lachend den Kopf: „So einfach, wie du dir das vorstellst, geht es nun wirklich nicht! Du kannst dort nicht einfach reinschneien! Das ist ganz und gar unüblich!"

Ich war enttäuscht! In meiner Fantasie hatte ich erwartet, dass mich jetzt gleich ein Lichtwesen empfing und mich darüber aufklärte, dass sich Tante Erna geirrt hätte, beziehungsweise wie ich meine Zukunft beeinflussen konnte!

Berti sagte, er hätte aber eine Nachricht für mich: „Du wirst einen Anruf erhalten!"

Ich dachte: Einen Anruf! Dann muss ich jetzt Tag und Nacht am Telefon hocken!

Berti sagte: „Nachts!"

Ich trommelte mit meinen Fingern an den Schädel und prägte mir ein: Ich muss das Telefon mit ans Bett nehmen! Ich darf es nicht vergessen!

Bertram lachte schon wieder: „Du denkst schon wieder falsch! Nicht dein Telefon! Das Telefon, von welchem ich spreche, befindet sich in einer anderen Ebene!"

Er zählte an den Fingern auf: „Du wirst das Klingeln hören! Du wirst das Telefon sehen! Und der Anruf ist für dich!"

Diese drei Sätze hallten noch in meinem Gedächtnis wider, nachdem der Radiowecker geklingelt hatte!

Abends traf ich mich mit meiner Freundin Heidi. Wir gingen etwas trinken, und ich erzählte ihr von meiner letzten Astralreise. Sie war auch die Einzige, der ich von Tante Ernas Nachricht berichtet hatte. Ich war froh, dass ich mich mit jemandem darüber unterhalten konnte.

Wir philosophierten darüber, wie wohl ein interplanetares Telefon aussehen würde? Sicherlich würde die Telecom vor Neid darüber erblassen!

Ich machte mir Gedanken, ob es mir gelingen würde, den Hörer abzunehmen. Dummerweise hatte ich auf bisherigen Astralreisen noch nie etwas bewegt!

Wir sahen das Ganze relativ locker und lachten uns halbtot darüber!

Meister Konfuzius erklärt:

Eure Gedanken sind im feinstofflichen Bereich hörbar! Wenn ihr in eurem Kopf klare Sätze formuliert, dann ist es für feinstoffliche Wesen so, als würdet ihr laut sprechen!

Deshalb hat dein verstorbener Freund geantwortet: Deine Wünsche seien schon deutlich angekommen!

Im feinstofflichen Bereich wurde darüber beratschlagt, wie es mit dir weitergehen sollte. Du brauchtest dringend einen Begleiter, der etwas weiter entwickelt war als Bertram. Dein Hohes Selbst hatte schon im Traum angekündigt, dass es notfalls eingreifen würde. Aber darauf musste dein Wachbewusstsein erst vorbereitet werden.

Die erstaunlichen Erlebnisse häufen sich

<u>Etwas Unsichtbares steht mir im Weg</u>

Leider kann ich den Zeitpunkt nicht mehr datieren, weil ich mich an das Ereignis erst später wieder erinnerte. Es war ziemlich am Anfang, als ich noch keine Ahnung von Micros Existenz hatte.

Ich stand morgens auf und legte noch ziemlich verschlafen den Weg vom Bad zur Küche zurück. Am Ende des Flures, unmittelbar vorm Eintritt zur Küche, hatte ich auf einmal das Gefühl, dass sich etwas oder jemand vor mir befand. Es war so deutlich, dass ich abrupt stehenblieb, meine Augen aufriss, aber nichts Konkretes entdecken konnte. Ich schüttelte den Kopf über meine eigene Reaktion und setzte den Weg fort. Ich konnte mich nicht erinnern, etwas Spezielles gesehen zu haben, aber ich hatte überaus deutlich das Gefühl, dass mir jemand den Weg verstellte.

<u>Trixi reagiert auf etwas Unsichtbares</u>

Meine Freundin Heidi war bei mir zu Besuch, sie hatte ihren kleinen Hund dabei, und wir schauten uns im Wohnzimmer einen Videofilm an. Trixi lag unter dem Tisch und schlief.

Am Ende des Filmes unterhielten wir uns über das Thema „Außersinnliche Wahrnehmungen“. Bei der Gelegenheit erzählte ich Heidi, was mir neulich morgens im Flur passiert war. Trixi war mittlerweile erwacht und saß neben Heidi auf der Couch. Plötzlich sprang sie auf, ihr Fell sträubte sich, alle Haare standen ihr zu Berge und sie knurrte und bellte abwechselnd etwas an, was für uns optisch nicht erfassbar war. Sie starrte voller Groll auf einen Fleck mitten im Wohnzimmer und gebärdete sich wie wild. Wir versuchten, einen Grund für ihr Verhalten zu entdecken, fanden aber nichts! Der Vorfall dauerte mehrere Minuten, ehe sich Trixi wieder beruhigte.

<u>Die durchsichtige Gestalt</u>

Etwa Ende Februar kam eine Arbeitskollegin mit ihrem Baby in der

Firma vorbei. Sie hatte den Sportwagen mit dem Kleinkind auf dem Gang abgestellt und unterhielt sich im Nachbarraum mit Kolleginnen. Ich lief am Wagen vorbei, den Gang entlang und schwenkte dann seitlich in eine Tür, wobei ich zufällig zurück zum Kinderwagen sah.

Was ich dort entdeckte, war einfach unglaublich: Direkt neben dem Wagen stand eine durchscheinende erwachsene Gestalt, welche sich über das Kind beugte. Das ganze Körperinnere wurde von einem prickelnden Goldregen durchflutet, war aber irgendwie feinstofflich und durchsichtig! So hatte ich mir das Lichtwesen vorgestellt!

Ich stoppte sofort und machte kehrt, um mir das Ganze genauer anzusehen! Leider hat es beim zweiten Mal nicht mehr geklappt, alles, was ich diesmal sah, war der Sportwagen mit Kind. Die durchsichtige Gestalt hatte ich während der Drehbewegung aus dem Augenwinkel wahrgenommen. Vielleicht war das so eine Art Schutzengel?

Die durchsichtige Kugel

Nur wenig später ereignete sich morgens im Bad etwas Ähnliches: Ich war fertig mit Waschen und drehte mich gerade um, in der Absicht, das Bad zu verlassen. Oberhalb der Uhr sah ich mitten im Raum eine durchsichtige Kugel voller Goldregen. Sie hatte Tennisballgröße und hing freischwebend in der Luft.

Ich grinste hinauf, winkte ihr und begrüßte sie mit: „Hallo, Micro!"

Es war 'ne Blitzidee! Einer von jenen Einfällen, bei denen man sich hinterher fragt:

Wie bist du jetzt darauf gekommen?

Hinter mir sprang plötzlich der Gummistöpsel ins Waschbecken. Vielleicht Zufall?

Ich schaute mich auf jeden Fall um. Beim zweiten Blick zur Uhr war die Kugel verschwunden. Ich fragte belustigt: „Kannst du neuerdings Gegenstände bewegen?"

Die Kopfnuss

Des Weiteren möchte ich erwähnen, dass seit etwa zwei Wochen meine Astralreisen nicht mehr funktionierten. Ich probierte es wie üblich an jedem Wochenende, blieb lange wach, wartete auf einsetzende Müdigkeit, begab mich dann in Trance, mit der Absicht, meinen Körper zu verlassen und eine Astralreise zu unternehmen! Plötzlich funktionierte es nicht mehr!

Bei einem dieser misslungenen Versuche spürte ich mit aller Deutlichkeit, wie mir jemand eine Kopfnuss gab. Meine Entspannung war schlagartig dahin! Ich riss augenblicklich die Augen auf und schüttelte mich irritiert. Es war niemand im Raum – jedenfalls niemand, den ich mit meinen physischen Augen wahrnehmen konnte!

Ein unsichtbarer Geist

Ich saß am Computer und schrieb eine meiner Astralreisen ein. Plötzlich hatte ich das Gefühl, dass jemand hinter mir stand und mich dabei beobachtete. Ich legte eine Pause ein und sah mich im Raum um. Vor der Wand flimmerte ein heller Lichtpunkt, er hatte Linsengröße. Ich lachte und erkundigte mich, ob sie jetzt schon Spione schickten, um zu sehen, was bei mir angekommen sei?

Anschließend cremte ich mir die Hände ein. Der Lichtpunkt war mittlerweile verschwunden, ich hatte aber noch immer das Gefühl, nicht allein im Raum zu sein. Ich hatte beim Eincremen zuviel Creme erwischt und nun klebten meine Hände.

Da kam mir eine Idee: Ich hielt die Hände mit meinen Handflächen nach oben offen hin und fragte den unsichtbaren Gast: „Willst du auch Creme?"

Über meine Handflächen strich im nächsten Moment ein eigenartiges, aber sehr deutliches Kribbeln. War das nun real oder hatte ich es mir nur eingebildet?

„Micro!"

Von Zeit zu Zeit stelle ich mich im Schlafzimmer vor den Spiegelschrank und übe Aurasehen. Das funktioniert so: Man sucht sich einen Punkt etwa fünf Zentimeter über dem Haaransatz an der dahinterliegenden Wand und beginnt, diesen über den Spiegel anzustarren. Schon nach kurzer Zeit bildet sich um den Kopf herum ein weißer, milchiger Schleier – das ist die Aura!

Ich hatte in Büchern gelesen, dass es sehr begabte Leute gab, welche die Aura nicht nur als weißen Schein wahrnahmen, sondern die unterschiedlichsten Farben darin entdeckten, aus welchen sie dann Stimmungen und seelische Verfassungen ablesen konnten.

Ich hoffte, eines Tages auch mehr zu sehen, aber bisher kam ich nur bis zu diesem weißen Schimmer!

Ich stand also vorm Spiegelschrank und konzentrierte mich auf meine Aura. Diesmal störte mich allerdings etwas anderes: Ich hatte pausenlos das Gefühl, dass rechts neben mir etwas herumquirlte. Es war gerade so, als ob die Luft neben mir Pirouetten drehte und permanent vibrierte. Sah so ein Geistwesen aus?

Jedenfalls wurde ich ständig von der Bewegung neben mir abgelenkt und konnte mich in keiner Weise auf meine Aura konzentrieren!

Schließlich sagte ich in Gedanken zu dem Quirl: „Steh endlich still! Merkst du nicht, dass du mich störst mit deinem Herumgehüpfe?“

Es funktionierte! Das Vibrieren verschwand augenblicklich!

Nach all diesen Erfahrungen kam ich nicht mehr daran vorbei, mir einzugestehen, dass ich ständig, ganz gleich, wo ich mich befand, von einem unsichtbaren Begleiter umgeben war!

Es fiel mir wahrlich nicht leicht, es anzuerkennen!

Schließlich gab es da Geschichten über Irrenhausinsassen, bei denen es möglicherweise auch einmal so angefangen hatte!

Ich war einerseits voller euphorischer Faszination, aber auch gleichzeitig irritiert.

Jedenfalls hatte ich niemals Angst und geriet auch nicht in Panik deswegen! Ich nahm es ganz einfach als gegeben.

Mir kam in den Sinn, dass das Ganze etwas mit Bertis Ankündigung des Telefonanrufes zu tun haben könnte. Außerdem hatte er mir auch einmal einen geistigen Ratgeber in Aussicht gestellt! Vielleicht war dieser Telefonanruf nur als Nachricht gedacht und dieser „Quirl“ neben mir, der mir noch unbekannte geistige Ratgeber?

Ich gab also meinem unsichtbaren Begleiter einen Namen: Ich

nannte ihn Micro!

Er schien nichts dagegen zu haben.

Meister Konfuzius erklärt:

Nun, du hattest also jetzt einen geistigen Lehrer und Begleiter – dein Hohes Selbst. Dessen Aufgabe war es, dich auf einen ungefährlichen Weg und zu mehr Lebensfreude zu führen. Aber das ging nur mit deinem Einverständnis.

Rauchen – mein blöder Schwur!

Es war am Freitag, den 12. 03. 93, ich war auf der Arbeitsstelle und hatte seit Tagen eine recht anhängliche Erkältung. Mein Halsweh steigerte sich von Stunde zu Stunde. Die Zigaretten schmeckten schon seit Tagen nicht mehr.

Ich rauchte aber trotzdem!

Schließlich hatte ich es satt! Ich sagte in Gedanken zu Micro: „Ich werde so lange nicht mehr rauchen, bis die Halsschmerzen weg sind! Ich schwör's! Sollte ich es trotzdem tun, dann mach' etwas dagegen! Halte mich davon ab!"

Ich weiß nicht genau, was ich damit erreichen wollte. Vermutlich ging es mir um einen Beweis, dass da tatsächlich jemand war und ich mir das Ganze nicht nur einbildete!

Und gleichzeitig interessierten mich natürlich seine Fähigkeiten!

Ich dachte trotzdem nicht im Traum daran, dass etwas passieren könnte!

Es kam allerdings anders:

Am Samstagvormittag wollte ich im Badezimmerofen den angesammelten Papiermüll verbrennen. Ich stopfte den Inhalt meines Papierkorbes in den Ofen, nahm den Kohlenanzünder und das

Feuerzeug. Das Feuerzeug erinnerte mich symbolisch sofort ans Rauchen, und ich dachte: Eigentlich hast du heute noch gar nicht geraucht!

Wie ich also den Kohlenanzünder anbrenne, fällt er mir aus der Hand und im Kohlenkasten direkt neben einen Stapel Zeitungspapier. Das Zeitungspapier war Gott sei Dank so weit weg, dass es nicht Feuer fing. Im selben Moment schießt mir der Satz in den Kopf: „Du hast daran gedacht!“

Ich war grenzenlos verblüfft, hatte aber vor lauter Brandverhinderung überhaupt keine Zeit, mich darüber zu wundern.

Aber es sollte noch schlimmer kommen:

Am Sonntagmorgen nach dem Frühstück zündete ich mir eine Zigarette an. Ich hatte vorher Micro in Gedanken erklärt, ich sei jetzt wieder vollkommen gesund und könnte deshalb auch wieder rauchen! (Es stimmte nicht!)

Die Zigarette schmeckte abscheulich nach abgestandenem, kalten Rauch, aber ich zog tapfer daran. Es passierte zunächst nichts!

Und weil es so schön klappte und ich mich vollkommen sicher fühlte, setzte ich noch einen drauf: Ich grinste den imaginären Micro an und provozierte: „Stimmt´s, es ärgert dich, dass ich rauche?“

Die Folgen waren verheerend und überaus peinlich! Ich erzähle es wirklich nur ungern:

Von einem Moment zum nächsten hatte ich mir in meine frischgewaschene Schlafanzughose gemacht. Es kam so schlagartig, ohne jede Vorankündigung, dass es kein Ausweichen gab.

Ich war echt sauer und rauchte bis zum Abend nicht mehr! Jedenfalls reichten mir die Kostproben von Micros Fähigkeiten!

Ein Minitraum als Antwort auf Tante Ernas Botschaft

Etwa ab Freitag, den 12.03.93, fing ich an, Micro zu nerven, was Tante Ernas Nachricht betraf. Ich wollte verständlicherweise wissen, was es damit auf sich hatte! Also fragte ich permanent danach!

Zu Anfang hat er es ganz einfach ignoriert. Auch war ich mir noch nicht klar, auf welche Weise ich zu einer Antwort kommen sollte, zumal meine Astralreisen aufgehört hatten. Schließlich habe ich Micro noch den ganzen Samstag hindurch mit Fragen zu Tante Ernas Botschaft gequält. Am Sonntagmorgen wurde ich relativ früh wach und das Erste, was ich feststellte, war: Ich hatte immer noch keine Antwort auf Tante Ernas Nachricht!

Ich blieb also im Bett liegen und fing erneut an, Micro in Gedanken mit Fragen zu nerven. Kurz darauf nickte ich noch einmal ein und erhielt eine Antwort in Form eines Minitraumes:

Eine Familie saß an einem großen, runden Tisch zum Mittagessen. Es gab Makkaroni mit Tomatensoße. Ich selbst stand mit einem Buch in der Hand hinter dem Stuhl eines etwa siebenjährigen Kindes. Die Familie schenkte mir keinerlei Beachtung, es schien, als sei ich für sie unsichtbar. Ich begann also in dem Buch zu blättern.

Plötzlich drehte sich das Kind auf dem Stuhl vor mir herum und fing an, mich zu nerven: Es wolle auch das Buch ansehen! Und zwar sofort!

Als ich nicht darauf einging, richtete es sich auf dem Stuhl auf, griff über die Lehne, packte das Buch und fing an, verbissen daran zu reißen.

Eine quälende, unverschämte Mistgöre!

Ich war ziemlich aufgebracht und sagte dem Kind deutlich: Es solle gefälligst erst aufessen. Danach hätte es noch genügend Zeit, um sich das Buch anzusehen!

Anschließend war ich sofort wach und konnte mich an jede Kleinigkeit erinnern. Anscheinend sollte ich es jetzt noch nicht wissen, sondern erst mein Leben zu Ende leben! Das war nicht die Antwort, die ich eigentlich haben wollte!

(Auch fand ich den Vergleich mit der Göre unverschämt!)

Meister Konfuzius erklärt:

Der Beobachter mit dem Buch ist dein Höheres Selbst, es hat den Überblick über den Lebensplan. Die Göre, wie du sie bezeichnest, steht für dein Ego.

Erste Unterhaltung mit Micro

15. 03. 93 nachts:

Ich wurde gegen 4.00 Uhr wach, ging zur Toilette, anschließend etwas trinken und wieder ins Bett. Da ich relativ munter war, wollte ich versuchen, eine Astralreise zu machen!

Dabei möchte ich noch einmal erwähnen, dass seit reichlich zwei Wochen jeder Versuch fehlgeschlagen war. Aber mir fehlten meine außerkörperlichen Erfahrungen bereits sehr! Ich legte mich also auf den Rücken und konzentrierte mich darauf, an nichts zu denken!

Es funktionierte leider schlecht!

Die neuerlichen Erlebnisse mit Micro, meinem unsichtbaren Begleiter, zogen mich noch so in ihren Bann, dass ich beim besten Willen nicht abschalten konnte!

Ich drehte mich schließlich auf die Seite, um zu schlafen.

Kaum, dass mich eine leichte Müdigkeit überkam, da passierte es: Ich war in einem Dämmerzustand zwischen Wachen und Schlafen.

Micro trat von der Tür her ins Schlafzimmer. Ich richtete mich im Bett auf und glotzte ihn an. Er gab mir zu verstehen, ich solle mich wieder hinlegen, es sei alles in Ordnung! Er hatte eine schlanke menschliche Gestalt, dunkle, schulterlange Haare und trug helle

Kleidung. Eine weiße Jeanshose und ein weißes Oberteil.

Ich legte mich zurück.

Er kam zu mir, setzte sich auf die Bettkante, deckte mich besser zu und streichelte mir über's Haar, beugte sich hinunter, gab mir einen Kuss auf die Wange und sagte mit ruhiger, heller Stimme: „Schlaf jetzt, mein Liebling!"

Das war nun wirklich das Allerletzte, was ich wollte! Dafür war das Ganze zu gewaltig!

Den folgenden Dialog habe ich sofort am nächsten Morgen aufgeschrieben, und ich möchte behaupten, dass er die Unterhaltung, welche wir geführt haben, wörtlich wiedergibt:

Ute: „Micro, ich würde mich viel lieber mit dir unterhalten!"

Micro: „Worüber möchtest du denn reden?"

Ute: „Oh, zum Beispiel über Astralreisen!"

Micro: „Was fasziniert dich denn so an Astralreisen?"

Ute: „Es ist einfach irre gewaltig! Man kann in fremde Welten fliegen! Es ist unglaublich interessant!" schwärme ich.

Micro: „Ist dir eigentlich niemals der Gedanke gekommen, dass du da oben nichts zu suchen hast?" (Ich war maßlos enttäuscht!)

Ute: „Aber warum denn nicht? Ich bin ja schließlich nicht die Einzige! Es fliegt ja allerhand da oben 'rum!"

Micro: „Eben darum! Was glaubst du, was passiert wäre, wenn sie dich erwischt hätten?"

Ute: „Wer hätte mich erwischt? Wer sind sie?"

Micro: „Wie viele Astralreisen hast du gemacht?" lenkte er ab.

Ute: „Glaube nicht, ich würde es nicht merken, wenn du meine Frage mit einer Frage beantwortest! Ungefähr 17!"

Micro: „Das ist 'ne ganze Menge! Dann hast du ja ein regelrechtes Astralreisestudium hinter dir!" staunte er und tat so, als sei's eine tolle Leistung.

Ute: „Naja, so gewaltig ist es nun auch wieder nicht! Man sieht zwar eine Menge Dinge, aber alles kann man sich nicht merken. Oder es gibt auch Sachen, die man einfach nicht versteht! Jedenfalls jetzt noch nicht!"

Micro:„Und deine letzte Astralreise hast du vor 14 Tagen gemacht?"

Ute: „In etwa! Könnten noch paar Tage mehr sein! Ich habe seit der Zeit keine Astralreise mehr gemacht, seitdem du aufgetaucht bist! Und ich glaube nicht, dass das Zufall ist!"

Micro musste lachen und fragte schnell: „Wie bist du überhaupt darauf gekommen?"

Ute: „Mein Freund ist vor ungefähr einem Jahr gestorben, und er hat es mir beigebracht. Aber ich möchte ihn nicht anschwärzen! Ich möchte nicht, dass er dadurch irgendwelche Schwierigkeiten bekommt!"

Micro: „Was hat dir auf deinen Astralreisen besonders gefallen?"

Ich hole mit meiner Erzählung weit aus und fange an, eine Szene zu schildern, in der Absicht schließlich mit Tante Erna zu gipfeln... .

Etwa beim dritten Satz bin ich eingeschlafen!

Für gewöhnlich schlafe ich nicht mitten in einer Unterhaltung ein! Noch dazu in einer so interessanten! Ich vermute, Micro hat mir diesen Schlaf suggeriert. Er hat auch während der gesamten Unterhaltung liebevoll meinen Rücken gestreichelt. Von Micro ging die ganze Zeit ein unbeschreiblich starkes Gefühl der Liebe, der Geborgenheit und des bedingungslosen Akzeptierens aus! Dieses Gefühl war außerordentlich überwältigend, es gibt leider nichts, mit dem man es auch nur annähernd vergleichen könnte!

Bei früheren Unterhaltungen mit Berti oder bei dem Gespräch mit Tante Erna konnte ich zum Teil deren Gedanken telepathisch empfangen, was bei Micro leider nicht möglich war!

Ich empfing zwar sehr deutlich seine liebevollen Gefühle für mich, aber zwischen den Zeilen lesen, war bei ihm nicht möglich!

Von daher glich das Ganze eher einer Unterhaltung, und ich hatte hinterher den Eindruck, dass dieses Gespräch mit Laser in meine Gedächtniszellen eingebrannt war, ich konnte es vorwärts und rückwärts auswendig! Ursprünglich hatte ich das Thema Astralreisen gewählt, um Micro darüber auszufragen – war wohl eher umgekehrt!

Des Weiteren vermute ich, dass er die Antworten auf alle Fragen längst kannte und es sein Hauptanliegen war, vor weiteren

Astralreisen zu warnen.

Meister Konfuzius erklärt:

Bei dir gab es verschiedene Schwierigkeiten: Deine ungenügende Erdung und Sehnsucht nach Bertram hatten dazu geführt, dass du den Körper über das Kronenchakra verließest, und somit eine Todessehnsucht vorhanden war. Diese musste gebremst und mit mehr irdischer Lebensfreude und neuen Lebenszielen ausgeräumt werden!

Vom Ego her reagiertest du auf das angekündigte Todesdatum Gottlob ohne Panik, du spürtest intuitiv, dass es sich um eine Wahrscheinlichkeit handelte, die auch veränderbar war.

Die andere Schwierigkeit war deine Sucht nach außerkörperlichen Erfahrungen, noch dazu in sehr erdnahe niedere Ebenen. Entweder würde es gelingen, dein Interesse durch etwas Anderes zu ersetzen (z.B. durch Meditation), oder du musstest lernen, deine Reisen in höhere Sphären zu verlegen. Dort gab es keine Gefahren durch zurückgebliebene Seelen und manipulative Außerirdische! Wobei Reisen in höhere Sphären eine gute Erdung und intensivste Entwicklungsbereitschaft auf allen Ebenen voraussetzte!

Wenn du mit deinem Wachbewusstsein in hochschwingende, feinstoffliche Ebenen vordringst, dann nimmst du diese Energie auf und trägst sie zu deinem Körper. Und diese hohe Schwingung würde dafür sorgen, dass auch auf irdischer Ebene sehr intensive Entwicklungsschritte anstehen. Der Druck nach Wandlung und Veränderung wird dadurch immens!

Das Reisen in höhere Sphären setzt voraus, dass du gut geerdet bist! Aber genau das warst du zum damaligen Zeitpunkt nicht!

Es war also eine Gratwanderung, die seitens deines Hohen Selbstes sehr viel Fingerspitzengefühl verlangte.

Astralreise trotz Verbot

16. 03. 93 nachts:

Es war die folgende Nacht nach der Unterhaltung mit Micro. Ich wurde kurz nach dem Einschlafen wieder wach und hoffte, Micro würde kommen, um mir Gute Nacht zu sagen und sich mit mir zu unterhalten! Nichts dergleichen geschah! Das war wohl im Programm nicht vorgesehen!

Also beschloss ich, trotz Warnung eine Astralreise zu machen – vermutlich eine Trotzreaktion! Ich verkündete vorher noch in Gedanken: Schlafen sei sowieso unnütz und langweilig – eben etwas für Idioten! Clevere Leute würden stattdessen lieber eine Astralreise machen!

Schon nach kurzer Zeit spürte ich das Vibrieren und den Sog.

Eigentlich hätte mir ja ein Kronenleuchter aufgehen müssen, wenn man bedachte, wie lange ich es umsonst versucht hatte! Aber ich deutete die Sache falsch und bildete mir ein:

Die Tatsache, dass es jetzt wieder klappt, heißt, dass Micro verschwunden ist! Wahrscheinlich war er nur gekommen, um mir die Nachricht zu überbringen!

Mir war zwar klar, dass ich gerade dabei war, dagegen zu verstoßen, aber es scherte mich eigentlich wenig. Außerdem hatten sich seine Worte nicht grundsätzlich wie ein Verbot, sondern mehr wie eine Empfehlung angehört!

Und zum Aufgeben waren mir meine Astralreisen viel zu kostbar!

Ich spürte also diesen Sog, der von den Füßen her wie ein Rausch durch den Körper lief, und das leicht beängstigende Gefühl, als ob man eine Hülle zerreißt. Es war zu verlockend, ich musste es einfach testen!

Im nächsten Moment war ich draußen und schwebte über dem Bett. Leider war es im Zimmer vollkommen dunkel. Ich machte ein paar Schwebeversuche, es war ein himmlisches Gefühl, besonders nach so langer Zeit!

Ich dachte noch, es ist besser, wenn du dich nicht so weit von deinem Körper entfernst, sonst bekommt Micro vielleicht doch noch etwas mit!

Natürlich bin ich dabei in die erstbeste Falle getappt!

Gerade als ich in meinen Körper zurückgehen wollte, spürte ich eine Hand um meinen Fußknöchel. Ich hatte mir bis zu diesem Moment eingebildet, allein im Zimmer zu sein.

Ich wurde nach unten ans Fußende des Bettes gezogen. Jemand riss meinen feinstofflichen Körper aus dem Bett, packte mich an den Oberarmen und schüttelte mich entsetzlich. Es war wie beim Rodeo. Ich flog quer durch den Raum und wurde dabei gewaltig geschüttelt.

Das Schlimmste war die absolute Dunkelheit, ich konnte nicht einmal die Hand vor Augen sehen, geschweige denn mein Gegenüber. Ich hatte null Chance, mich zu wehren, und bekam entsetzliche Angst. Ich bildete mir ein, von einem Poltergeist besessen zu sein.

Im nächsten Moment ließ mich Micro los, und ich fiel zusammen wie ein Kartenhaus und sank kraftlos zu Boden.

Ich schrie voller Panik: „Geh raus aus mir!"

Micro sagte kein einziges Wort, er riss mich hoch vom Boden, und ich flog in hohem Bogen zurück auf's Bett und war wieder drin in meinem materiellen Körper.

Sobald ich mich einigermaßen beruhigt hatte, wurde mir klar, dass ich natürlich nicht mit einem Poltergeist gekämpft hatte, sondern dass es Micro war. Wahrscheinlich hatte er nur darauf gewartet, dass ich trotz Verbot eine Astralreise machte. Eine ziemlich bescheuerte Idee, zu glauben, dass er nach der gestrigen Unterhaltung verschwinden würde!

Ich habe diese und die zwei darauffolgenden Nächte nicht geschlafen. Nicht nur schlecht geschlafen, sondern keine einzige Minute!

Ich weiß nicht genau, was mich wach gehalten hat, aber da ich noch nie in meinem Leben Schlafstörungen hatte, war es entweder mein schlechtes Gewissen, oder Micro hat mich künstlich wach gehalten. Vielleicht sollte ich einsehen, dass auch clevere Leute Schlaf benötigen!

Unmittelbar nachdem ich wieder in meinem Körper war, sah ich noch eine kurze Szene:

Ich stand daheim in Dresden vor der geschlossenen Haustür meines Elternhauses und suchte in meinen Taschen nach dem Schlüssel. Als ich ihn gefunden hatte, kam jemand von draußen und nahm ihn mir weg!

Sicherlich kann man mir eine ganze Menge vorwerfen, aber nicht, dass ich Zeit verschwendet hätte!

Außerdem ist es falsch, dass der feinstoffliche Körper keinen Schmerz empfinden kann. Ich hatte sogar an meinen physischen Oberarmen ein Andenken in Form von blauen Flecken, wo Micro mich gepackt hatte beim Schütteln.

Meister Konfuzius erklärt:

Du spieltest das Spiel: Wer von uns beiden ist stärker? Wie sehr lässt sich dieser Begleiter auf der Nase herumtanzen? Es spiegelt deutlich deine damalige Unreife!

Drei schlaflose Nächte

16.-18. 03. 93:

Es ist absolut ekelhaft, nicht schlafen zu können, obwohl man todmüde ist. Ich genoss es drei Nächte lang! Schon nach meiner Astralreise und der anschließenden schlaflosen Nacht war ich ziemlich fertig und bereit zu schwören, von nun an auf Astralreisen zu verzichten.

Wahrscheinlich kannte Micro mich besser! Es hatte jedenfalls keine Wirkung! Ich blieb weiterhin wach.

In der zweiten Nacht verlegte ich mich auf's Jammern und bettelte, schlafen zu dürfen. Nichts geschah! Auf dem Ohr war er offenbar taub!

Stattdessen suggerierte er mir eine neue Miniszene: Über mir schwebte eine Person. Ich griff nach dem Kopf und entdeckte den mir bereits bekannten riesigen Hinterkopf mit den tiefen Rillen. Im selben Moment erhielt ich die Mitteilung: „Das sind sie!“

Das Monster verschwand. Aha, das waren also die, von denen ich mich nicht erwischen lassen sollte! Keine Erklärung, warum das so war! Ich blieb auch diese Nacht wach.

In der dritten Nacht fing ich an zu meckern. Ich hatte mittlerweile gemerkt, dass Micro alle meine Gedanken empfing, und machte mir diese Tatsache zu nutze:

Ich kreierte in meiner Vorstellung ein Nachtgespenst mit weißem, langen Umhang und Gucklöchern für die Augen. Das Gespenst sprang wie Rumpelstilzchen vor meinem Bett herum und hatte eine Fernbedienung in der Hand, auf welcher stand: „Nicht schlafen!“

Es drückte wie wild auf dem Knopf herum und zielte auf mein Bett.

Außerdem rief ich Micro voller Wut „Giftmischer!“ zu! Die Antwort kam prompt, er fragte mich: „Willst du vielleicht ’ne Tracht Prügel?“

Ich wollte nicht und sagte schnell: „Nein!“

Einige Zeit später folgte eine neue suggerierte Miniszene:

Ich stand ca. 20 m von einem Maschendrahtzaun entfernt. Auf der anderen Seite erkannte ich Berti neben anderen Personen. Er schaute nicht in meine Richtung, drehte sich schließlich um und ging weg. Ende der Szene!

Es war schon mehr als eigenartig: Ich lag da, wach, mit geschlossenen Augen, und hinter diesen lief ein Film ab.

Ich hatte mittlerweile kapiert, was ich begreifen sollte:

Astralreisen waren zu gefährlich wegen dieser Monster mit den deformierten Schädeln! Weshalb sie gefährlich waren, wusste ich trotzdem nicht! Außerdem waren Berti-Treffen passé!

Nach drei schlaflosen Nächten war ich so vollkommen am Ende, dass Heidi abends kam, um mich zu hypnotisieren und mir einzureden, dass ich heute Nacht tief und fest schlafen würde. Ich bin mir nicht sicher, ob die Hypnose geholfen hat oder ob Micro den Schlafentzug aufhob. Tatsache war, ich ging freiwillig halb neun ins Bett, was einer Sensation glich, und konnte endlich wieder schlafen!

Ein Hinweis auf Micros Schutzfunktion

23. 03. 93:

Ich schaute an diesem Abend eine Diskussionsrunde im Fernsehen über Satanskult in Deutschland an. Den Inhalt der Sendung will ich jetzt nicht wiedergeben, das würde zu weit führen. Es war aber erstaunlich, wie viele Irre es gab, die bewusst mit schwarzer Magie experimentierten! Was für mich am unverständlichsten war, war die Tatsache, dass diese Menschen sehr genau wussten, dass es eine Geisterwelt gab und somit ein Leben nach dem Tod. Anscheinend hatten sie dabei völlig ausgeblendet, dass sie eines Tages selbst sterben würden!

Ich hatte den ganzen Abend das Gefühl, dass Micro sehr wütend war, weil ich mich für diese Sendung interessierte.

Anschließend ging ich ins Bett und konnte mal wieder nicht schlafen, obwohl ich die letzten Nächte wieder völlig normal geschlafen hatte. Ich wälzte mich hin und her und hatte das Gefühl, auf meiner Brust liege ein tonnenschwerer Ziegelstein. In mir machte sich eine nagende, fressende Unruhe breit, welche sich allmählich steigerte.

Ich erklärte Micro in Gedanken, dass ich die Sendung nur aus rein informativem Interesse angeschaut und nicht die Absicht hätte, diesem Club beizutreten!

Gleichzeitig war ich wütend, dass er scheinbar keinerlei Vertrauen zu mir hatte und mir nur das Schlimmste zutraute!

Ich blieb weiterhin wach. Nach mehreren schlaflosen Stunden fing ich schließlich an, zu jammern und bat Micro in Gedanken, mir zu helfen! Danach sah ich folgende Szene:

Es war morgens, bevor ich zur Arbeit ging. Ich war im Begriff, meine Wohnung zu verlassen, und trat hinaus in den dunklen Hausflur. Ich ging zum Lichtschalter und drückte.

Nichts passierte! Es blieb dunkel!

Ich drückte mehrmals den Schalter – kein Licht!

Irgendein unheilvolles Wesen kam im Treppenhaus nach oben gerannt. Ich bekam Angst und zog mich zu meiner offenstehenden Wohnungstür zurück. Im nächsten Moment raste es an mir vorbei und war in meiner Wohnung drin. Es war der Schäferhund meiner Flurnachbarn. Die Nachbarin kam ebenfalls von unten herauf, entschuldigte sich bei mir für den Vorfall und rief ihren Hund zurück.

Außerdem sah ich noch eine Person im Hintergrund stehen, welche die Szene beobachtete.

Micro wollte mir damit vermutlich sagen: Ich bin da und passe auf! Außerdem deutet der Schäferhund, welcher in meine Wohnung rannte, auf die Möglichkeit von Besessenheit hin! Danach habe ich geschlafen.

Meister Konfuzius erklärt:

Gut, meine Lieben, lasst uns das Thema Besessenheit etwas ausführlicher beleuchten! Was passiert genau, wenn eine erdgebundene, verstorbene Seele in einen lebenden Körper eindringt?

Es leben vorübergehend zwei Seelen im gleichen Körper und beide Seelen denken, formulieren Sätze im Geiste und sprechen sie aus, fühlen und streben Handlungen an! Häufig gibt es innere Kämpfe, wer bestimmen darf, was gemacht wird! Die besetzte Persönlichkeit zeigt deutlich zwei Charaktere, leidet manchmal unter Anfällen und kommt sie in psychiatrische Behandlung, wird ihr oft das Etikett „Schizophrenie" angeheftet.

Am belastendsten für die besetzte Person sind die galoppierenden Gedanken im Inneren, die überhaupt keine Entspannung zulassen.

Besetzungen sind selten, aber wenn sie geschehen, steht die Person unter einer massiven Fremdbeeinflussung, ist hochgradig aggressiv und wird unberechenbar. Es besteht häufig eine Neigung zu Drogen und Alkohol. Alles, was den regulären Bewohner des Körpers vom Bewusstsein her schwächt, stärkt den Besetzer. Auch ist die Person ungewöhnlich hellhörig, sie hört beispielsweise, was ein Therapeut denkt.

Eine solche Besetzung wieder zu lösen, ist recht einfach und lässt sich innerhalb einiger Stunden bewerkstelligen! Leider wissen nur wenige irdische Heiler wie es gemacht wird! Tabletten sind jedenfalls nicht wirksam!

Ruft euch die Hilfe von Erzengel Gabriel und überredet den Besetzer durch den Lichttunnel in den jenseitigen Bereich Heim zu kehren. Es ist ein Akt der liebevollen Überredungskunst, denn die zurückgebliebene Seele hat häufig Angst, dass sie im Himmel für ihre Sünden bestraft wird. Und diese Angst dürft ihr ihr durch gutes Zureden nehmen! Gelingt das, sind schlagartig alle Probleme beseitigt!

Abschied von Berti

Meine letzte Astralreise, welche Micro gebremst hatte, lag mittlerweile drei Wochen zurück. Die Erinnerung an das Schütteln und die drei schlaflosen Nächte waren verblasst. Ich weiß, dass es verrückt ist, aber der Drang nach einer neuen Astralreise wurde immer stärker.

Wer niemals die Faszination des körperlosen Reisens erlebt hat, wird es wahrscheinlich nicht verstehen. Aber freiwillig auf außerkörperliche Erfahrungen zu verzichten, obwohl man die Technik kennt, ist verdammt schwer!

Ich wollte mir von den Funktionen des Lebens und den

verschiedenen Welten mit ihren Gesetzmäßigkeiten ein möglichst komplettes Bild zusammentragen. Ich wollte alles ausprobieren, was man sich vorstellen kann! Angefangen von Zeitreisen, jenseitigen Welten, Rückblicke in frühere Leben usw.

Was ich bisher hatte, waren nur wenige Puzzleteile.

Ich fing also wieder an, auf Astralreisen zu trainieren. Leider war ich nicht mehr perfekt! Es klappte nicht so, wie ich es mir erhofft hatte!

14. 04. 93: Als ich ins Bett ging, hatte ich die Absicht, eine Astralreise zu machen, mit dem Ziel, Bertram zu besuchen! Die Schwingungen setzten ein. Diesmal schien es zu klappen.

Ich glitt in einen Wachtraum:

Plötzlich war jemand neben mir auf Bertis Bettseite und begrüßte mich. Ich befühlte sein Gesicht und tastete kontrollierend den Hinterkopf ab. Alles okay! Berti! Gesehen habe ich nur Umrisse, es war dunkel im Raum. Ich warnte ihn sofort, er solle sich nicht von Micro erwischen lassen!

Berti fragte, wer das sei?

Ich antwortete: „Er muss hier irgendwo in der Nähe sein!"

Berti versicherte, hier sei niemand!

Er wollte wissen, ob das mein neuer Freund sei? Ich lachte: „Nein, es ist nicht, wie du denkst! Du kannst dich doch noch erinnern, als ich wegen der Sache mit Tante Erna euren Chef sprechen wollte? Irgendwann danach ist er aufgetaucht! Es hat ganz schön gedauert, bis ich es gemerkt habe. Wie er richtig heißt, weiß ich nicht! Ich habe ihn Micro genannt!"

In der Zwischenzeit hatte ich angefangen, Bertis Körper abzutasten, er trug heute einen Jogginganzug aus weichem Strickmaterial. Berti war freundlich, aber etwas distanzierter als bisher. Er fragte mich, ob ich ein Verhältnis mit ihm (Micro) hätte?

Ich musste lachen: „Natürlich nicht! Er ist ganz anders, als du denkst! Mehr wie ein Vater oder Lehrer! Im Großen und Ganzen boykottiert er meine Astralreisen!"

Berti erwähnte, dass er jetzt leider nicht mehr kommen könnte, weil er fort müsse!

Ich wollte natürlich sofort wissen, wieso? Und im selben Moment fiel mir Wiedergeburt ein! Ich war sehr erschrocken und fragte: „Geht das so schnell mit der Reinkarnation? Das hätte ich nicht gedacht! Warum musst du es denn so überstürzen? Du kannst doch noch auf mich warten, so lange dauert es doch gar nicht mehr! Es ist besser, wenn wir das gemeinsam planen! Du machst bestimmt wieder jede Menge falsch! Warte doch auf mich!"

Berti sagte, er könne mir lediglich sagen, er müsse fort!

Zwischendurch steckte mir jemand Finger in beide Ohren. Es kitzelte, ich musste lachen.

Dabei spürte ich, wie die Vibrationen in meinem Körper, welche kurz vorm Abheben waren, abklangen. Ich wandte mich wieder Berti zu und fragte, wieso er mir die Finger in die Ohren stecke? Er behauptete, er sei es nicht gewesen!

Berti sagte, er habe Freunde dabei, die mich gern sehen würden! Ich solle mitkommen!

Hier folgte ein blitzartiger Szenenwechsel:

Wir befanden uns auf einmal in einem hell erleuchteten Wohnraum, welcher mir fremd war. In der Mitte des Zimmers stand ein Tisch. Drumherum reihten sich drei Sitzgelegenheiten, deren Polster mit buntem, geblümtem Stoff bezogen waren. Ich nahm auf dem Sofa in der Mitte Platz. Links von mir saß eine junge Frau in einem Sessel. Auf dem rechten Sofa saß ein ca. 17 jähriger Junge. Außerdem war noch ein Kind im Raum, welches mit einem Ball oder Luftballon spielte. Ich setzte mich zu ihnen und fragte sie, ob sie Freunde von Berti seien?

Sie antworteten, sie seien außerdem auch Freunde von mir!

Ich war erstaunt und schaute sie mir genauer an, ohne etwas Vertrautes zu entdecken. Dabei stellte ich fest, dass der Junge sein Aussehen veränderte – er war jetzt älter, ein Mann!

Ich erklärte, ich könne mich beim besten Willen nicht an sie erinnern!

Sie versicherten, das sei völlig normal! Wenn die Zeit dafür gekommen sei, würde mir alles wieder einfallen!

Plötzlich war ich wieder in meinem Körper und spürte die Finger in den Ohren kitzeln. Die Schwingungen in meinem Körper wurden wieder langsamer. Berti war sogleich neben mir. Ich fragte ihn, ob er einen kürzlich verstorbenen gemeinsamen Bekannten treffen würde?

Er sagte, ja!

Ich ließ einen Gruß ausrichten. Danach war ich wieder im Wohnzimmer auf meinem Platz. Ich schaute fasziniert zu, wie der Mann sein Aussehen veränderte. Er ließ den Alterungsprozess vom Schulkind zum mumifizierten Tattergreis in Sekundenschnelle ablaufen. Ich wollte wissen, wie er das machte?

Er antwortete: „Es ist alles gespeichert! Man kann es jederzeit abrufen und beliebig stoppen!"

Wahnsinn!

Sie sagten, sie müssten wieder gehen.

Ich scherzte: „Da Ihr ja sicherlich irgendwo eine Wirtschaft habt, könnt Ihr mir schon immer eine Schorle vorbestellen! Wenn ich dann komme, machen wir einen drauf!"

Sie lachten. Ich ließ noch Olga grüßen!

Schlagartig war ich wieder mit Fingern in den Ohren im Bett. Kurz darauf bin ich eingeschlafen.

Am nächsten Tag habe ich mir den Schädel zerbrochen, wie ich das Ganze auf die Reihe kriegen soll! Es ist gar nicht so einfach! Es war zweifellos eines der interessantesten Erlebnisse! Aber es war keine Astralreise im herkömmlichen Sinne!

Bei bisherigen Astralreisen hatte ich deutlich gespürt, wie ich den Körper verlassen habe. Diesmal war es anders: Die Unterhaltung mit Bertram im Bett glich am ehesten einem Wachtraum! Allerdings war mir vollkommen rätselhaft, wie ich in den anderen Raum gekommen war? Ich erinnerte mich weder an ein Ablösen vom Körper noch an den Weg in dieses Wohnzimmer. Ich war einfach von einem Moment zum anderen in völlig fremder Umgebung!

Bertram wurde natürlich noch nicht wiedergeboren! Wir trafen uns auch danach, allerdings in größeren Abständen.

Meister Konfuzius erklärt:

Die letzte Erfahrung war ein Versuch, dich mit alternativen Möglichkeiten vertraut zu machen. Da war einmal der Wachtraum mit deinem verstorbenen Freund, in einer Technik, die wir als „inneres Reisen" bezeichnen möchten. Du bist dabei nicht außerhalb deines Körpers, sondern erlebst filmartig Szenen und Informationen.

Es ist ein vollkommen ungefährlicher Zugang in feinstoffliche Bereiche, die einige Menschen in der Meditation erleben. Dein Lehrer hoffte, dass du dich mit dieser neuen Technik anfreunden würdest. Sie war schließlich von der Bildqualität und dem Informationsgehalt sehr viel klarer als deine Astralreisen.

Du warst zwar einerseits sehr begeistert über das Erlebnis und hattest auch begriffen, dass es keine außerkörperliche Erfahrung war, aber trotzdem beharrtest du weiterhin auf alterprobten Möglichkeiten.

Ich bewache das Haus meiner Eltern

16. 04.93:

Meine Eltern waren nach Dresden gefahren, und ich wohnte vorübergehend in Müllheim in ihrem Haus (um eventuelle Einbrecher abzuwehren). Ich hoffte, dass meine Aussichten auf eine Astralreise hier möglicherweise günstiger seien, da Micro vielleicht meinen Ortswechsel nicht mitbekommen hatte. So dachte ich wenigstens damals und stellte mir nicht ohne Vergnügen vor, wie Micro in meiner leeren Wohnung hockte und diese bewachte oder sich wunderte, wo ich blieb. Ich platzte bald bei der Vorstellung!

Ich hatte den ganzen Abend gelesen und versuchte nach einsetzender Müdigkeit eine Astralreise mit dem Ziel, Heidi zu besuchen. Die Vibrationen setzten ein, ich war kurz vorm Abheben.

Plötzlich gehorchte mir mein Kopf nicht mehr: Ich schüttelte unaufhörlich den Kopf, als ob ich zu etwas „Nein“ sagen würde!

Ich hatte keinen Einfluss darauf und konnte es in diesem Stadium der Entspannung nicht abstellen!

Es fühlte sich nicht so an, als ob jemand durch Berührung von außen meinen Kopf bewegte, es kam eher wie ferngesteuert aus meinem Inneren, ohne dass ich es beeinflussen konnte.

Ich gab mir schließlich einen Ruck und schüttelte die Entspannung ab.

Das Kopfschütteln verschwand.

Meine Rechnung, dass Micro meine leere Wohnung bewachte, ging also doch nicht auf!

Eigentlich hätte ich es mir denken können:

Ich wusste doch, dass er meine Gedanken empfing! Verärgert ging ich ins Bett.

Der Blindflug

02. 05. 93, ca. 2.00 Uhr nachts:

Ich ging zur oben angegebenen Zeit ins Bett, war hundemüde und wollte versuchen, eine Astralreise zu machen. Einen bewussten Austritt aus dem Körper habe ich nicht erlebt. Mir wurde erst im Nachhinein klar, dass ich meinen Körper verlassen hatte:

Ich stand plötzlich im Wohnzimmer und schaute den abgedeckten Vogelkäfig an. Im selben Moment setzte mein Denken ein: Ich fragte mich, wieso stehst du jetzt im Wohnzimmer vor dem Vogelkäfig? Du bist doch vorhin ins Bett gegangen?

Es war eindeutig, ich machte einen Rundflug!

Um es zu überprüfen, startete ich ein paar Schwebeversuche. Der Boden war weit unter mir. Ich war absolut happy und kostete die Bewegungsfreiheit des feinstofflichen Körpers voll aus! Es war ein unbeschreiblich tolles Gefühl, besonders nach so langer Zeit!

Micro fiel mir ein.

Ich rief in den Raum hinein: „Micro, ich mache eine Astralreise!“

Es passierte nichts! Ich konnte es nicht fassen! Diesmal wurde ich offensichtlich nicht behindert!

Ich wartete noch einen Moment und suchte mir dann ein Ziel aus:

Heidi in Vögisheim!

Ich wollte unbedingt etwas überprüfen, was ich in einem Astralreisebuch gelesen hatte, und für dieses Experiment brauchte ich eine lebende Person. Irgendwo hatte ich gelesen, wenn man jemanden kniff, bekam diese Person zum Andenken einen blauen Fleck. Das war dann sozusagen der Beweis, dass ich da war! Heidi wusste Bescheid und war zu jeder Schandtat bereit.

Kaum, dass ich das Ziel festgelegt hatte, begann ich mich freischwebend in der Luft um meine eigene Achse zu drehen – etwa wie eine Kompassnadel.

Ich flog in eine anvisierte Richtung davon. Meine Geschwindigkeit war mäßig, kein Warpantrieb wie das letzte Mal, als ich Heidis Hund in deren Wohnung aufgesucht hatte!

Im selben Moment, als der Flug losging, setzte mein Sehen aus, um mich herum war es absolut dunkel, aber ich flog. Ich gab mir den inneren Befehl, besser sehen zu wollen!

Es tat sich nichts! Ich flog immer noch durch absolute Dunkelheit. Dieser Blindflug war allerdings weniger nach meinem Geschmack! Ich wollte unbedingt etwas sehen, um meine Richtung kontrollieren zu können!

Jedenfalls habe ich so lange am Sehen herumgemacht, bis ich abrupt in ein schwarzes Loch stürzte und wieder drin war in meinem Körper, wo ich sofort die Augen aufriss!

Ende der Astralreise!

Im Nachhinein ärgerte ich mich, dass ich den Blindflug nicht ein wenig länger ertragen hatte, vielleicht wäre ich ja doch noch am anvisierten Ziel angekommen?

Als ich am nächsten Morgen wach wurde, zerbrach ich mir den

Kopf darüber, weshalb ich ohne irgendwelche Schwierigkeiten eine Astralreise gemacht hatte? Es ergab einfach keinen Sinn für mich! War Micro verschwunden? Hatte er es aufgegeben, einem Dickschädel das Astralreisen abzugewöhnen?

Schließlich bin ich noch einmal eingedöst und träumte dabei eine von jenen Miniszenen:

Ich stand in Dresden vor dem Haus meiner Eltern im Vorgarten. Meine Schwester Claudia lehnte sich im ersten Stock aus dem Fenster, wir unterhielten uns. Claudia war im Traum noch bedeutend jünger als in Wirklichkeit, sie war ein Kind von ca. 6 Jahren und turnte überschwänglich auf dem Fensterbrett herum. Im nächsten Moment verlor sie die Balance und stürzte ab. Ich reagierte blitzschnell und fing sie auf. Sie hatte sich natürlich fürchterlich erschrocken und fing an zu weinen.

Ich nahm sie in den Arm, streichelte sie und sagte wörtlich:

„Egal, was auch immer passiert, ich werde auf jeden Fall da sein und dich auffangen!"

Anschließend war ich wach. Allerdings hatte ich selbst Tränen in den Augen. Ich glaube nicht, dass die Szene irgendeine tiefere Bedeutung hat! Weder die Rollenverteilung war wichtig, noch der Fenstersturz!

Einzig und allein der Satz war wichtig, und er war für mich bestimmt!

Meister Konfuzius erklärt:

Da du keine Zeit in das Erlernen von inneren Reisen investiertest, sondern sobald du dich in die Entspannung begabst, nur ein Ziel hattest – nämlich eine Astralreise, musstest du vorbereitet werden auf längere Flugstrecken! Das Endziel waren höhere Ebenen!

Ute:

Darf ich etwas dazu sagen? Ich hatte überhaupt nicht begriffen, dass das Angebote von alternativen Möglichkeiten waren! Ich empfand es nur als ungerecht, dass mir Micro meine Astralreisen wegnehmen wollte. Nach meinem Gefühl wollte er sie ersatzlos streichen!

Konfuzius:

Das war keineswegs so! Du hattest doch bereits sehr viele innere Szenen gesehen! Wieso bist du niemals auf die Idee gekommen, in der Meditation diese inneren Filme zu erkunden?

Ute:

Ich glaube, ich habe es aus dem Grund nicht getan, weil diese Szenen meist Warnungen enthielten. Das da mal etwas anderes kommen könnte, auf die Idee bin ich nicht gekommen!

Der Bäckerladen

27. 05. 93, morgens 6.00 Uhr:

Folgendes sollte ich vorab erwähnen:

Ich hatte in den letzten drei Wochen immer wieder versucht, eine Astralreise zu machen – mit dem Ergebnis, dass absolut nichts passierte.

Meine Wut darüber wuchs allmählich. Was ich auch probierte, es wurde abgebremst! Schließlich war ich soweit, dass ich Micro beschimpfte. „Bremsklotz!" war gerade noch das Freundlichste.

Ich erklärte ihm rund heraus: Und wenn du vor Ärger zerplatzt, ich werde eine Astralreise machen, ob es dir nun passt oder nicht!

In der Art ging es tagelang. Ich zerbrach mir den Schädel, wie ich ihn wohl am sichersten austricksen konnte, um dennoch zu meiner Astralreise zu kommen. Dabei ignorierte ich vollkommen, dass ich neulich morgens nach dem Aufstehen in der Küche ohnmächtig geworden war. Ich hatte keine Ahnung, was der Grund dafür war, und erholte mich auch relativ schnell, nach einer halben Stunde hatte ich wieder genügend Lebenskraft, um zur Arbeit zu gehen.

Am Donnerstag kurz vor dem Aufstehen träumte ich Folgendes: Ich stand in einem Bäckerladen und wurde von einer freundlichen jungen Frau bedient. Ich hatte eine ganze Liste einzukaufen. Bei einem Artikel empfahl mir die Bedienung, stattdessen doch etwas Anderes zu nehmen. Ich ging beim ersten Mal darauf ein. Als sie mir allerdings das zweite Mal etwas Anderes anbot, geriet ich in Rage.

Ich fragte mich, was maßt sie sich eigentlich an, mir irgendwelche Empfehlungen zu geben? Frechheit! Wo ich doch ganz genau selber wusste, was ich wollte!

Ich brüllte sie an, sie hätte mir überhaupt nichts zu sagen und sollte gefälligst das zusammensuchen, was ich haben wollte!

Sie kam meinen Wünschen voller gleichbleibender Freundlichkeit nach und empfahl mir im nächsten Moment schon wieder eines ihrer Verkaufsstücke.

Diesmal riss meine Geduld endgültig:

Ich griff über die Ladentheke, packte ihre Haare und riss erbarmungslos an ihrem Kopf herum. Außerdem brüllte ich den ganzen Laden zusammen, dass ich hier das Sagen hätte und mir von niemandem Empfehlungen anhören müsse! Und wenn sie mich nicht augenblicklich nach meinen Vorstellungen bediente, wolle ich den Chef sprechen!

Ich bekam schließlich alles, was ich wollte.

Die Bedienung war auch jetzt noch, nachdem ich ihre Frisur zerpflückt hatte, unverändert freundlich. Und als Gipfel des Hohnes schenkte sie mir zu meinem Einkauf noch zwei Werbegeschenke dazu.

Ich war so grenzenlos verblüfft, dass es mir die Sprache verschlug!

Des Weiteren bedankte sie sich für meinen Einkauf und hoffte noch, mich bald wieder bedienen zu können!

Anschließend war ich sofort wach.

Ich hatte mich in diesem Bäckerladen benommen wie die Axt im Walde, und alles, was ich dabei geerntet hatte, war eine gleichbleibende freundliche Bedienung und obendrein Geschenke!

Es ist schon peinlich, wenn man auf die Art einen Spiegel vorgehalten bekommt!

Fazit: Mit Drohungen und Beschimpfungen komme ich nicht weiter! Ich muss meine Einstellung ändern!

Flug zu Heidi

06. 06.93 nachts:

Folgendes vorweg: Ich hatte nach der „Bäckerladenkrise“ meine Taktik geändert. Ich war von nun an freundlich, lieb und nett, schickte keine Drohungen rüber und provozierte keine Astralreise. Außerdem hatte ich mit Micro seit einiger Zeit ein Verständigungssystem entwickelt. Wenn ich zum Beispiel in Gedanken fragte: „Micro, wo bist du jetzt?“ blinkte als Antwort irgendwo im Raum ein kleiner, heller Lichtpunkt auf. Er konnte auch farbig blinken und benutzte vorzugsweise die Farben Rot und Grün.

Rot blinkte er, wenn ihm etwas missfiel (z.B wenn ich an Astralreisen dachte und mich nach dem Gefühl der Freiheit sehnte). Grün benutzte er zur Bestätigung und wenn er sagen wollte: Es ist alles okay!

Auch hat er hin und wieder meine Fragen mit „Ja“ und „Nein“ beantwortet. Nicht wörtlich, sondern ich wusste ganz einfach, was er dazu dachte. Allerdings hat er nur Fragen beantwortet, welche er beantworten wollte. Bei all zu großer Neugier blieb die Antwort aus! Ich erinnere mich an zwei Antworten, welche ich mit absoluter Deutlichkeit empfing. Vor einiger Zeit hatte ich einmal gefragt: „Muss ich als Strafe für meine Astralreisen noch einmal bei den Neandertalern anfangen?“

Micro hat darüber gelacht und mit „Nein“ geantwortet.

Später, nach der Astralreise „Verrückte Welt“ (kommt weiter hinten), habe ich ihn gefragt: „Empfindest du deine Welt als normal?“ Micro hat mit großem Ernst „Ja“ gesagt!

Auf welche Weise empfängt man die Antwort?

Sie ist auf jeden Fall im üblichen Sinne nicht hörbar! Die Antwort ist plötzlich mit aller Deutlichkeit im Kopf! Wahrscheinlich verfügt der Mensch noch über Sinne, welche im physischen Körper wenig genutzt werden. Man empfängt dabei nicht nur ein simples „Ja“ oder „Nein“, sondern weiß auch, ob der andere die Antwort amüsiert oder ernst gibt!

Nun aber zurück zur Astralreise zu Heidi:

Ich hatte also meine Trotztaktik geändert, und diesmal hatte ich Erfolg:

Ich war bereits einige Male vorm Fernseher eingenickt, bevor ich ihn abschaltete und mich der Astralreise widmete. Es ging sehr schnell. Ich hatte das Gefühl, in einer Luftschaukel zu sitzen und nach oben zu schwingen. Die Schaukel hatte einen festen Sitz und Armlehnen. Ich war beim Hochschwingen aus meinem physischen Körper ausgetreten, doch zu meiner größten Verblüffung blieb dieser Schaukelsitz bestehen. Ich saß also auf diesem Flugsessel, hielt mich an den Armlehnen fest und flog durch die Nacht, wobei ich mit aller Deutlichkeit den Flugwind und die Geschwindigkeit spürte.

Es war ein himmlisches Gefühl! Ich hätte stundenlang so fliegen können! Ein herrliches, schwer zu beschreibendes Freiheitsgefühl durchströmte mich!

Ich gab das Ziel ein: zu Heidi nach Vögisheim! Dabei umklammerte ich die Armlehnen fester, weil ich mit einer Kurskorrektur rechnete. Es ging aber weiter geradeaus!

Über Vögisheim wurde die Geschwindigkeit langsamer. Es war gerade Vollmond, ich konnte Dächer, Bäume und die Straße erkennen. Plötzlich wurde es für einen Augenblick dunkel und die Geschwindigkeit stoppte ganz. Dabei war ich durch's Dach in Heidis Wohnung eingetaucht. Der Flugsessel löste sich auf. Ich landete weich auf einer dicken Bettdecke.

Unter mir lag Heidi auf dem Rücken und schlief. Ich saß mit meinem gesamten Astralkörpergewicht auf ihrem Brustkorb, ohne dass es sie im Geringsten störte!

Ich griff nach ihrem Gesicht und streichelte ihre Wange. Ich wollte sie ursprünglich, wie ich es in einem Buch gelesen hatte, kneifen. Im Buch stand beschrieben, dass dabei ein blauer Fleck entstünde, der nachträglich sichtbar sei. Ich wusste aus eigener Erfahrung, dass das mit dem blauen Fleck funktionierte. Irgendwie tat sie mir leid, und ich brachte es nicht fertig!

Ich verschonte sie also und streichelte weiter ihre Wange, in der Hoffnung, dass sie es merken würde.

Doch sie schlief seelenruhig weiter und nahm keine Notiz von mir.

Danach untersuchte ich das Bett und fand Gismo (Kater) an die Wand gedrückt schlafend. Ich streichelte auch ihn, er bewegte sich und wurde wach. Wahrscheinlich hatte er feinere Antennen als Heidi! Ich schaute mich noch nach Trixi (Hund) um, konnte sie aber nirgends entdecken.

Danach konzentrierte ich mich weiter auf Heidi und bearbeitete ihren Kopf. Ich wollte, dass sie aufwachte, und beugte mich zu ihrem Ohr hinunter. Ich flüsterte: „Heidi, wach auf! Ich bin es – die Ute! Ich bin auf Astralreise bei dir!“

Sie hörte mich nicht! Ich probierte es lauter und versuchte sie zu schütteln. Sie bewegte die Lippen, als ob sie etwas sagen wollte, und schlief weiter. Ich strengte mich weiter an, sie wach zu kriegen. Jedoch ohne Erfolg!

Kurz darauf zerfloss die ganze Umgebung zu Watte – alles verschwand. Ich sah noch eine Art prickelnder Lichtpunkte und war im nächsten Moment wieder daheim und in meinem Körper. Auf der Uhr war es 2.00 Uhr nachts.

Ich rief Heidi am nächsten Morgen an und erzählte ihr von meinem nächtlichen Besuch. Sie hatte nichts davon bemerkt!

Meister Konfuzius erklärt:

Da du zu diesem Zeitpunkt „Blindflüge“ nicht mochtest, wurdest du erst einmal auf längere Flugstrecken bei Sicht vorbereitet.

Wenn sich euer feinstofflicher Körper ablöst, um in die Traumebene zu fliegen, dann tut er das in der Mehrzahl mit sehr hoher

Geschwindigkeit und ohne Sicht. Eure Seele verfügt über ein inneres Navigationssystem. Ihr gebt ein Ziel ein, z.B. in die geistige Ebene, in der ihr als Seele zu Hause seid, und ihr werdet vollautomatisch dort landen.

Wenn allerdings euer Wachbewusstsein mitfliegt, dann ist die Wahrscheinlichkeit groß, dass es erdnahe Ziele wählt, weil es in vielen Fällen nicht einmal über die Information verfügt, dass es geistige Ebenen und auch Schulungsstätten gibt.

Die verblüffende Ähnlichkeit zwischen „Außerirdischen“ und Embryos

Es war im Sommer 93, als ich mit Heidi und ihrem Hund spazieren ging und anschließend in eine Gartenwirtschaft. Wir hatten wieder ein außerordentlich interessantes Gesprächsthema: Es ging um die „Außerirdischen“, jene kleinen Wesen mit ihren großen kahlen Wasserköpfen und riesenhaften Glupschaugen, wie sie schon von verschiedenen Menschen aufgezeichnet worden waren.

Ich stellte fest, dass sie für meine Begriffe eine geradezu frappierende Ähnlichkeit mit Embryos besaßen. Wir kamen ins Theoretisieren und überlegten, ob Embryos möglicherweise auch Astralreisen oder Traumreisen unternahmen?

Heidi erinnerte sich an eine Stelle in den „Seth-Büchern“, wo geschrieben stand, dass der Geist mitunter erst bei der Geburt in den Körper eintreten würde!

Ich hatte mit dieser Aussage so meine Probleme. Zu viele Fragen stiegen in mir auf: Was hielt den Embryo am Leben, wenn der Geist nicht anwesend war? Vielleicht die Mutter! Auf der anderen Seite spürten werdende Mütter, dass sich ihre Babys im Bauch bewegten! Ebenso hatte ich in einem Hypnosebuch gelesen, dass es möglich war, Menschen in ein Stadium, als sie noch Embryos waren, zurückzuversetzen, wobei sie sich an Erlebnisse, welche ihre Mütter in der Schwangerschaft gemacht hatten, erinnern konnten.

Wenn solche Erinnerungen also möglich waren, dann bedeutete es doch, dass der Geist anwesend war!

Denn wer erinnerte sich, wenn nicht der Geist?

Heidi warf ein, es könne doch möglich sein, dass er nicht ständig anwesend sein müsse!

Ich zimmerte mir ein Beispiel zusammen:

„Angenommen, du bist ein geldgieriger Geist, der sich neu inkarnieren möchte! Und du hast endlich nach langem Suchen ein gutbetuchtes Elternhaus gefunden, welches genau deinen Vorstellungen entspricht. Du nistest dich also dort ein! Aber wie sollst du dich dort noch wegtrauen? Sobald du deinen begehrten Platz verlässt, wird sich sofort jemand anderes ins gemachte Nest setzen. Wenn du nachher von deinem Rundflug zurückkommst, grinst dich der andere an – nach dem Motto: Weggegangen – Platz gefangen! Dein Pech!

Wir lachten. Heidi schlug vor, ich solle ein Schild aufstellen: Meine Baustelle! Betreten verboten!

Ich bezweifelte die Wirksamkeit des Schildes und setzte lachend hinzu:

„Sicherer ist es, du hockst dich neun Monate lang mit einem Knüppel vors Loch und wehrst alle Interessenten ab!“

Wir lachten uns halb tot darüber, fanden aber keine Lösung für dieses Problem.

Am nächsten Tag fielen mir irgendwann unsere gestrigen Lachsalven ein, und ich war froh darüber, eine Freundin wie Heidi zu haben, mit der man derartige Themen ausspinnen konnte! Und mir wurde schlagartig noch mehr klar: Mir war quasi über Nacht eine wahre Flut von Informationen ins Bewusstsein geschwemmt. Ich wusste auf einmal mit absoluter Sicherheit, wie es sich abspielte:

Der Geist trat unmittelbar bei der Zeugung in die neugeschaffene Form ein, drückte ihr seinen ureigenen Stempel auf, der alle Eigenschaften und Talente des künftigen Kindes beinhaltete, verknüpfte diesen Stempel und seinen Körper mit einer elastischen Schnur und konnte von nun an kommen und gehen, wie es ihm beliebte. Durch die Schnur war seine Zugehörigkeit gesichert.

Woher ich das plötzliche Wissen hatte, wusste ich nicht! Ich war mir aber vollkommen sicher, dass es ohne jeden Zweifel so war!

Meister Kuthumi erklärt:

Wir möchten dein inneres Wissen bestätigen! Verbindet sich ein Geistwesen während der Zeugung mit der künftigen Mutter, wächst im physischen Körper der Mutter der Embryo heran. Er ist über die Silberschnur mit diesem ungeborenen Körper verbunden, weiß, welches Geschlecht er haben und wo er geboren wird. Zu diesem Zeitpunkt ist der Kontakt in geistige Welten noch sehr intensiv. Wie sich die ungeborene Seele darstellt, kann sie selbst beeinflussen. Da gibt es einmal das vom Embryo geprägte Geistwesen – worüber ihr euch in der Diskussion unterhalten habt. Damit macht die Seele die Aussage: „Ich werde mich in Kürze neu inkarnieren!“

Da aber viele irdische Menschen über das Aussehen eines solchen „Mischwesens“ erschrecken, bevorzugt die Seele, die sich bei den künftigen Eltern vorstellen möchte, eher eine ausgereifte menschliche Darstellung. Sie wählt entweder das Äußere des künftigen Kindes oder sie stellt sich in einem abgespeicherten Seelenkörper vor; vorzugsweise in einem, in welchem sie die künftigen Eltern kannten.

Das bedeutet, wenn ihr als werdende Eltern meditiert oder auch träumt, könnten euch filmartig Bilder kommen, in denen ihr das künftige Kind wahrnehmt, aber auch Erinnerungen an gemeinsam erlebte Vergangenheit.

Zweites Treffen mit Micro

13. 06. 93 nachts:

Ich plante bereits die dritte Nacht eine Astralreise. In den beiden vorangegangenen Nächten war ich eingeschlafen. Mein Ziel war diesmal nicht so fest umrissen, ich hatte genaugenommen drei Ziele in Betracht gezogen: a) zu meiner Freundin Heidi b) wollte ich versuchen, zu meiner Schwester zu fliegen und c) plagte mich die Sehnsucht nach Berti.

Ich hatte bis 2.30 Uhr Fernsehen geschaut, es kam „Erdbeben". Ich war bereits während des Filmes mehrere Male eingeschlafen. Danach konzentrierte ich mich auf die Astralreise:

Ich lümmelte mit meinem materiellen Körper halb liegend im Sessel, die Füße auf dem gegenüberstehenden Sessel.

Der Austritt aus dem Körper ging sehr langsam und stufenweise, ich schwang mit dem Oberkörper nach vorn und saß somit mit meinem feinstofflichen Körper aufrecht.

Das Nächste, was ich spürte, war, dass mich etwas in die Nase zwickte. Ich öffnete die Augen meines Astralkörpers und sah unmittelbar vor meiner Nase vier Handknöchel. Meine Nase klemmte zwischen dem Mittel- und Ringfinger. Ich griff mit beiden Händen nach der Hand, es folgte ein Arm. Ich tastete mich am Arm vorwärts bis zur Schulter und sah endlich hin:

Vor mir im anderen Sessel saß Micro. Er sah ziemlich unkonventionell aus.

Das Bemerkenswerteste an ihm war seine Frisur, er sah aus, als hätte er gerade an einer Steckdose gehangen. Selbst Einstein hatte nicht so perfekte Haare! Micros Haare waren sonnengelb mit einem leichten Rotschimmer, und sie standen wie gebündelte, spitz zulaufende Strahlen in alle Richtungen von seinem Kopf ab.

Ich starrte ungläubig auf seine Frisur. Jeder Punker wäre begeistert von dem Stylingmittel gewesen!

Und mir wurde schlagartig noch mehr klar: Ich kannte Micro von irgendwoher!

Bei der nächtlichen Unterhaltung am Bett hatte er normale, dunkle, schulterlange Haare gehabt, aber ich wusste, ohne den geringsten Zweifel, dass es sich um dieselbe Person handelte. Obwohl ich ihn mit dieser Sonnenstrahlenfrisur das erste Mal sah, wusste ich irgendwoher, dass er einem Teil meines Wesens zutiefst vertraut war. Ich kannte ihn, ohne zu wissen woher!

Micro vermittelte nicht gerade den Eindruck, als ob er glücklich über meine Astralreise sei. Er ließ meine Nase los.

Ich begrüßte ihn und stellte fest: „Ich kenn' dich! Ich hab dich schon mal gesehen!“

Er ging auf die Bemerkung nicht ein, sondern wartete ab.

Ich betrachtete sein Gesicht, er hatte normale menschliche Züge. Zu meiner Verblüffung musste ich feststellen, dass seine Gesichtszüge Ähnlichkeit mit meinen eigenen aufwiesen – er sah mir sogar sehr ähnlich! Nur seine Frisur war vollkommen utopisch! Diese Ähnlichkeit hatte ich bei bisherigen Treffen niemals gesehen!

Die Kleidung, welche er trug, war einfach: Er hatte ein grünes, ärmelloses Boxershirt und weinrote Jeans an und sah sehr schlank aus.

Ich beugte mich hinüber und streichelte seine Wange. Es war keine Fata Morgana, er war berührbar und echt!

Ich sagte: „Du bist meistens in meiner Nähe, das heißt, du bist zur gleichen Zeit im selben Raum wie ich. Aber wenn ich in meinem physischen Körper bin, kann ich dich nicht sehen! Es könnte also passieren, dass ich mitten in dich hineinrenne?“

Micro räumte ein: „Ja, das kann vorkommen!“

Allem Anschein nach machte es ihm wenig aus!

Ich schlug vor: „Wir könnten doch mal gemeinsam eine Astralreise machen?“

Micros Begeisterung hielt sich in Grenzen, er antwortete: „Vielleicht, aber sicher nicht heute!“

Ich war enttäuscht. Micro grinste mich amüsiert an. Danach folgte ein blitzartiger Szenenwechsel:

Ich befand mich wieder einmal, von einem Moment zum nächsten, in völlig anderer Umgebung, dabei kann ich mich weder an einen Flug noch an einen sonstigen Übergang erinnern. Es war Nacht. Ich stand im Freien auf einem Fußweg mit angrenzender Häuserwand. Den Bürgersteig säumten altmodische, verschnörkelte Straßenlaternen. Ihr Licht tauchte die Umgebung in angenehme Helligkeit. Es waren einige Passanten unterwegs. Mir schien, als seien sie nach einer Veranstaltung auf dem Nachhauseweg.

Eine andere Person zog meine Aufmerksamkeit auf sich, sie flog um die Laternenpfähle.

Es war ein junger Mann mit etwas längeren dunklen Haaren. Es war Micro ohne Sonnenstrahlenfrisur! Wir flogen zusammen zwischen zwei Laternen umher, schlugen dabei Haken und spielten Fangen. Es machte Spaß! Ich hatte den Eindruck, dass uns die Passanten nicht sahen. Sie gingen ihres Weges, ohne einen Blick auf unser seltsames Spiel zu werfen. Offenbar nahmen sie unseren feinstofflichen Körper nicht wahr.

Mein Begleiter benutzte zum Richtungswechsel den Laternenpfahl, indem er sich daran festhielt und herumschwang.

Ich war darüber erstaunt, hatte ich doch bisher angenommen, dass die Laternen zwar aus sichtbarer, aber keineswegs aus fester Materie bestanden. Gerade hatte ich mich daran gewöhnt, dass Materie für feinstoffliche Körper durchlässig ist, jetzt zeigte mir Micro, dass sie auch fest sein konnte.

Ich probierte es ebenfalls aus, packte den Laternenpfahl, schwang mich drumherum und wechselte die Flugrichtung.

Es funktionierte hervorragend, ich war begeistert! Durch das Schwingen um den Laternenpfahl bekam mein Flug mehr Tempo. Wir spielten fangen.

Bei einem dieser Richtungswechsel knallte ich voll in eine dicke Passantin mit Mann an der Seite hinein. Für mich war dieser Zusammenprall nicht spürbar – es war, als ob sie Luft wäre! Die dicke Frau fuhr allerdings erschrocken zusammen. Ich weiß nicht, was sie gespürt hat. Ich weiß nicht, was sie gesehen hat. Sicher war nur: In dem Moment, als ich durch sie hindurchschwang, schrak sie zusammen!

Das war zu interessant! Ich musste es sofort am nächsten Fußgänger testen!

Ich flog frontal in den Nächstbesten hinein – auch er zuckte zusammen! Herrlich!

Das Spiel war zu lustig! Fangen war langweilig geworden – von jetzt an spielte ich „Bürgerschreck"!

Leider ging es nicht sehr lange gut. Im nächsten Moment war meine Astralreise abrupt beendet. Micro sammelte mich ein. Ich war in meinem Körper zurück und saß immer noch lachend daheim im Sessel.

Mit der Materie ist es wahrscheinlich folgendermaßen:

Wenn man sie als durchlässig erwartet, wie z.B. bei Wänden oder Türen, kann man ohne Schwierigkeiten hindurch. Wenn man sie als fest erwartet, wie z.B. bei Stühlen oder wie in diesem Fall mit Laternenpfählen, dann ist sie fest!

Analog zu Micros Sonnenstrahlenfrisur drängt sich mir permanent ein Vergleich auf:

In fast allen Kinderzeichnungen taucht die Sonne auf, nur ist diese Sonne nicht einfach nur ein runder gelber Ball, wie man sie von der Erde aus sieht, sondern ist zusätzlich mit spitz zulaufenden Strahlen ausgestattet.

Meister Konfuzius erklärt:

Wehe, wenn sie losgelassen! Wie wird das bloß zugehen, wenn die lieben Erdlinge zu Tausenden Unfug treiben?

Nun, diese Szene mit den Laternen und Passanten war für dich geschaffen worden. Micro und deine Freunde aus dem feinstofflichen Bereich hatten sie für dich kreiert. Deine Frage lautete: Was passiert, wenn ich mitten in dich hineinrenne? In der anschließenden Erfahrung lag die Antwort auf deine Frage!

Die Person mit der dichteren Schwingung erschrickt, wenn sie nicht darauf gefasst ist.

Du hast deinen Lehrer diesmal mit „Sonnenstrahlen“ und großer Ähnlichkeit in den Gesichtszügen wahrgenommen. Verstehe es so: Auf irdischer Ebene habt ihr Ausweise und erlangt Diplome, um nachzuweisen, dass ihr einen bestimmten Beruf ausüben könnt.

Im feinstofflichen Bereich lässt jemand „sein Licht strahlen“ – die Sonnenstrahlen. Das bedeutet: „Ich arbeite für das Licht!“

Die Ähnlichkeit, die du mit deinen eigenen Gesichtszügen wahrgenommen hast, sollte dir vermitteln: „Ich bin dein Hohes Selbstes!“

Wenn du so willst, war es Micros Visitenkarte!

Die Materie im feinstofflichen Bereich verhält sich entsprechend deiner Erwartungen. Sie ist entweder fest und du kannst sie benutzen wie in der Physis. Oder du signalisierst: Ich möchte durch dich hindurchtreten, dann wird dir selbst die dickste Wand den Weg freigeben.

Flug über Badenweiler

20. 06. 93 nachts:

Mein Plan war folgender: Ich wollte meinen materiellen Körper verlassen, im Wohnzimmer bleiben, mich mit Micro unterhalten und anschließend noch ein bisschen fliegen gehen!

Das Trennen vom Körper ging diesmal nicht so einfach. Erst war ich mit den Füßen draußen und schwang nach oben, dann mit den Armen und endlich wieder vollkommen drin.

Ich versuchte es mit mehr Schwung, indem ich mir vorstellte, auf einer Schaukel zu sitzen und wild zu schwingen.

Dummerweise hatte ich den Schwung falsch dosiert, ehe ich merkte, dass ich draußen war, flog ich bereits durchs Fenster.

Ich schwebte leicht wie eine Feder zwei Stockwerke tief hinunter auf den Parkplatz. Nach der Landung überlegte ich, was ich tun wollte, und setzte schließlich zum Flug an.

Ich flog über Bäume und Häuser, landete auf einem Baum, schaukelte hoch im Gipfel an den Ästen, flog weiter über das Gebäude eines weißen Hotels und landete vorm Eingang. Ich entdeckte alte Straßenlaternen, es waren allerdings andere als auf der letzten Astralreise, und es war auch niemand da, mit dem ich hätte Fangen spielen können.

Ich flog weiter und landete schließlich auf einer Wiese in der Nähe eines Baches. Der Bach verschwand unterirdisch in einer Art gemauerter Kanalisation. Ich kannte die Stelle, sie war nicht weit von meiner Wohnung. Ich kroch in die Röhre hinein, sie hatte einen geschätzten Durchmesser von einem Meter. Der Ausgang am anderen Ende erschien jedoch viel geringer. Ich überlegte gerade, ob ich da hindurchpassen würde, und tastete die Wand ab. Die Wand war fest! Das hat mich sehr irritiert!

Ich überlegte: Wieso ist die Wand fest? Bist du eigentlich noch auf Astralreise oder sitzt du daheim und träumst?

Denkfehler – Rückflug!

Im nächsten Moment saß ich tatsächlich daheim! Gewünschte Ziele werden immer prompt erfüllt! Ende der Astralreise!

Das Gewicht vom Seelenkörper

Bei meiner Astralreise „Flug über Badenweiler" war ich zu Anfang durchs Fenster geflogen und anschließend leicht wie eine Feder zwei Stockwerke tief zu Boden geschwebt und vorm Haus gelandet.

Ich habe am nächsten Tag Papierkügelchen geformt und aus den Fenster geworfen. Sie flogen eindeutig zu schnell – waren also zu schwer. Anschließend habe ich Federn von meinen Wellensittichen zum Falltest verwendet. Die kleinen Flaumfedern flogen ähnlich langsam wie mein Astralkörper nach unten, sie kamen der Sache am nächsten.

Einige Wochen später ist mir etwas weitaus Genaueres eingefallen:

Auf meiner Arbeitsstelle gab es eine Dezimalwaage, wie sie in Labors verwendet werden. Da nun Micro ständig um mich herum war, lag eigentlich nichts näher, als ihn zum Wiegen zu benutzen!

Ich vergewisserte mich erst seiner Anwesenheit und wartete das Blinkzeichen, unser Erkennungsmerkmal, ab. Danach erklärte ich ihm in Gedanken, was ich vorhatte. Ich ging zur Waage und schaltete sie ein, zu Micro sagte ich: „Stell dich jetzt drauf!“

Blinkzeichen über der Waage! Die Digitalanzeige lief leicht nach oben, sie pendelte zwischen 0,007 und 0,010g. Das Gewicht erschien mir außerordentlich gering!

Nun haben diese Waagen die Eigenschaft, beim Einschalten auch ohne Gewicht etwas zu pendeln, bis sie den totalen Nullpunkt erreichen.

Ich überprüfte das Ergebnis, indem ich nachträglich die Waage noch mehrfach ein- und ausschaltete, um zu kontrollieren, wie weit sie ohne Gewicht ausschlug.

Vorher sagte ich Micro, er solle wieder absteigen!

Jedesmal, wenn ich die Waage einschaltete, lief sie leicht nach oben, aber nie höher als 0,004 Gramm, dann kehrte sie zum Nullpunkt um.

Es gab also doch einen Unterschied!

Wenn man bedenkt, dass so ein geringes Gewicht (damit will ich dem Wiegetest keinen besonderen Wert beimessen) auf ein Volumen verteilt ist, welches einen erwachsenen Körper ausfüllt, braucht man sich eigentlich nicht mehr zu wundern, dass er für das menschliche Auge unsichtbar ist!

Meister Kuthumi erklärt:

Den Seelenkörper zu wiegen ist eine Möglichkeit. Aber es liegt nicht in unserer Absicht, jetzt irgendwelche Gewichtsangaben zu machen! Auch gäbe es aufschlussreichere Möglichkeiten, um die Seele nachzuweisen. Wir denken jetzt zum Beispiel an Kirlianfotografie und Messapparaturen für das Magnetfeld.

Was glaubt ihr wohl, wie das im Vergleich mit einem toten Körper ausfiele?

Die Seele ist mit euren Geräten sehr klar messbar, aber an erster Stelle ist sie ganz einfach persönlich erfahrbar. Und ihr werdet einem Ignoranten auch mit hundert Messergebnissen keinen schlüssigen Beweis für die Existenz der Seele erbringen, weil er das, was er mühsam auswendig gelernt hat, nicht in Frage stellen möchte. Aber auch das wird sich ändern.

Dachziegel

15. 07. 93 nachts:

Ich hatte Urlaub und war zu meiner Großmutter nach Dresden gefahren. Ich schlief in ihrem Wohnzimmer. Am zweiten Abend wollte ich eine Astralreise machen, mit der Absicht, Micro zu besuchen, um mich davon zu überzeugen, dass er mir an meinen Urlaubsort gefolgt war.

Seine üblichen Blinkzeichen waren bisher ausgeblieben.

Ich verließ meinen Körper und befand mich beinah sofort in anderer Umgebung:

Der Raum war schlauchartig und vollkommen leer. Er hatte verblüffende Ähnlichkeit mit einem kleinen Produktionsraum einer ehemaligen Firma, wo ich meine Lehre absolviert hatte. Er war vollkommen leer. Die Firma existierte heute nicht mehr, sie war der Umstrukturierung zum Opfer gefallen.

Micro lag langausgestreckt mit dem Rücken am Boden. Ich hockte auf seiner Taille und hielt seine Arme am Boden fest. Er machte einen besiegten Eindruck.

Seine Haare waren heute wieder normal, sie waren dunkel und

schulterlang, die Sonnenstrahlenfrisur war verschwunden, und er sah mir auch nicht mehr ähnlich.

Ich fragte ihn: „Wie heißt du eigentlich wirklich?“

Er antwortete: „Namen haben nicht so viel Bedeutung! Aber mir ist es bisher nicht oft passiert, dass mir jemand so schnell einen Namen verpasst hat!“

Wir lachten gemeinsam darüber.

Als nächstes ging die Tür auf und jemand teilte Micro mit, er solle ans Telefon kommen! Micro stand auf und verließ den Raum. Für ihn kamen zwei andere herein, sie stellten sich drüben ans Fenster.

Ich saß am Boden und wartete. Plötzlich hatte ich eine Zigarette in der Hand und rauchte – möglicherweise eine erdachte, imaginäre Zigarette – jedenfalls sah sie total echt aus. Ich hatte bestimmt schon mehrere Züge geraucht, bevor es mir auffiel und ich mich darüber wunderte.

Die Zigarette wurde überhaupt nicht kürzer, auch hatte ich keinerlei Probleme mit der Asche, sie blieb offensichtlich immer gleich lang.

Micro kam wieder herein und stellte sich zu den zwei anderen. Er sah zu mir herüber und machte eine Bemerkung über die Zigarette. Es war so etwas Ähnliches, wie :

„Jetzt qualmt sie schon bei uns!“ Laut sagte er, dass er für einige Tage weg müsse!

Ich fragte: „Und wohin?“

Es kam die Antwort: „Ins Ausland!“ Die anderen lachten. Wir saßen jetzt alle im Kreis am Boden. Ich wollte wissen, warum er weg musste? Er sagte: „Ich brauche Dachziegel!“

Seine Antwort löste allgemeine Heiterkeit bei den anderen aus. Mir war zwar klar, dass sie mich mit der Antwort irgendwie hinhielten und alle, außer mir, Bescheid wussten. Dachziegel? Was konnte er nur damit meinen?

Im Nachhinein muss ich sagen, dass darin eine Symbolik steckte, die ich zu diesem Zeitpunkt aber nicht erkannte.

Ich machte mich ebenfalls darüber lustig und erklärte, wenn er echte materielle Dachziegel schleppen wollte, dann würde es sicherlich ewig dauern!

Einer von den beiden sagte: „Dachziegel sind gerade im Sonderangebot!"

Wir lachten. Ich wusste, dass sie mich verschaukelten.

Micro versicherte mir, in der Zeit, wo er weg sei, würden die beiden anderen auf mich aufpassen. Das fand ich lustig und kündigte sogleich grässlichen Terror von meiner Seite an. Ich garantierte ihnen, dass sie vor Ärger grün anlaufen würden!

Das Ganze eskalierte dann schließlich zu einer Art Treibjagd. Ich rannte vorneweg, die neuen Aufpasser hinterher. Als sie bedrohlich nahe kamen, machte ich einen Satz und beamte zurück in meinen Körper.

Ich saß in Omas Wohnzimmersessel und zerbrach mir den Kopf darüber, wie ich es geschafft hatte, die Zigarette zu materialisieren, und wofür Micro Dachziegel brauchte?

Ein Rohbau am Meer

22. 07. 93 nachts:

Ich war noch immer bei meiner Großmutter in Dresden zu Besuch und versuchte auch in der zweiten Woche, eine Astralreise zu machen.

Entgegen meiner Ankündigung hatte ich die Ersatz-Aufpasser nicht genervt. Micros Blinkzeichen blieben nach der letzten Astralreise tatsächlich für vier bis fünf Tage aus! Nach Ablauf dieser Frist waren sie eines nachmittags wieder da! Er blinkte!

Ich freute mich.

Also beschloss ich, eine weitere Astralreise zu machen! Ich las die halbe Nacht und wartete auf einsetzende Müdigkeit.

Es dauerte ewig, durch den Urlaub war mein Körper ausgeruht. Endlich klappte es dann doch: Ich trennte mich vom Körper und stand in vollkommen fremder, geographisch total unpassender Umgebung:

Mich umgab eine riesige Halle mit schlanken Säulen. Alles sah ziemlich frisch betoniert aus. Auch war kein einziges Möbelstück zu sehen, es sah aus wie ein Haus im Rohbau. Die Halle war nach außen offen und führte auf eine Terrasse, welche freischwebend, wie eine Schuhsohle geformt, übers Meer ragte.

Ich schwebte bis zum Rand. Es gab kein Geländer oder sonst eine Absicherung.

Das Haus stand erhöht auf einem Felsen. Vor der Terrasse ging es ca. 10 Meter in die Tiefe. Unten befand sich ein schmaler Strand, an welchem sich gemäßigte Wellen brachen.

Ich stand oben und überschaute die Landschaft. Mich überkam die Flugleidenschaft, schließlich befand ich mich auf einer fantastischen Startrampe!

Ich flog im Bogen übers Meer, es war atemberaubend! Ich spürte den Wind. Es machte riesigen Spaß, knapp über der Wasseroberfläche dahin zu fliegen und das damit verbundene Freiheitsgefühl zu spüren.

Nach einer großen Runde landete ich am Ufer unweit unterhalb der Terrasse.

Ich schaute mich um, nirgends war jemand zu sehen, nur unberührte Natur und ein einzelner Rohbau. Die Szene schien wie für mich kreiert, und der Rohbau passte auch zu Micros Dachziegeln. Aber trotzdem war es nicht stimmig, nach meiner Meinung bauten feinstoffliche Wesen nicht mit Muskelkraft, sondern erschufen mit Hilfe ihrer Gedanken.

Diese Überlegungen stellte ich aber erst im Nachhinein an!

Ich beschloss, zum Haus zurück zu fliegen und Micro zu suchen. Ich betrat wieder die Terrasse und schwebte in die Halle hinein.

„Micro!“ rief ich und schaute mich um. Keine Antwort!

Instinktiv hatte ich das Gefühl, von etwas Großem, Gewaltigen umgeben zu sein, etwas, was von mir optisch nicht erfassbar war! Ich fühlte mich beobachtet, und meinem Gefühl nach war es nicht Micro, sondern eine Nummer größer!

Im nächsten Moment fiel mir ein, dass ich schon immer mal eine Zeitreise habe machen wollen! Ich teilte die Idee einer Zeitreise vertrauensvoll dem leeren Raum mit, irgendwie war ich überzeugt, dass es ankommen würde, und schloss mit den Worten: „Ich weiß, dass es theoretisch funktionieren müsste!“

Nichts geschah! Ich machte auch keine Zeitreise! Vielleicht lag es daran, dass ich keine Jahreszahl gewählt hatte?

Einige Zeit später kehrte ich in meinen Körper zurück und saß wieder im Sessel. Mir war sofort etwas klar: Von meiner Astralreise fehlte ein Stück!

Nach meiner Rückkehr in die Halle und der Idee einer Zeitreise hatte sich noch irgendetwas abgespielt! Etwas, woran meine Erinnerung ausgelöscht war!

Unmittelbar nach meinem Eintritt in den Körper war noch der Funke an etwas Fassbares, der sich sofort in nichts auflöste!

Ich weiß nicht, wie ich es erklären soll, aber es war, als ob man noch eine Tür zufallen sieht. Möglicherweise war da ein Treffen mit etwas „Großem, Gewaltigen“?

Ich mied es, darüber nachzudenken, weil es einem Teil von mir peinlich war.

Meister Konfuzius erklärt:

Damals wurde der Grundstein gelegt für deinen weiteren spirituellen Entwicklungsweg. Es war zu diesem Zeitpunkt nur eine Wahrscheinlichkeit, die sich ebensogut zerschlagen konnte. Durch deine klare Öffnung in feinstoffliche Bereiche warst du sehr gut geeignet für Botschaften und Erklärungen aus höheren Ebenen. Aber die würden nur dann auf fruchtbaren Boden fallen, wenn du bereit wärst, in deiner irdischen Verantwortung noch weitere Schritte zu gehen.

Es war der erste, für dich unsichtbare Kontakt zur Meisterebene! Wenn sich ein Mensch öffnet, sind wir daran interessiert, mit ihm zu arbeiten. Aber wir treten erst dann in Erscheinung, wenn von der irdischen Person bestimmte Entwicklungsschritte absolviert worden sind. Sie muss gut geerdet sein! Sollte bestimmte selbstsüchtige

Charaktereigenschaften abgelegt haben, wie beispielsweise Gier oder Betrug. Außerdem sollte sie die Verbindung zwischen ihren Gedanken und Gefühlen kennen und gelernt haben, wie sie bewusst aus der Kämpfer- und Opfermentalität heraustritt. Eine solche Entwicklung kann auf irdischer Ebene über Jahre gehen!

Verrückte Welt oder die Wirkung der Dachziegel

02. 08. 93 nachts – Astralreise:

Das Erste, was ich nach dem Abheben spürte, war, dass mir jemand in den Haaren herumwuschelte. Ich saß auf einem Stuhl. Hinter mir stand Micro.

Die Umgebung war unbekannt – ein Wohnzimmer. Es war ein L-förmiger Raum. Auf der einen Seite stand ein Klavier, visavis eine Sitzgruppe mit Tisch. Eine ältere Frau saß dort. Im Nachhinein hatte ich das Gefühl, dass es Tante Erna gewesen sei, aber ich war mir unsicher.

Micro förderte etwas aus meinen Haaren zu Tage, er sagte: „Borke" und wechselte mit der Frau am Tisch einen Blick. Außerdem sagte er, sie seien total verfilzt und dreckig.

Ich räumte ein, dass das durchaus möglich sei, schließlich war ich schon auf Bäumen gelandet und in der Kanalisation herumgekrochen.

Micro schlug vor: „Wir werden sie waschen!"

Ich hatte nichts dagegen. Das Verrückte an der Haarwäsche war, ich rührte mich nicht von der Stelle, saß weiter auf dem Stuhl und hatte im nächsten Moment feuchte Haare, wobei kein einziger Tropfen nach unten perlte. So schnell wie meine Haare nass waren, waren sie auch wieder trocken, und zwar ohne Föhn!

Das war schon eine merkwürdige Haarwäsche!

Ich erhob mich von meinem Platz und erklärte Micro, ich hätte jetzt Lust zu fliegen. Er packte mich an einem Arm und an einem Bein und wirbelte mich im Kreis herum, so wie man mit kleinen Kindern Flugzeug spielt. Schließlich setzte er mich wieder ab und fragte:

„Bist du jetzt zufrieden?“

Ich war es nicht und motzte: „Doch nicht so! Ich meine natürlich richtig fliegen. Du weißt schon!“

Er deutete zur Außenwand: „Da geht’s raus!“

Ich näherte mich der Wand und befühlte sie: „Die ist fest!“ Micro antwortete: „Ach, das bildest du dir nur ein!“, er schob mich dagegen, und sie gab tatsächlich nach. Im nächsten Moment war ich draußen.

Die Wohnung lag ziemlich weit oben, bestimmt in der zweiten oder dritten Etage. Draußen war es dämmrig. Unter mir befand sich ein Garten mit Bäumen.

Ich hatte erwartet, dass Micro mitflog, er kam aber nicht! Da überlegte ich es mir auch anders und ging durch die Wand wieder hinein. Micro saß mittlerweile am Klavier und spielte ein Stück. Es war mir unbekannt, es klang irgendwie altmodisch.

Auf dem Klavier stand ein Weihnachtsbaum!

Der Weihnachtsbaum hat mich stark irritiert. Ich habe zwar auf meinen Astralreisen schon oft bemerkt, dass Geister kein besonderes Zeitgefühl haben, aber dass sie Weihnachten im August feiern, war doch etwas weit daneben!

Vermutlich stand der Weihnachtsbaum nur da, um Tante Ernas Botschaft zu entschärfen. Eine andere Erklärung finde ich nicht!

Ich lief mittlerweile durch den Wohnraum. Und wenn ich schreibe „lief“, so testete ich das wörtlich! Für gewöhnlich schwebt man bei Astralreisen kurz über dem Boden. Ich wollte es mal mit gewöhnlichem Laufen probieren – also Füße am Boden.

Um es kurz zu machen: Es war ein reichlich beschwerliches Unterfangen! Ich sank laufend im Boden ein und hatte das Gefühl, durch Schlamm zu waten. Es war anstrengend und machte keinen Spaß! Sehr viel geruhsamer ist es zu schweben!

Anschließend hat Micro mir noch andere Räume gezeigt. Ich kann mich an eine Küche mit einem Braten im Ofen und an ein Schlafzimmer mit Ehebetten erinnern.

Nach dem Rundgang sind wir draußen noch eine Runde geflogen. Es war mächtig gewaltig! Wir flogen eng nebeneinander und hielten uns an den Händen.

Ich spürte langsam, wie meine Kräfte nachließen, und signalisierte Micro, dass ich zu meinem Körper zurück müsse!

Wir ließen uns los. Etwas an Micros Gesichtsausdruck irritierte mich, er hatte einen traurigen Blick. Ich ging in meinen Körper zurück.

Es gab wieder einige Dinge, die mir zu denken gaben: Diese merkwürdige Haarwäsche und diese Weihnachtsfeier im August? Sehr sonderbar!

Es war die längste Astralreise, die ich je gemacht hatte. Micros trauriger Blick wurde mir erst drei Wochen später klar!

Meister Konfuzius erklärt:

Es kommt selten vor, dass Menschen, die sich für Spiritualität öffnen, von der geistigen Welt gebremst werden! Im Allgemeinen geschieht das nur dann, wenn sich jemand durch Drogenkonsum diesen Zutritt in feinstoffliche Bereiche „freisprengt". Dann wird eingegriffen und die Person in ihren Erlebnissen behindert. Du nahmst keine Drogen, aber du hattest Möglichkeiten gefunden, wie du diesen Kontakt durch Schlafentzug erreichen konntest.

Wärest du gut geerdet gewesen, hättest du Familie gehabt, Kinder, für die du dasein musstest, oder ein erfülltes Leben, welches dich mit Begeisterung beschenkt, dann wären deine Erfahrungen eine Bereicherung gewesen. Aber so eröffneten sie dir eine Möglichkeit zur Flucht aus einer ungeliebten irdischen Dimension. Und aus diesem Grund mussten wir dich bremsen. Der Rhythmus, in dem du diese außerkörperlichen Erfahrungen suchtest, stand in keinem Verhältnis zu deiner Erdung!

Depressionen

21. 08. 93:

Ich habe seit mittlerweile drei Wochen keine Astralreise mehr gemacht. Wie viele Male ich es versucht habe, kann ich nur schätzen.

Seit drei Wochen geht nichts mehr! Ich fühle die Endgültigkeit. Es ist, als ob mich ein Panzer umgibt!

Nicht nur, dass meine Astralreisen aufgehört haben, es hat noch weitreichendere Auswirkungen:

Beim Meditieren schaffe ich nicht einmal mehr einen veränderten Bewusstseinszustand, etwas, was mir früher nach höchstens 20 Minuten gelang. Meine Träume, die seit den Astralreisen sinnvoll, merkbar und logisch geworden sind, haben ihre ursprüngliche Sinnlosigkeit zurückerlangt.

Mein Gedächtnis, welches in den letzten Monaten geradezu brillant war, hat einen herben Rückschlag erlitten. Ich suche wieder in Schubladen, welche vor kurzem alle noch offen standen.

Mein Glückspegel ist voll von Astralreisen abhängig – ich bin süchtig danach!

In Zeiten regelmäßiger Astralreisen schwebe ich auf rosa Wolken. Ich bin dann halbverrückt vor Euphorie, betrachte das Leben als Spiel, und es gibt nichts, was mich aus der Fassung bringen könnte!

Jetzt habe ich das Gefühl, eingemauert zu sein!

Schlimmer, wenn ich darüber nachdenke, was ich verloren habe, breche ich unvermittelt in Tränen aus. Ich weiß nicht, wie lange ich es noch ertragen kann. Ich fühle mich maßlos depressiv und hoffe das erste Mal, dass Tante Erna mit ihrer Botschaft, dass ich zu Weihnachten bei ihnen sei, recht behält!

Das Schlimme ist nur, dass ich mit niemandem (außer mit Heidi) darüber sprechen kann.

Es gibt keinen Menschen, der nachempfinden könnte, wie furchtbar es ist, Astralreisen zu verlieren!

Mir fällt dazu ein Vergleich ein, der in etwa das ausdrückt, was ich im Moment empfinde:

Stell dir vor, du wirst geboren in einem Gefängnis ohne Fenster. Du hast Eltern, Freunde – alles, was du zum Leben brauchst. Deine Freiheit ist begrenzt auf die Ausmaße der Zelle.

Du bist glücklich, innerhalb der Welt, die du kennst!

Du wächst heran, erhältst die Bildung, die innerhalb deiner Realität möglich ist. Es fehlt dir an nichts! Die Jahre vergehen. Du wirst erwachsen.

Alles, was du jemals gesehen hast, erstreckt sich auf das Gefängnis ohne Fenster!

Eines Tages geschieht das Unglaubliche:

Jemand kommt, öffnet die Tür und ruft dich hinaus. Dir wird erklärt, dass du jetzt eine Woche Urlaub hast, um dir die Welt anzusehen.

Du trittst das erste Mal hinaus in das Sonnenlicht. Du siehst Häuser, Bäume, Wiesen, Blumen, den Straßenverkehr und jede Menge Menschen.

Deine Augen müssen sich erst an die neue Frequenz gewöhnen, es dauert eine Weile, bis du alles deutlich siehst! Zu Anfang bist du vollkommen verwirrt. Dein Hirn schreit immerzu: „Das kann nicht sein! So etwas gibt es nicht!“

Aber du kannst diese Welt anfassen, sie ist real!

Schritt für Schritt beginnst du sie zu erkunden. Langsam gewöhnst du dich daran. Dein Verstand motzt nicht mehr dazwischen, auch er hat mittlerweile begriffen, dass diese neue Welt echt ist! Du verstehst zwar längst nicht alles, aber das ist im Moment unwichtig!

Mit jedem Schritt eroberst du dir ein neues Stück.

Plötzlich ist die Woche um. Es gibt einen lauten Knall – hinter dir fällt die Zellentür ins Schloss. Du stehst wieder drin in deiner betonierten, kleinen Welt, die du seit Jahrzehnten als das einzig Wahre, das einzig Reale kennengelernt hast!

Deine Freunde sitzen da und tun das, was sie immer taten! Keiner von ihnen hat einen Schimmer, was hinter der Mauer ist!

Du versuchst schließlich mit ihnen darüber zu reden, was du gesehen und erlebt hast. Es ist ein sinnloses Unterfangen! Manche hören dir überhaupt nicht zu, andere hören sich die Geschichte an, aber du siehst die Skepsis auf ihren Gesichtern.

Keiner vermag zu verstehen, warum du in dieser begrenzten Zelle unglücklich bist!

Am 24. 8. 93 fasste ich den Entschluss: Ich wollte Tante Ernas Ankündigung Folge leisten!

Ich wollte sterben! Ich sah zu dieser Zeit in unserer materiellen Welt keine erstrebenswerten Entwicklungsmöglichkeiten mehr!

Nun hatte ich allerdings nicht die Absicht, meinem Körper irgendwelche tödlichen Schäden zuzufügen, ich wusste, dass ich kraft meines Willens in der Lage war, mein Herz zum Stillstand zu bringen!

Es war das erste Mal, dass ich Heidi nicht in meine Pläne einweihte.

Kaum, dass ich diesen Entschluss gefasst hatte, ging es mir entschieden besser!

Ich fertigte mir eine Liste an mit allen Arbeiten, die ich noch erledigen wollte:

Da war zum Beispiel Omas Umzug, die Hochzeit meiner Schwester, mein alter Computer war kaputt gegangen, und ich schrieb die letzten Erlebnisse per Hand. All das wollte ich unbedingt noch erledigen und in Ordnung bringen!

Ich schätzte die dazu benötigte Zeit auf ca. 4 – 8 Wochen.

Spätere Bemerkung: Sollten Sie die Absicht haben, sich irgendwann einmal Depressionen zu wünschen, dann müssen Sie nur ähnlich negativ denken, wie ich es damals getan habe! Es funktioniert garantiert!

Meister Konfuzius erklärt:

Wir würden sehr gerne etwas zu dieser „Gefängnis-Vision“ sagen, weil sie sehr deutlich vermittelt, wie ihr euer Bewusstsein schöpferisch einsetzt – leider auch sehr häufig zum Negativen:

Ihr habt alle die Fähigkeit, in euch selbst Szenen zu kreieren, die ihr mit viel Gefühl zur Aufführung bringt. Dann folgt die zweite Theateraufführung, wobei ihr noch verschiedene Passagen ausfeilt und durch perfekte Wortwahl die emotionale Essenz, die dabei erzeugt wird, erhöht. Es kommt eine Vorstellung nach der anderen, wobei das Stück immer mehr ausgestaltet wird. Ihr seid gefangen in einem innerlichen Film und Gefühlsstrudel.

Wenn euch jemand dort herausholen möchte, verteidigt ihr euch für gewöhnlich heftig. Denn das, was ihr als Regisseur in eurem Inneren aufführt, ist mittlerweile für euch persönlich zur Wahrheit geworden! Das Nächste, was euch aufstößt, ist der unangenehme Aspekt eurer Gefühle. Das Theaterstück liebt ihr ja, weil es so perfekt die Dramatik eures Lebens spiegelt, nur die damit verbundenen Gefühle möchtet ihr euch gern ersparen. Vom Stück könnt ihr nicht lassen, aber die Gefühle, die perfekt die Hintergrundmusik spielen, die wirken auf einmal störend.

Es kann vorkommen, dass ihr euch so in eurem „Lieblingsstück" verfangt, dass ihr den einzigen Ausweg im Selbstmord seht!

Andere gehen zum Arzt und lassen sich mit Psychopharmaka behandeln, in der Hoffnung, dass dabei die unangenehmen Gefühle verschwinden. Vorübergehend mag das hilfreich sein.

Bewusste Menschen erkennen den Zusammenhang zwischen Theaterstück und den dabei entstandenen Gefühlen. Sie bringen die Kraft auf und setzen das dramatische Stück ab! Da liegt die Befreiung!

In einer bestimmten Entwicklungsphase eures Bewusstseins müsst ihr lernen, bewusst neben euch zu treten und eure Gedanken zu beobachten! Unterbrecht das unbewusste Erschaffen von inneren Dramen! Schaut eurem Verstand zu, was er gerade treibt! Und wenn ihr feststellt, dass ihr in eurem inneren Theaterstück eine Opfer- oder Kämpferrolle spielt, dann setzt dieses Stück willentlich ab! Denn inneren Frieden und Gesundheit erschafft ihr nicht durch polare Visionen!

Traum vom Tempel

Ende August 93:

Das Erste, was ich im Traum wahrnahm: Ich fuhr in einer Straßenbahn, und sie hatte ein irres Tempo. Die Straßenbahn animierte mich kurz zu dem Glauben, ich sei bei meiner Großmutter in Dresden. Ich nahm mir vor, an einer bestimmten Haltestelle auszusteigen. Das Fahrzeug hielt. Sofort stellte ich fest, dass ich zu weit gefahren war, das war ein völlig anderer Ort!

Aber egal, jetzt war ich schon mal hier!

Es gab eine Menge kleiner farbig angestrichener Häuser mit Geschäften. Ein kleines Gewässer floss in einem gemauerten Kanal.

Ich sah mich um. Der Ort war mir unbewusst vertraut! Ich schaute mir die Schaufenster der Geschäfte an. Die Beschriftungen an den Häusern und Läden waren mit fremdartigen Hieroglyphen bezeichnet – eine Schrift, die ich nicht kannte. Sie hatte Ähnlichkeit mit Hebräisch. Bei der Betrachtung eines dieser Geschäfte stellte ich fest, dass sich früher hier ein anderer Laden befunden hatte. Woher ich das wusste, war mir schleierhaft!

Es war ein kleiner, niedlicher Ort, an einem Berghang gelegen, welcher mir tief aus der Vergangenheit vertraut war. Oben auf dem Berg thronte weithin sichtbar ein riesiger, gewaltiger Tempel. Er war aus grobem Steinmaterial zusammengebaut und hatte die Form einer Pyramide. Dieser Tempel strahlte eine magische Anziehungskraft aus. Ich hatte instinktiv das Gefühl, dass ich dahin gehörte!

In meiner rechten Hand trug ich eine Tasche mit Schulzeug. Ich machte mich auf den Weg zum Tempel. Es führte eine gemauerte, grobe Steintreppe den Berg hinauf. Rechts und links der Treppe befand sich eine hüfthohe Mauer. Ich stieg bergauf.

Die Ausstrahlung des Tempels war sagenhaft gewaltig! Ich spürte sehr deutlich, dass das meine wahre Heimat war! Auch wusste ich irgendwoher, dass „mein Vater" in diesem Tempel wohnte.

Am oberen Ende der Treppe befand sich ein gemauerter Torbogen, durch welchen man einen seitlichen Innenhof betrat.

Die dreieckige Vorderfassade war leicht bogenförmig und der dem Ort zugewandte Teil hatte viele Fenster. Ich blieb vor dem Torbogen stehen und betrachtete das riesige Mauerwerk. Irgendeinem unterschwelligen Teil von mir war es peinlich, dass ich jetzt gerade kam. Eines der Fenster öffnete sich und eine weißhaarige Frau rief mir zu:

„Komm nur rein, das Essen ist fertig!“

Eigentlich hatte ich überhaupt keine Lust, jetzt schon nach Hause zu gehen!

Ich verbarg meine Tasche mit dem Schulzeug zwischen den Steinen der Mauer und lief zurück in die Stadt.

Unten im Städtchen traf ich mehrere Klassenkameraden. Wir beschlossen, in ein Straßencafè zu gehen, besetzten eine lange Tafel und bestellten Eisbecher. Wir unterhielten uns fröhlich und aßen.

Danach beschlossen einige, durch die Gassen zu ziehen. Ich schloss mich ihnen an, wir schauten uns die Häuser und Geschäfte an.

Nach längerer Zeit sah ich auf meine Armbanduhr: Es war halb acht Uhr abends. Ich verabschiedete mich hastig von meinen Freunden und erklärte ihnen, ich hätte eigentlich um sieben Uhr zu Hause sein sollen!

Ich machte mich auf den Weg zum Tempel und stieg die gemauerte Treppe bergauf.

Ich sah noch ein letztes Mal hinauf – dann endete der Traum.

Den Sinn des Traumes zu deuten, ist nicht sonderlich schwer: Ich musste also nicht unbedingt zur vorgeschriebenen Zeit daheim eintreffen, sondern könnte noch ein bisschen bummeln gehen! Schon klar!

Aber meine Lust am „Bummeln“ war nicht sehr ausgeprägt. Ich wollte immer noch sterben.

Heidis Traum

02. 09. 93:

Meine Freundin Heidi hatte von der Hochzeit meiner Schwester geträumt, welche in ca. zwei Wochen stattfinden sollte. In ihrem Traum hatte meine Schwester ein langes, weißes Hochzeitskleid an, aus weichem fliesartigen Stoff. Sie verschwand im Haus. Als sie das nächste Mal erschien, trug sie das gleiche Kleid nur in Schwarz.

Diesen Traum erzählte mir Heidi, als wir uns abends trafen. Sie war darüber sehr erschrocken. Ich ließ mir meine Erregung nicht anmerken, und ich hatte auch keine Lust, ihr meinen heimlichen Entschluss zu sterben mitzuteilen, weil ich mir sicher war, dass sie es nicht akzeptiert hätte.

Aber ich wunderte mich darüber, wie schnell offenbar mein Entschluss in ihr Traumbewusstsein durchgesickert war!

Ich schwieg weiterhin.

Seit kurzer Zeit hatte ich selbst einen eigenartigen Traum, welchen ich schon in mehreren Varianten geträumt habe:

Ich träume dabei jedesmal, dass ich eine weite Reise antrete. Die Art und Weise ist unterschiedlich, ich habe diese Reise schon mit einem Schiff, einem Flugzeug und mit einem Zug gemacht. Mich begleiten dabei viele Freunde. Kurz nach Antritt der Reise stelle ich jedesmal erschrocken fest, dass ich mein gesamtes Gepäck vergessen habe. Ich habe weder Geld noch einen Ausweis oder ein Kleidungsstück dabei!

Meine Freunde beruhigen mich und versichern mir: All das, was ich brauchen würde, bekäme ich von ihnen!

Wo reist man schon ohne Gepäck, Ausweis und Geld hin?

Die Symbolik zu deuten, war für mich einfach. Aber im Moment konnte ich mich noch zu keiner Alternative durchringen.

Meister Konfuzius erklärt:

Deine Träume sowie auch der deiner Freundin symbolisieren deinen Wunsch zu sterben. Jetzt begann für dein Hohes Selbst das, was wir als Gratwanderung bezeichnet haben.

Es sollte dich einerseits dahin lenken, bestimmte irdische Entwicklungsschritte zu machen, aber deine schlechte Erdung verlangte, die außerkörperlichen Erfahrungen einzuschränken, was du wiederum mit Depressionen quittiertest. Es war keine einfache Zeit – nicht nur für dich, sondern für alle, die im feinstofflichen Bereich mit dir arbeiteten.

Zeitreise?

Ich hatte seit dem 02. 08.93 keine Astralreise mehr gemacht und war zutiefst unzufrieden darüber! Der Frust verfolgte mich bis in die Träume: Es gipfelte darin, dass ich Ende September eine mir völlig fremde Person, einen Mann, im Traum tätlich angriff. Ich stürzte mich auf ihn, schüttelte ihn gewaltig und drohte, ihn einen Felsen hinunter zu stürzen, um zu sehen, ob er nicht vielleicht fliegen könnte!

Für meinen Angriff gab es nicht den geringsten Grund. Er hatte nichts getan, sondern stand nur gerade da.

Im Nachhinein war ich zutiefst erschüttert über meine offensichtliche Hinterhältigkeit und die gewaltigen Kräfte, die dabei zum Ausbruch gekommen waren. Den ganzen nächsten Tag hatte ich ein ausgeprägtes schlechtes Gewissen.

Ich überlegte seit Wochen, wie ich die Wirkung von Micros „Dachziegeln“ beseitigen konnte?

Nach meinem Verständnis hatte er bei der „Haarwäsche“ eine geistige Sperre, die mich jetzt im Körper hielt, erschaffen. Wie konnte ich diese Barriere durchkreuzen?

Da sie feinstofflich war, müsste ich sie rein theoretisch durch gegenteilige Gedanken durchbrechen können!

Mir kam eine Idee: Ich schloss meine Augen und stellte mir diesen Rohbau am Meer vor – mit einem frischgedeckten Dach. In Gedanken malte ich mir aus, wie die Dachziegel in alle Himmelsrichtungen davonflogen. Das Gleiche wiederholte ich mit der „Pampe", die mir Micro bei der Haarwäsche auf den Kopf geschmiert hatte.

Als ich am darauffolgenden Wochenende eine Astralreise machen wollte, sah ich grüne Blinkzeichen von Micro!

Es funktionierte wieder!

Astralreise Ende September 93:

Ich war recht schnell in einem tranceartigen Zustand, ganz im Gegensatz zu den Erfahrungen der vergangenen Wochen. Ich spürte den Sog, wie er langsam nach oben stieg. Schlagartig war ich wieder hellwach, weil ich es nicht fassen konnte.

Jetzt sah ich das grüne Blinkzeichen vor mir im Sessel.

Ich überlegte, was passieren könnte und wieso es auf einmal wieder zu klappen schien?

Mir war alles egal! Ich wusste nur, ich wollte die Astralreise machen!

Schnell stellte ich meinen tranceartigen Zustand wieder her und dachte an die Schwungbewegungen einer Schaukel. Meine Schaukel schwang so heftig durch die Luft, dass ich fast das Gefühl hatte, ich würde von jemandem angeschoben.

Schließlich trennte ich mich vom Körper. Es dauerte einen Moment, bis sich meine Sinne fokussiert hatten:

Das Erste, was ich wahrnahm: Ich flog durch Zweige und Blätter und landete gleich anschließend auf einem breiten Wiesenweg.

(In meiner tatsächlichen Realität gab es diesen Wiesenweg nicht wirklich, aber an seiner Stelle verlief eine kleine Straße.)

Ich stand in der Mitte des Pfades, zu beiden Seiten war Wiese. Auf der linken Seite ging es eine Böschung hinunter, die in meiner Realität ebenfalls vorhanden ist. Unten stand ein alter, verwitterter Bauernhof mit baufälligem Aussehen. In meiner Realität gibt es dort einen alten Schuppen, der etwa gleich groß ist. Aber dieser Bauernhof hatte eine Mauer, die es bei mir nicht gab.

Unmittelbar vor mir auf dem Weg tollten zwei kleine Tiere (Marder?) herum. Kaum, dass ich gelandet war, unterbrachen sie ihr Spiel und schauten mich verdutzt an. Ganz offensichtlich konnten sie mich wahrnehmen!

Ich flog weiter Richtung Bauernhof und landete auf der alten Steinmauer. Dabei stellte ich fest, dass meine Flugfähigkeit gebremst war. Ich konnte nur kurze Strecken fliegen, und meine Erdanziehungskraft schien sehr groß zu sein. Ich flog nicht mehr leicht wie eine Feder, sondern eher wie ein fettes Huhn!

Ich wollte unbedingt probieren, wo die Grenzen waren, und versuchte deshalb, eine größere Strecke zu fliegen. Mein Start von der Mauer trug mich nicht sehr weit, unweit des Bauernhauses landete ich auf der Wiese. Irgendwie waren meine Flügel gestutzt!

Vor mir befand sich der Giebel des verwitterten Gebäudes. Ich überlegte: Wenn ich vom Dach starten würde, könnte ich vielleicht eine längere Strecke fliegen? So hoffte ich zumindest!

Es war allerdings ein Irrtum! Ich erklomm nur mit Mühe das Dach, und der Flug von der Anhöhe endete schon nach wenigen Metern auf der Wiese. Es war wieder nur eine kurze Strecke!

Im nächsten Moment wurde ich zurück in meinen Körper gebeamt – es war mit Sicherheit nicht meine Entscheidung! Es kam wie ferngesteuert!

Ich fühlte meinen Körper und blinzelte kurz: Okay, mein Wohnzimmer! Im nächsten Moment spürte ich wieder die Trennung vom Körper. Flutsch – war ich draußen! Diesmal blieb ich in der Wohnung. Ich verließ das Wohnzimmer, schwebte durch den Flur und steuerte das Bad an. Hier fiel mir die erste Veränderung auf:

Links neben der Tür, wo bei mir der Akkustaubsauger hängt, ist hier ein Licht. In meinem Bad ist nur an der Decke eine Lampe. Wobei ich dieses Licht nicht unbedingt als Lampe bezeichnen möchte, es war mehr ein intensives helles Leuchten!

Möglicherweise nimmt mein feinstofflicher Körper auf diese Art die Stromquelle wahr?

Ich schaue mich weiter im Bad um: Die Fliesenwand erscheint mir höher als meine, die Farbe ist rosa, meine Fließen sind beige. Gut, das sieht ähnlich aus!

Ich gehe zum Waschbecken und wasche mir die Hände. Der Wasserhahn lässt sich ohne weiteres öffnen und schließen. In meinem eigenen Waschbecken habe ich gerade schmutzige Wäsche eingeweicht, das hier ist leer! Ich schaue vor mir in den Spiegel des Spiegelschrankes und sehe darin das Badezimmer: alles, was sich hinter mir befindet, nur mich sehe ich nicht! Wenn ich an mir runter schaue, kann ich meinen Körper sehen. Nur im Spiegel bin ich nicht vorhanden – ich habe kein Spiegelbild!

Anschließend nehme ich ein Handtuch vom Haken, trockne mir die Hände ab und nehme es mit ins Wohnzimmer.

Ich setze mich in den Sessel, werfe voller Euphorie über meine gelungene Astralreise das Handtuch in die Luft und tauche darunter. Mein Kopf ist bedeckt. Ich frage in den Raum hinein: „Micro, wo bist du jetzt?"

Es kommt die Antwort: „Ich bin da, aber du kannst mich nicht sehen!"

Ich ziehe mir das Handtuch vom Kopf und denke: „Das war eine tolle Astralreise! Ich werde jetzt ins Bett gehen!"

Ich kehre ins Wachbewusstsein zurück.

Meister Konfuzius erklärt:

Da sich deine Lebensunlust durch den Verlust der außerkörperlichen Erfahrungen gesteigert hatte, war es notwendig geworden, Kompromisse einzugehen. Du warst zu diesem Zeitpunkt nicht offen für alternative Möglichkeiten, und für Astralreisen warst du jetzt noch schlechter geerdet. Trotzdem musste es dir gewährt werden, da du durch das Freiheitsgefühl vorübergehend zufriedener sein würdest.

Der erste Teil deiner außerkörperlichen Erfahrung brachte dich in eine andere Zeitebene – du warst zwar am selben Ort, aber in einer vergangenen Erfahrungsebene. Deine „gestutzten Flügel" gestatteten dir nur kurze Ausflüge.

Der zweite Teil deiner außerkörperlichen Begegnung fand in einem Studio statt. Deine geistigen Begleiter hatten exakt deine Wohnung im feinstofflichen Bereich nachgebaut. Es war eine geschützte Realität, in der du dich gefahrlos bewegen konntest.

Du gingst ins Badezimmer und entdecktest sofort Unstimmigkeiten: An die Wäsche im Waschbecken hatte niemand gedacht! Dass du im Spiegel kein Spiegelbild sahst, war exakt der irdischen Realität nachempfunden. Ein feinstoffliches Wesen hat eine so hohe Schwingung, dass es für eure Spiegel nicht sichtbar ist oder nur ein Luftgebilde zurückwirft.

Blick hinter die Kulissen

Ein neuer Multi-Traum, Ende Oktober 93

Das Erste, an das ich mich erinnere: Ich war mit anderen auf dem Weg zur Schule. Wir liefen einen begrünten Pfad bergauf. Das Schulgebäude war riesig und befand sich noch im Rohbau. Statt Fensterscheiben hatte es Plastikfolie vor den Öffnungen, die einmal Fenster werden sollten.

Ich habe mich noch darüber lustig gemacht und sagte zu den anderen: „Die können sich nicht mal Glasfenster leisten!"

Unser Unterrichtsraum, ein kleiner Hörsaal mit Holzbänken, war allerdings fertig. Ich saß auf der vorletzten Bank. Vorne mühte sich ein Lehrer ab, uns das Verhalten der Menschen in Katastrophensituationen (bei Erdbeben oder Vulkanausbrüchen) begreiflich zu machen.

Es war eine Art Seth-Material!

Er vertrat die Meinung, dass jeder Mensch von seinem bevorstehenden Tod wisse – auch bei Naturkatastrophen!

Als Nächstes war Pause. Im vorderen Teil des Hörsaales befand sich rechts eine kleine Kantine, welche in der Pause öffnete und die erlesensten Lieblingsspeisen anbot. Jeder konnte ohne Bezahlung essen und trinken, was immer er wollte.

Ich selbst habe gefuttert, als ob es demnächst verboten würde! Die Massen, die ich in mich hineinstopfte, waren geradezu peinlich! Wenn ich zufällig mal nichts im Munde hatte, verriss ich die Ansichten des Lehrers.

Ich sagte sinngemäß: Dass das zwar für Menschen, die am Fuße des Ätna lebten, zutreffen möge, aber alle anderen, die von einem plötzlichen Erdbeben oder Vulkanausbruch überrascht würden, denen könnte man wohl kaum abverlangen, dass sie ihren Tod vorausahnten! Zu meiner Verblüffung sah ich plötzlich ein bekanntes Gesicht:

Da vorne stand Klaus, wir waren früher mal locker befreundet gewesen. Er saß weiter vorn im Hörsaal. Ich war einen Moment erschrocken und fragte mich: Wieso ist der auch hier?

Der Unterricht ging weiter. Der Mann von der Kantine rief mir hinterher, er habe keine Essenmarke von mir, und ich solle sie doch bitte abgeben!

Ich sah mein Essen in Gefahr, schließlich hatte ich die Absicht, mich in der nächsten Pause wieder zu mästen! Ich stürzte mich sofort auf meine Schultasche und begann zu suchen.

Meine Tasche war ein einziger Saustall, sie war voller fliegender Zettel, Papiere und Bücher. Ich wühlte verzweifelt darin herum und suchte nach der Essenskarte. Endlich fand ich sie! Meine Angst, in der nächsten Pause kein Essen zu bekommen, war so ausgeprägt, dass ich mitten im Unterricht nach vorn lief und die Essenmarke abgab.

Der Lehrer und der Mann von der Kantine nickten sich amüsiert zu.

Ich ging zu meinem Platz zurück und unterhielt mich mit meinem Hintermann über die Speisen der Kantine. Wir tauschten voller Begeisterung unsere Erfahrungen über das Essen aus und überlegten, was wir uns in der nächsten Pause einverleiben wollten.

Ganz offensichtlich war er genauso gefräßig wie ich!

Es war wieder Pause. Wir trafen uns wieder alle bei der Kantine und stopften uns voll. Ein Mädchen kam auf mich zu, sie gab mir ein Kleidungsstück und ein Handtuch und fragte mich, ob Klaus mir Bescheid gesagt hätte?

Ich verneinte.

Sie druckste ein wenig herum und wollte nicht so recht mit der Sprache herausrücken. Klaus kam dazu. Er legte seinen Arm um ihre Schulter und erklärte mir, dass sie sich kennengelernt hätten und lieben würden.

Ich freute mich für sie und antwortete: „Na, das ist doch hervorragend!“ Ihnen schien offenbar ein Stein vom Herzen zu fallen. Das Mädchen sagte mir, dass sie erleichtert sei, dass ich so reagieren würde! Sie hatte wohl mit einer Szene gerechnet!

Ich lachte darüber und beruhigte sie.

Die Schule war mittlerweile aus, und wir liefen nach draußen. Wir standen vor dem Eingang in einer Gruppe zusammen und unterhielten uns. Ich erklärte dem frischgebackenen Pärchen noch einmal, dass ich froh sei, dass sie sich gefunden hätten und meine Gefühle für Klaus ganz anderer Natur seien. Wir wären früher zwar befreundet gewesen, aber ich hätte mehr für ihn empfunden wie eine Mutter!

Wir beratschlagten, was wir jetzt tun wollten?

Jemand kam auf die Idee: Wir könnten spielen gehen, wie früher als Kinder! Wir waren begeistert.

Was jetzt begann, war eine Art Rückwandlungsprozess – wir wurden kleiner, jünger, kindgemäßer und hatten viel Spaß dabei.

Ich selbst verwandelte mich in einen etwa 11 jährigen Jungen. Auch begutachtete ich meine Verwandlung einen kurzen Moment von außen. Ich war mit dem Ergebnis überaus zufrieden! Was ich sah, zeigte einen hübschen dunkelhaarigen Jungen mit großen braunen Augen.

Die anderen waren mit der Rückwandlung ebenfalls fertig.

Wir waren etwa alle im gleichen Alter und stürmten lärmend die Straße hinunter. Rechts und links standen kleine Häuser, zum Teil mit

Geschäften und Handwerksläden darin.

Eines der Geschäfte hatte eine besonders prunkvolle mit Goldschrift verzierte Schaufensterscheibe. Es war die schönste Scheibe weit und breit und gehörte zum Bäckerladen!

Eben dort blieben wir stehen. Wir hatten einen Fußball vor uns liegen und beratschlagten darüber, wer sich traute, ihn in die Scheibe zu schießen?

Wir wussten von den anderen, dass es an der Schule Tradition war, diese prunkvolle Schaufensterscheibe zu zerschießen. Alle taten es! Sie hielt nie lange!

Es war sozusagen ein ungeschriebenes Gesetz!

Der arme Ladenbesitzer wurde hinter seiner Theke bereits nervös. Es wurde Zeit zu handeln! Ich lief an und schoss den Ball in die Scheibe. Es klirrte – sie war in tausend Stücken!

Der Besitzer stürmte wild gestikulierend aus seinem Geschäft.

Für uns wurde es Zeit zu verschwinden! Anstatt wegzurennen – flogen wir weg! Wir erhoben uns ohne Schwierigkeiten mit absoluter Selbstverständlichkeit in die Lüfte. Wir spielten in der Luft Fangen, jagten uns und flogen wilde Ausweichmanöver. Es war sehr lustig, und jeder wollte die anderen mit seinen persönlichen Kunststücken übertreffen. Ich fühlte mich absolut frei und glücklich.

Einige Passanten sahen uns zu. Sie grinsten amüsiert, als wollten sie sagen: „Naja, die Neuen!"

Wir landeten schließlich auf einer Wiese, weil wir von oben etwas im Gras blinken sahen. Es war ein wunderschönes Metallrohr, ca. 20 cm lang, welches in allen nur erdenklichen Regenbogenfarben glitzerte. Wir betrachteten es fasziniert.

Schließlich nahmen wir es mit auf unseren Flug und warfen es uns in der Luft zu. Es dauerte nicht lange und ein Streit brach aus – jeder wollte den glitzernden Gegenstand für sich haben. Ich fing das Rohr auf und rief den anderen zu: „Wenn ihr euch darum streitet, bekommt es niemand!"

Ich holte weit aus und wollte das Rohrstück in den benachbarten Wald werfen. Es flog allerdings kürzer als erwartet und hätte um ein

Haar einen parkenden Bus getroffen. Ich landete auf einem Holzmast über dem Ort und setzte mich darauf.

Von unten donnerte eine Stimme herauf, welche meine Aktivitäten bremste. Sie sagte sinngemäß: Jetzt mach aber mal eine Pause! Erst die Fensterscheibe und jetzt fast der Bus!

Ich wusste, dass die Person, die mich zurechtwies, auf irgendeine Weise mit mir verbunden war. Sie spielte in meinen Leben so eine Art Vater- oder Lehrerrolle!

Eine Person, an deren Anerkennung mir sehr gelegen war!

Ein anderer mischte sich ein und sagte zu ihm: „Jetzt fahre ihn doch nicht gleich so an! Er hat doch eben erst seine Eltern verloren!“

Ich fing auf einmal wie ein kleines Kind an zu weinen. Ich umklammerte den Mast und heulte Rotz und Wasser! Ich heulte aber nicht wegen meiner verlorenen Eltern, diese Information erstaunte mich eher! Ich heulte, weil mich die Person, an der mir am meisten gelegen war, zurechtgewiesen hatte!

Der Erste antwortete dem anderen: „Mache dir bloß keine Sorgen, dass ich ihn falsch behandeln würde! Er ist bei mir in den allerbesten Händen!“

Ende des Traumes!

Ich wachte sofort auf und konnte mich sehr genau an jede Kleinigkeit erinnern! Klaus hatte ein Jahr später einen Autounfall mit Schädelbruch.

Er überlebte, und soweit ich weiß, geht es ihm heute gut und er hat eine Freundin!

Meister Konfuzius erklärt:

Wenn eine irdische Person ihre Lebenslust verloren hat, wenn sie sich darüber hinaus noch sehr klar wünscht zu sterben, dann ist das natürlich auch der Seele und der geistigen Welt bekannt.

Sie fühlt sich dann von Projekten angezogen, in denen sich irdische Menschen verabreden, mit der Absicht zu Tode zu kommen. Es stirbt also niemand zufällig! Auch nicht bei einem Massenunfall oder einer

Naturkatastrophe!

Der Unterricht war eine Aufklärung darüber, dass bestimmte Lebenseinstellungen Ereignisse nach sich ziehen, die auch tödlich ausgehen können!

Die Tatsache, dass du sehr viel gegessen hast, beweist, dass es dir nicht wirklich ernst damit gewesen ist. Ein Teil von dir wollte essen – das ist in diesem Falle gleichzusetzen mit Leben auf der irdischen Ebene. Des Weiteren war das Schulgebäude nicht fertiggestellt – es fehlten die Fenster! Was wiederum heißen soll: Du hast noch etwas zu lernen, es fehlt noch der Durchblick!

Die spätere Verwandlung in einen 11jährigen Jungen steht für die Möglichkeit, nach einen Aufenthalt im Jenseits wiedergeboren zu werden.

Die Person, welche dich zurechtgewiesen hat, war dein Hohes Selbst.

Todessehnsucht

Mitte November 93:

Ich hatte alles erledigt, was ich mir vorgenommen hatte! Ein dicker Abschiedsbrief war verfasst. Ich hatte meine Wohnung aufgeräumt, alle Rechnungen bezahlt und war rundum vorbereitet auf den endgültigen Eintritt in die jenseitige Welt. Heute Nacht wollte ich es beenden! Diese irdische Ebene hatte keine Verlockungen mehr für mich!

Ich war in einer feierlichen Stimmung, so wie man sich fühlt, wenn man auswandert oder für längere Zeit ins Ausland geht! Ich trank noch ein Glas Wein und rauchte ganz bewusst meine letzte Zigarette. Ich wusch noch einmal meinen irdischen Körper und zog mir einen frischen Schlafanzug an. Noch ein letzter Blick durch meine Wohnung – alles okay! So konnte ich es lassen!

Ich legte mich ins Bett und verkündete Micro: Ich werde jetzt meinen Körper verlassen und die Silberschnur zerreißen!

Ich löschte das Licht und legte mich auf den Rücken. Nach einer Stunde war ich immer noch hellwach. Ganz offensichtlich wollte sich mein feinstofflicher Körper nicht lösen, oder Micro verhinderte das. Ich dachte nach. Wenn es also so nicht ging, würde ich eine andere Lösung finden: Ich sagte meinem Herzen: „Ich möchte, dass du meinen Kreislauf nach unten fährst und stehenbleibst!"

Wieder wartete ich. Ich wurde ganz ruhig. Allmählich wurden meine Beine und Arme kalt, ich war immer noch hellwach.

Plötzlich sagte eine Stimme zu mir:

„Wenn du es wirklich möchtest, kannst du das jetzt durchziehen! Aber dann wirst du noch einmal geboren!"

Ich dachte: Mist! Noch mal geboren werden, war wirklich das Letzte, was ich wollte!

Ich programmierte um: „Rückwärtsgang! Wir machen weiter!"

Ich rieb meine Arme und Beine wieder warm und stellte mich auf ein Weiterleben auf irdischer Ebene ein. Begeistert war ich nicht gerade, aber da ich nun schon mal 34 Jahre durchgehalten hatte, wollte ich nicht noch einmal bei Null anfangen!

Meister Konfuzius erklärt:

Als Erstes möchten wir dir danken, dass du das Kapitel nicht herausgeschnitten und weggelassen hast, wie du es ursprünglich wolltest!

Wir wissen, dass Lebensunlust und gar Selbstmordgedanken auf irdischer Ebene ein Tabu-Thema sind. Aber ihr werdet es mit Sicherheit nicht verändern, indem ihr wegschaut und eure Ohren verschließt. Die Gesellschaft erwartet, dass ihr lachend und fröhlich drauflos lebt, selbst dann, wenn ihr in eurem Inneren vor Verzweiflung schreit.

Im feinstofflichen Bereich gibt es keine Tabu-Themen!

Im Gegenteil, circa 80% der auf der Erde lebenden Menschen kommen irgendwann in ihrem Leben an einen Punkt, wo sie glauben, dass alles sinnlos ist und sie sich gern vorzeitig verabschieden würden.

Auf der Traumebene gibt es Schulungskurse, in denen ihr lernt, wie die Lebensfreude zurückkehrt. Aber oftmals ist es darüber hinaus notwendig, dass ihr auch in eurem Leben neue Wege beschreitet! Denn die Lebensunlust sagt deutlich aus: Ich bin mit der derzeitigen Gestaltung meines Lebens höchst unzufrieden! Ich sehne mich nach einer Veränderung, traue mir diese aber nicht zu.

Weihnachten 1993

Der Dezember kam. Gesundheitlich war ich in Top-Verfassung, mir fehlte nichts!

Falls also Tante Erna mit ihrer Voraussage Recht behalten sollte, konnte ich jedenfalls eine schleichende Krankheit ausschließen!

Meiner Familie hatte ich noch immer kein Wort gesagt, ich wollte sie nicht in Panik versetzen. Allerdings hatte ich den Abschiedsbrief für alle Fälle behalten.

Mit Heidi hatte ich seit 4 Wochen die Übereinkunft getroffen, dass wir täglich telefonierten. Ängstlich war ich nicht übermäßig, aber es bestand ja auch die Möglichkeit, dass meine Seele einen Unfall geplant hatte. Ich selbst hatte mich dafür entschieden durchzuhalten, weil die Alternative „Wiedergeburt" doch nicht so verlockend war.

Am 8. musste ich von meiner Firma aus drei Tage zu einem Lehrgang. Obwohl es mir vorher überhaupt nicht in den Plan passte, war es dann doch eine willkommene Abwechslung. Mit jedem Tag rückte Weihnachten näher. Die Geschenke hatte ich dieses Jahr sehr früh besorgt und auch gleich verpackt.

Ich ging häufiger als sonst abends mit Heidi aus. Wir trafen uns in unserer Stammkneipe und redeten viel und sehr offen miteinander. Sie kümmerte sich rührend um mich: Ich erinnere mich, dass sie jedesmal, nachdem wir uns getrennt hatte, noch einmal bei mir anrief, um zu überprüfen, ob ich auch heil meine Wohnung erreicht hatte!

Dann war plötzlich Weihnachten, und ich erfreute mich noch immer bester Gesundheit, und es war auch zu keinem Unfall gekommen. Den Abschiedsbrief verbrannte ich zu Neujahr!

Ich bin du und du bist ich!

Anfang Januar 1994:

Ich hatte in einem Seth-Buch eine Anleitung gefunden, welche dort als „Türen öffnen" beschrieben wurde und mit welcher man in Bereiche des Unterbewusstseins vordringen konnte.

Ich probierte das erste Mal diese Methode, versetzte mich in Trance und stellte mir vor, lange Flure mit Türen zu durchqueren. Die Zahl meiner Türen schien endlos zu sein.

Schließlich packte mich die Wut, und ich stellte mir vor, in ein Wasserbecken zu springen!

Zu meiner eigenen Verwunderung schwamm ich plötzlich tatsächlich im Wasser. Ich erklomm das Ufer und wurde von Micro erwartet. Er hatte diesmal keine Sonnenstrahlenfrisur, sondern sein ziviles Aussehen mit den langen dunklen Haaren. Ich erwartete, zurückgeschickt zu werden, es kam allerdings anders: Micro war überaus freundlich und liebenswert!

Allem Anschein nach hatte er nichts gegen die neue Methode!

Wir lagen nebeneinander auf einer Decke am Ufer des Sees, alberten herum und lachten. Er sagte zu mir: „Ich war einmal ein berühmter Schauspieler am Theater." Hübsch genug war er! Micro sah fantastisch aus und ich wusste, er hatte irgendetwas mit mir und meiner Vergangenheit zu tun.

Plötzlich stieg in mir ein schwer zu beschreibendes Gefühl auf: Es war ein überaus intensives Gefühl der Zusammengehörigkeit! Es besagte mit aller Deutlichkeit:

Ich bin du, und du bist ich! Wir sind eins!

Als nächstes folgte ein Szenenwechsel: Wir waren plötzlich auf einer winterlichen Schlitterbahn. Wir hielten uns an den Händen und rutschten die Eisbahn hinab. Wir hatten viel Spaß dabei. Es war noch ein zweites Pärchen auf der Bahn, die ebenfalls schlitterten. Ich schenkte ihnen aber wenig Beachtung und konzentrierte mich mehr auf die Bewegung und dieses faszinierende Gefühl der Einheit!

Außerdem saß noch eine Gestalt am Rande, welche in einem Buch las. Sie war gekleidet wie ein Mönch. Ich sagte scherzweise zu den anderen: „Er ist der große Buddha! Und wir müssen ihn anbeten!"

Ich lachte darüber. Mein Bewusstsein fing langsam an zu flackern, und ich schlief übergangslos ein.

Später erwachte ich im Wohnzimmersessel. Ich empfand auch jetzt noch sehr stark das Zusammengehörigkeitsgefühl mit Micro. Aber ich wusste zu diesem Zeitpunkt nicht, wie ich es einordnen sollte!

Meister Konfuzius erklärt:

Glückwunsch! Das war die Technik, die wir als „inneres Reisen" bezeichnet haben.

Das Gefühl der Einheit empfindest du besonders intensiv gegenüber deiner eigenen geistigen Familie. Die geistige Familie besteht aus deinem Hohen Selbst und mehreren weiblichen und männlichen Seelen, die im Ursprung Eins waren. Das bedeutet, bevor ihr euch in die Dualität begeben habt, waren alle Mitglieder eurer Seelenfamilie (Hohes Selbst und geistige Geschwister) eine einzige androgyne Gottheit – ein hochentwickeltes Wesen, welches beschlossen hat, das Abenteuer der Polarität und des Vergessens zu durchlaufen. Bei Betreten des Dualen Universums entsteht aus einem ursprünglich androgynen Wesen eine Seelenfamilie. Das Hohe Selbst bleibt im feinstofflichen Bereich und behält den Überblick darüber, wo seine Seelenanteile gerade ihre Abenteuer erleben. Es ist androgyn, kann sich aber sowohl weiblich als auch männlich darstellen, weil alle irdischen Inkarnationen, die ihr gelebt habt auch im Hohen Selbst abgespeichert sind.

Das Gefühl der Einheit, welches in dir hochkam, taucht dann auf, wenn sich eine Seele nach dem Ende des Inkarnationszyklus sehnt. Dieses Einheitsgefühl ist eine Zellerinnerung in euch an einen Zustand, als ihr noch einen ungeteilten, androgynen Körper besaßt und Dualität für euch ein Fremdwort war. Dann kommt die Rückerinnerung an ein Gefühl, bei dem ihr euch als „ganz" wahrgenommen habt.

Das war für dein Hohes Selbst das Signal, dass es Zeit würde, dich mit deinen Seelengeschwistern zusammen zu bringen.

Der Mönch mit dem Buch war das Hohe Selbst deiner Freundin Heidi. Du kanntest es aus dem jenseitigen Bereich und solltest auf ein Treffen vorbereitet werden.

Seelen-Geschwister

22. 01. 94 nachts:

Dieses merkwürdige Gefühl der Einheit, das ich erfahren habe, beschäftigt mich sehr stark. Es war einfach gigantisch! Ich habe noch nie etwas ähnlich Intensives erlebt. Es war, als ob sich alles andere auflöst und unwichtig wird. Ich spürte nur noch Ganz-Sein, Frieden und Wohlempfinden in einer Potenz, für die man neue Worte erfinden müsste! Ich meditierte in der Hoffnung, dass ich dieses starke Gefühl der Einheit wiedererlebte. Einen Hauch davon kann ich in mir erzeugen, aber es ist nicht dasselbe wie damals!

In einer dieser Meditationen traf ich Micro:

Wir lagen zusammen auf dem Fußboden meines früheren elterlichen Wohnzimmers in Dresden und unterhielten uns. Er erzählte mir etwas über die Seelenfamilie und dass diese aus einem Hohen Selbst und mehreren Brüdern und Schwestern bestand. Ich fragte: „Wie viele Geschwister habe ich?“ Er antwortete: „Außer dir gibt es noch drei!“

Meine geistige Schwester Ines

28. 01. 94 nachts:

Ich war im Traum zu Besuch bei meiner „Schwester“, sie hatte dunkle, lockige, lange Haare und war dieselbe Frau, die mich im „Bäckerladen“ bedient hatte, und mein Gefühl, dass es sich bei der Person um meine Schwester handelte, war sehr stark.

Sie wohnte in einer schönen, alten Villa. Wir schauten uns gemeinsam die Räume an.

Als Nächstes kam jemand, der mich abholen wollte. Meine Schwester begleitete mich zur Tür. Die andere Person war schon weg. Ich lief zum unteren Ausgang des eingezäunten Geländes. Dort stand ein Auto, und jemand wartete auf mich. Als ich es fast erreicht hatte, fuhr der Fahrer los, fuhr um das Gelände herum und parkte am oberen, gegenüberliegenden Ausgang. Zwischen mir und dem oberen Ausgang war plötzlich ein riesiger Schrottplatz, über den ich erst mühsam hinwegsteigen musste.

Ich hatte Bedenken, er würde ohne mich abfahren, und beeilte mich, aber es war anstrengend, über den Schrott zu klettern.

Endlich erreichte ich den oberen Ausgang: Im Wagen saß Micro. Ich nahm auf dem Beifahrersitz Platz. Wir fuhren los. Während der Fahrt beobachtete ich, wie auf meinem Außenspiegel Zahlen abliefen. Ich wunderte mich darüber.

Im nächsten Moment wurde ich im Bett wach. Ganz offensichtlich habe ich noch irgendwelchen Schrott zu bearbeiten!

Meister Konfuzius erklärt:

Es war dringend notwendig, dass du in eine Richtung gelenkt wurdest, wobei du dir eigener Muster, deiner ausgeprägten Opfermentalität, deiner Neigung, die Angelegenheiten deines Lebens als frustrierend zu bewerten, bewusst wurdest, um sie anschließend zu verändern.

Erst dann wärest du für die geistige Welt ein würdiger Botschafter!

Es reicht nicht aus, wenn ihr eure Nase in schwer zugängliche Ebenen steckt und dann mit diesem Halbwissen hausieren geht! Das wäre nur ein himmlischer Glitzer, der euch das Flair des Besonderen verleiht, aber auch schnell verraucht. Euer Ego wäre davon angetan.

Eine wirkliche revolutionäre Veränderung geschieht aus euch selbst heraus, indem ihr die Schmerzen zulasst, hinschaut, was euch belastet, eure persönlichen Verstrickungen erkennt und lernt, eure Gedanken zu beobachten und zu verändern!

In diese Richtung solltest du gelenkt werden!

Alter Mann in Mönchskutte

12. 02. 94 nachts:

Ich hatte versucht, eine Astralreise zu machen, war aber immer wieder im Sessel eingeschlafen. Gegen 4.00 Uhr ging ich ins Bett. Vor dem Einschlafen jammerte ich Micro vor, wie gern ich wieder mal Fliegen würde!

Beim Eindösen spürte ich, wie jemand die Decke fester über mich zog.

Ich fragte: „Micro, kann ich doch eine Astralreise machen?“ Er antwortete: „Nein!“ Im nächsten Moment war ich eingeschlafen und mein Traumkörper trennte sich – die Szene ging weiter:

Mein Traumkörper erhob sich aus dem Bett. Im Sessel in meinem

Schlafzimmer saß ein älterer Mann und erhob sich ebenfalls. Er war etwas korpulent, hatte dichte weiße Haare und trug eine Mönchskutte.

Mit Micro, den ich erwartet hatte, hatte er nicht die leiseste Ähnlichkeit! Meinem Gefühl nach war es jemand anderes, auch kam er mir vertraut vor.

Ich ging hin, umarmte ihn kurz zur Begrüßung und fragte sogleich: „Könnte ich nicht doch eine Astralreise machen?“

Ziemlich blöde Frage! In dem Moment fiel mir gar nicht auf, dass ich schon mittendrin war. Er überging die Frage völlig und zeigte mir einen Briefumschlag mit aufgeklebten Herzchen. Er fragte mich, wie ich den Umschlag gebastelt hätte?

Ich sagte: „Der Briefumschlag ist nicht gebastelt! Das sieht man doch! Solche gibt’s in jedem Laden!“

Als Nächstes wollte er wissen, wie ich die Herzchen gemacht hätte?

Ich verstand nicht, was er immer mit diesem Umschlag wollte! Allem Anschein nach war er davon überzeugt, dieser Brief sei von mir! Ich sah ihn aber selbst zum ersten Mal! Oder er benutzte diesen Brief nur, um mich vom Fliegen abzulenken.

Ich wollte ihm gerade sagen, dass ich aus dem Alter, wo man Herzchenbriefumschläge verschickt, längst heraus sei, da schellte das Telefon! (nicht physisch, sondern feinstofflich)

Ich verließ den Raum und ging ins Wohnzimmer. Das klingelnde Telefon stand auf dem Ölofen – da hätte ich es nie hingestellt!

Ich nahm den Hörer ab und meldete mich.

Die Stimme einer Frau setzte mich davon in Kenntnis, dass ich vorhin in der Apotheke meinen Lottoschein vergessen hätte!

Ich wusste von keinem Lottoschein und spielte auch nie Lotto! Ich sagte ihr, sie müsse sich verwählt haben!

Ich legte auf und dachte: „Wegen solchem Mist holt sie mich mitten in der Nacht aus dem Bett!“

Danach setzte mein Bewusstsein aus, ich schlief ein.

Am Abend dieses Tages war Heidi bei mir zu Besuch. Ich erzählte ihr von dieser eigenartigen außerkörperlichen Erfahrung. Als ich bei der Szene mit dem Telefonanruf angelangt war, fiel ihr fast vor

Aufregung das Essen aus dem Munde, sie ließ mich kaum aussprechen, so aufgekratzt war sie plötzlich.

Sie erzählte mir, was sie selbst geträumt hatte:

In ihrem Traum sollte sie für ihre Mutter eine Arznei besorgen und war in die Apotheke gefahren. Vorher hatte sie bei der Lottostelle angehalten und einen Schein ausgefüllt. Mit dem Lottoschein in der Hand hatte sie die Apotheke betreten und das Medikament besorgt. Außer ihr war noch eine alte Frau im Geschäft, welche nach ihren Angaben ebenfalls gerade Lotto gespielt hatte. Heidi fiel der Gewinnschein aus der Hand. Er löste sich in Luft auf und war plötzlich verschwunden!

Meister Konfuzius erklärt:

Der alte Mann in der Mönchskutte war das Hohe Selbst deiner Freundin Heidi. Du kanntest es aus der Zeit zwischen den Inkarnationen und hattest es auch bei der Rutschpartie getroffen.

Der Herzchenbriefumschlag war ein Versuch, dein Interesse in Richtung Liebe zu lenken. Du hattest gerade auf irdischer Ebene einen neuen Kollegen, für den du unterschwellig Interesse zu haben schienst. Eine neue Liebe hätte deine Erdung gestärkt, aber du warst nicht wirklich bereit!

Dadurch, dass du das Hohe Selbst deiner Freundin trafst, gab es Überschneidungen im Traumerleben.

Der Fragentest

19. 02. 94 nachts:

Ich hatte ziemlich lang Fernsehen geschaut, mit der Absicht, anschließend eine Astralreise zu machen. Ich benutzte jetzt die Technik des „Türenöffnens“.

Beim Vorstellen der Türen hatte ich so meine Schwierigkeiten, deshalb stellte ich mir lieber vor, ich könnte fliegen!

Es klappte hervorragend! Fast augenblicklich flog ich über Bäume und durch Äste. Ich bin mitten durch die Äste hindurch geflogen, ohne einen Widerstand zu spüren.

An meinem Landungsort war es taghell.

Da gab es ein Haus am Waldrand, eventuell war auch noch ein See in der Nähe. Micro erwartete mich.

Wir lagen auf einer Decke, und ich freute mich, ihn zu sehen. Anschließend sind wir spazieren gegangen. An die Unterhaltung kann ich mich nur noch sehr wenig erinnern. Ich weiß nur, dass Micro mich auf verschiedene Bäume und Pflanzen aufmerksam machte.

Anschließend gingen wir ins Haus hinein. Da war ein kleiner Raum, der verblüffenderweise Ähnlichkeit mit meinem früheren Kinderzimmer hatte. Ich lag auf einer Couch. Micro saß an einem Schreibsekretär mit heruntergeklappter Schreibplatte. Er stellte mir Fragen und füllte offenbar einen Bogen aus. An zwei Fragen kann ich mich noch erinnern. Die erste lautete:

„Erkläre mir die Position des Hohen Selbstes!“

Ich antwortete: „Du bist mein Hohes Selbst!“

Danach fragte er: „Welcher Tag ist hier heute?“

Ich dachte einen Moment nach und sagte: „Ich denke, der gleiche Tag wie auf der Erde!“

Die Antworten waren beide falsch! Er hatte nach der Position des Hohen Selbstes gefragt und nicht wer das sei. Bei genauerem Nachdenken hätte ich das mit der Zeit auch wissen müssen! Zeit gibt es in Wirklichkeit nicht! Sie wird nur als Hilfsmittel auf der Erde verwendet!

Micro wertete die Befragung aus und sagte, ich hätte insgesamt drei Fragen falsch beantwortet. Er zählte mir die falsch beantworteten Fragen auf, zwei davon habe ich mir gemerkt, er verriet mir aber nicht die richtigen Antworten.

Vermutlich sollte ich sie selbst herausfinden!

Meister Konfuzius erklärt:

Es war ein Test, bei welchem dein Lehrer schauen wollte, inwieweit dein Wachbewusstsein mit spirituellem Wissen vertraut war. Du solltest schrittweise vorbereitet werden auf höheres Wissen von aufgestiegenen Meistern und Erzengeln.

Das Ouija-Brett

04. 03. 94 abends:

Eine Arbeitskollegin hatte mir erzählt, dass ihre Töchter erfolgreich mit dem Ouija-Brett Kontakt zu Verstorbenen aufgenommen hatten. Sie hatten sich dieses Brett selbst gebastelt und schon mehrere Gespräche geführt. Ich hatte darüber schon in Büchern gelesen, konnte mir aber eigentlich nicht vorstellen, wie ein Geist, der ja unserer materiellen Welt gegenüber gasförmig war, im Stande sein sollte, ein Glas zu bewegen?

Außerdem betrachtete ich das Ganze etwas herablassend, so nach dem Motto:

„Das ist Nervenkitzel für alte Weiber und Teenager! Ich habe etwas Besseres: Astralreisen!“ Leider wurden meine Astralreisen seltener, und ich litt sehr unter dem Verlust!

Also sagte ich mir: Es ist besser als gar nichts und wollte es auch mal probieren. Ich überredete Heidi, die anfangs überhaupt nichts damit zu tun haben wollte.

Also baute ich mir auf dem Küchentisch nach Anleitung von Lillys Töchtern ein Ouija-Brett. Am Freitag wollten wir es testen!

Das Ouija-Brett bestand aus allen Buchstaben des Alphabetes, den Zahlen von Null bis Neun und hatte außerdem ein „Ja-“ und „Nein“ -Feld.

Wir stellten ein Weinglas verkehrt herum auf den Tisch, nahmen gegenüber Platz und legten je einen Finger an den Glasrand. Ab und zu fragten wir, ob jemand da sei?

Und damit ging die Warterei los! Nichts passierte!

Etwa eine Stunde haben wir durchgehalten, danach mussten wir dringend eine rauchen und gaben es auf!

Später am Abend – Heidi war mittlerweile gegangen – nickte ich im Wohnzimmersessel ein und dabei kam eine von Micros Miniszenen: Ich hatte das Gefühl, eben im Wohnzimmersessel wach zu werden, ich öffnete meine Augen und streckte mich. Das Zimmer stimmte soweit, nur der zweite Sessel war etwas weiter weggerückt. An der gegenüberliegenden Sessellehne kroch ein weißer, milchiger Nebel nach oben. Dieser Nebel kam blitzschnell über die Armlehne auf mich zu, verschwand in meinen Kleidungsstücken und drang in meinen Körper ein. Mein gesamter Körper wurde von einem Prickeln durchflutet. Es fühlte sich angenehm an.

Danach war ich wach. Der Sessel stand wieder an der richtigen Stelle, und der Nebel war verschwunden. Die Szene sollte mich wahrscheinlich vor der Möglichkeit des Besessenwerdens warnen!

In der folgenden Nacht träumten sowohl Heidi als auch ich von einer völlig heruntergekommenen Traumebene, wo Saufgelage und Sexorgien stattfanden. Ich war richtig froh, als der Traum zu Ende war und ich wieder wach wurde. Es war sicherlich ein Hinweis, welche Ebenen wir mit dem Ouija-Brett erreichten.

Wir haben es nie wieder angerührt!

Meister Konfuzius erklärt:

Dir war unklar, auf welche Weise ein Geistwesen ein Glas bewegen könnte? Die Szene im Anschluss war die Antwort darauf. Der Geist dringt in eine Person ein und benutzt sozusagen ihren Körper, um das Glas zu bewegen.

Da aber eure unmittelbare geistige Umgebung eine Licht- und Schattenebene ist, gibt es da auch viele zurückgebliebene Seelen oder Frischverstorbene, die ihre persönlichen Ansichten weitergeben. Für einige Menschen kann es der Einstieg in die Spiritualität sein, aber wir möchten trotzdem vor der Qualität der Antworten warnen. Wer seinen Körper für Geistwesen aus niedrigen Ebenen öffnet, bekommt nicht selten geistige und körperliche Probleme. Es ist wie eine Beschmutzung eures Entwicklungsstandes!

Beamen und Zurückschicken

Ich beschäftigte mich mit der Frage, was beim sogenannten „Beamen“ eigentlich passierte?

Mir war es bisher bei einigen Astralreisen und auch bei Wachträumen vorgekommen, dass sich plötzlich die Umgebung vollkommen verändert hatte, wobei ich mich an keinerlei Fortbewegung erinnern konnte. Ich stand mehrere Male von einem Augenblick zum anderen in völlig veränderter Umgebung, obwohl ich geschworen hätte, dass ich mich keinen Millimeter von der Stelle bewegt hatte!

Ich wollte es genau wissen!

Als Antwort erlebte ich das „Beamen“ in Zeitlupe:

Es war alles andere als angenehm! Beim Körperaustritt hatte ich das Gefühl, mich mit haarsträubender Geschwindigkeit pirouettenartig um die eigene Achse zu drehen. Ich machte schnell die Augen zu, da mir furchtbar schwindlig wurde. Als die Drehbewegung zur Ruhe kam und ich die Augen wieder öffnete, stand ich in meiner Firma, etwa acht Kilometer von meiner Wohnung entfernt.

Mir war immer noch sehr übel, und ich stürzte mich auf die nächstbeste Sitzgelegenheit und wartete erstmal ab, bis sich mein Befinden wieder normalisierte. Ich stand auf und lief durch die Halle. Kein Zweifel, es war die Produktionshalle der Firma, in der ich arbeitete!

Im nächsten Moment setzte die Drehbewegung wieder ein, ich drehte mich abermals mit rasanter Geschwindigkeit um mich selbst, entmaterialisierte mich und war als Nächstes wieder daheim im Sessel. Als ich die Augen öffnete, drehte sich noch das Wohnzimmer. Ich kam mir vor, als hätte ich einen Vollrausch, obwohl ich nichts getrunken hatte.

Würden alle Astralreisen so unangenehm verlaufen, hätte ich es wahrscheinlich längst aufgegeben!

Ein anderes Mal erlebte ich das „Zurückschicken“ aus einem Traum sehr deutlich:

Ich war im Wohnzimmersessel eingeschlafen und träumte, ich säße in einem Kino. Vorn war die Leinwand, der Vorhang schloss sich gerade. Neben mir tauchte Micro auf. Er sagte, die erste und die dritte Szene seien besonders wichtig! Ich solle sie mir merken!

Ich versprach es. Er streichelte mich liebevoll und legte die Arme rechts und links auf die Armlehnen. Dann sagte er:

„So, und jetzt gibt’s noch einen Schluck Alkohol!“

Etwas zu trinken gab es nicht, stattdessen spürte ich die Drehbewegung, mir wurde leicht schwindlig.

Im nächsten Moment erwachte ich daheim im Wohnzimmersessel, meine Arme lagen rechts und links auf den Sessellehnen. Das Schwindelgefühl beruhigte sich.

An die zwei Szenen aus dem Kino hatte ich keinerlei Erinnerung, dafür hatte ich das „Zurückschicken“ live erlebt!

Meister Kuthumi erklärt:

In der feinstofflichen Ebene gibt es unterschiedliche Fortbewegungsarten: Einmal können wir uns ganz normal schwebend bewegen, was am ehesten eurem Laufen auf irdischer Ebene vergleichbar ist. Dann kann jeder Seelenkörper fliegen, und zwar ohne Flügel. Es ist eine schnellere Bewegungsart, so ähnlich wie auf der Erde die Autos. Nur benötigen wir dazu kein Auto! Der feinstoffliche Körper ist einfach so ausgestattet, dass Fliegen vollkommen normal ist. Ihr erlebt es auch in euren Träumen.

Die schnellste Bewegungsart ist allerdings das Beamen, es wird hauptsächlich bei längeren Strecken benutzt. Dabei entmaterialisiert sich der feinstoffliche Körper, zieht sich in einen Kern zurück, welcher mit Lichtgeschwindigkeit reist und sich am Zielort wieder materialisiert oder aus dem Kern entblättert. Die unangenehme Drehbewegung spürt nur der physische Körper, wenn ihr unmittelbar nach dem Beamen wach wird.

Woher kenne ich meine Freundin Heidi?

20. 03. 94:

Beim Eindösen abends bemerkte ich, dass Micro neben meinem Bett stand. Ich löste mich vom Körper und erzählte ihm, dass ich gern herausfinden würde, ob ich meine langjährige Freundin Heidi aus einem früheren Leben kenne?

Er sagte: „Okay! Fliegen wir hin!“

Wir flogen Hand in Hand über eine große Stadt. Mir war es rätselhaft, wie ich ihre Wohnung finden sollte?

Plötzlich erkannte ich unter mir eine markante Brücke, es war das „Blaue Wunder“ in Dresden. Ich brach abrupt und irritiert den Flug ab und jammerte: „Aber das ist ja Dresden! Hier werde ich sie nie finden!

Ich weiß ja nicht mal, in welche Richtung der Schwarzwald liegt!"

Micro schenkte mir einen langen, nachdenklichen Blick und sagte schließlich:

„Dann eben nicht!"

Als ich wieder in meinem Bett lag, habe ich mich geärgert. Irgendwie hatte ich mir eingebildet, ich müsste diese Reise in die Vergangenheit von ihrem derzeitigen Wohnort aus starten! Warum eigentlich? Manchmal kann das Wachbewusstsein auch sehr hinderlich sein!

Micros Verletzung

21. 04. 94 abends:

In der Einschlafphase hatte ich einen Wachtraum:

Ich trennte mich gerade vom physischen Körper und spürte, wie jemand nach mir griff. Es war Micro. Ich hielt seine Hand fest. Er sagte, ich solle ihn kurz loslassen, er habe eine Verletzung am Fuß. Darüber habe ich mich gewundert, weil ich glaubte, der feinstoffliche Körper könne keine Verletzungen haben!

Er kratzte sich am Knöchel. Ich schaute hinunter und entdeckte, dass er haargenau an der gleichen Stelle wie ich eine kleine Wunde hatte.

Ich fragte: „Tut es sehr weh?"

Er antwortete: „Es ist nicht schlimm! Nur wie eine kleine oberflächliche Schürfwunde!"

Danach bin ich eingeschlafen.

Im Nachhinein habe ich mir darüber Gedanken gemacht: Ich hatte genau dieselbe Wunde am Knöchel. Es war ein alter Mückenstich am Fußknöchel, den ich regelmäßig über Monate immer wieder aufkratzte. Die Tatsache, dass Micro dieselbe Wunde hatte, bestärkte mich in der Annahme, dass er mein Hohes Selbst war. Nur so konnte ich mir diese Übertragung erklären!

Nach diesem Erlebnis habe ich die Kraft aufgebracht, dem Kratzen zu widerstehen, so dass die Stelle endlich verheilen konnte!

Meister Konfuzius erklärt:

Im Hohen Selbst werden alle Inkarnationserfahrungen der Seelenfamilie abgespeichert. Alle deine Leben und die deiner Seelengeschwister werden als gemeinschaftliche Erfahrung zusammengetragen und sind auch später abrufbar. Deshalb hast du Micro auch mit einer großen Familienähnlichkeit gesehen, als er sein Licht erstrahlen ließ. Und so konnte er auch deine Kratzwunde spiegeln.

Die verblüffende Wirkung einer gedanklichen Operation

29. 04. 94 nachts:
Ich hatte im Januar 94 begonnen, meine Träume zu notieren.
Die Ausbeute war sehr unterschiedlich, mal erinnerte ich mich außerordentlich gut, mal kamen nur einzelne Bilder, und einige Male hatte ich überhaupt keine Erinnerung.
Das absolute Tief hatte ich in der letzten Aprilwoche. Es war nicht nur so, dass ich mich an nichts erinnern konnte, sondern meine Träume glichen einer tiefen Ohnmacht. Auch die Einschlafphase hatte sich total verändert: Für gewöhnlich ist es so, dass man in der Einschlafphase sein Bewusstsein langsam nach unten pendelt, ein warmes, einlullendes Gefühl macht sich im Körper breit und eine Art innerer Motor läuft an, der dann vermutlich die Herrschaft über den physischen Körper übernimmt, bevor sich der Traumkörper trennt.
Ich hatte die einzelnen Stadien schon oft beobachtet!
Ganz anders war es jetzt:

Es gab keine langsame, beruhigende Bewusstseinsveränderung – ich weiß überhaupt nicht, auf welche Weise ich eingeschlafen bin. Dass ich geschlafen haben musste, wurde mir immer erst beim Erwachen klar – es waren mehrere Stunden vergangen. Auch hatte ich keinerlei Traumerinnerung. Dafür war ich beim Erwachen enorm aggressiv und gereizt. Ich war seit Tagen außerordentlich depressiv, und mein Lebenswille sank auf Friedhofsstimmung.

Ich war ziemlich verzweifelt und versuchte alles Mögliche, um dagegen anzukämpfen. Tagsüber legte ich mir eine Beschäftigungstherapie zu, begann den Flur zu streichen, half Heidi im Garten, außerdem hatte ich dreimal nach der Arbeit Erste-Hilfe-Kurs. Ich war eigentlich recht beschäftigt, aber mich kotzte jeder einzelne Handgriff an. Beim Flurstreichen hatte ich schon nach wenigen Metern die Nase voll, musste es aber jetzt, nachdem ich begonnen hatte, irgendwie zu Ende bringen!

Abends im Bett redete ich mir jeden Tag ein: Ich werde mich an meine Träume erinnern!

Die Wirkung war gleich Null!

Ich wurde plötzlich „ohnmächtig“ und wachte Stunden später wieder auf.

Irgendwie bestand zwischen meinem Traumbewusstsein und meinem Wachbewusstsein eine völlige Blockade, die meine Nerven allmählich an den Rand des Wahnsinns trieb.

Am Donnerstag hatte meine Verzweiflung den Höhepunkt erreicht: Ich hatte Angst davor einzuschlafen, ich hatte Angst davor, einen weiteren Tag voller Depressionen und Aggressivität zu erleben.

Ich erzählte Micro in Gedanken all meinen Ärger, fing an zu heulen und las schließlich in einem Buch, um mich abzulenken. Müde wurde ich nicht – ich war voller innerer Panik!

Nach zwei Stunden war ich immer noch ohne die geringsten Ermüdungserscheinungen – auf irgendeine Weise muss ich dann doch eingeschlafen sein, denn gegen 3.45 Uhr wurde ich wach.

Ich stellte als Erstes fest, dass mein Schlaf wieder einer Ohnmacht geglichen hatte. Ich war augenblicklich hellwach und voller Panik!

Allem Anschein nach wollte Micro mir auch nicht helfen!

Ich fing wieder an zu heulen und bat ihn, er solle mir da helfen, weil ich es nicht mehr länger ertragen könne! Es passierte absolut nichts!

Ich begann nachzudenken, was ich selber dagegen unternehmen könnte.

Ich erinnerte mich daran, wie ich damals Micros Dachziegel weggesprengt hatte. Es war recht einfach gewesen, so erschien es mir jedenfalls heute.

Aber diesmal hatte ich nichts Greifbares, es war einfach eine Blockade zwischen meinem Traum- und Wachbewusstsein vorhanden, und mein Schlaf hatte auch nichts Erholsames! Plötzlich erinnerte ich mich an etwas, was ich vor einigen Wochen einmal gedacht hatte: Ich wusste zufällig genau, an welchem Tag ich diesen Gedanken hatte: Es war am Ostermontag! Lag also dreieinhalb Wochen zurück.

Damals hatte ich mich über einen dämlichen Traum geärgert und mir vorgestellt, man müsste, wenn man irgendwelchen Mist träumt, das Traumbewusstsein mit einer Klammer unterbinden und damit die anscheinend schlechten Träume gleich aussortieren, so dass sie gar nicht erst durchfließen konnten!

Die Wirkung war nicht sofort zu spüren, es wurde allmählich immer intensiver, bis ich schließlich anstatt normal zu schlafen eine Art Ohnmacht erlebte.

Wahrscheinlich hatte dieser Gedanke wie ein posthypnotischer Befehl gewirkt, jedesmal, wenn ich irgendwelchen „Mist“ träumte, ging die Klammer etwas mehr zu!

Nun sann ich darüber nach, wie ich die Blockade wieder aufheben konnte.

Ich stellte mir vor, mein Traumkörper schwebe über mir und war mit einer Schnur mit meinem physischen Körper verbunden. Die Schnur hatte das Aussehen einer Arterie von der Stärke eines Gartenschlauches und war mit einer riesigen Wäscheklammer abgeklemmt. Ich agierte in Gedanken wie ein Chirurg, klemmte das Stück mit der Wäscheklammer an beiden Enden ab, trennte es heraus, setzte einen künstlichen Schlauch dazwischen und entfernte die beiden Klemmen. In meinen Gedanken blähte sich die Arterie auf, wurde von Leben durchpulst, das ungehindert fließen konnte.

Insgesamt wiederholte ich die Vorstellung der Operation dreimal, um sicherzugehen, dass es auch wirkte.

Die Wirkung zeigte sich sofort:

In meinem Körper breitete sich eine warme, harmonische Ruhe aus, die Pendelbewegung setzte ein und die Einschlafphase, wie ich sie von früher her kannte, vollzog sich. Natürlich habe ich auch geträumt!

Nach dem Aufwachen am Morgen war ich ruhig und entspannt – meine Welt war wieder in Ordnung!

Ich war verblüfft darüber, mit welch einfachen Mitteln man schier unlösbar scheinende Probleme in Rekordzeit reparieren konnte!

Meister Kuthumi erklärt:

Deine gedankliche Operation ist ein Paradebeispiel dafür, wie sich durch einfachste Visionen Blockaden im geistigen Bereich beheben lassen. Du selbst bist ein schöpferisches Wesen! Das bedeutet, deine Gedanken und Vorstellungen werden Realität. Eines Tages werdet ihr das bereits im Kindergarten lernen.

Eure psychischen Krankenhäuser sind derzeit voll mit Menschen, die gestört und krank sind, weil sie eine Blockade zwischen Traum- und Wachbewusstsein erschaffen haben! Sie haben sich selbst von ihrer göttlichen Verbindung abgeschnitten und das hat massive Auswirkungen auf den Gemütszustand, die innere Zufriedenheit und Gesundheit des Menschen. Ihr benötigt diese Verbindung, wie die Luft zum Atmen!

Du hattest damals einen negativen Traum bewertet und dir vorgestellt, dass diese Träume doch in Zukunft wegbleiben sollten. Es gibt viele Menschen auf irdischer Ebene, die ähnliche Gedanken hegen.

Eure Träume brauchen euch wirklich nicht peinlich zu sein!

Wir wissen sehr genau darüber Bescheid, für welche Träume ihr euch schämt:

Viele von euch haben im feinstofflichen Bereich Liebhaber, und ihr erinnert euch mitunter an eure sexuellen Begegnungen. Das geschieht meistens, wenn ihr im Leben gerade ein Defizit auf diesem Gebiet habt. Nur, die Mehrzahl eurer Liebhaber ist nicht einmal echt, sondern von euch halluziniert. Ihr solltet es nicht bewerten! Es ist vollkommen unnötig, dass ihr euch Gedanken über eure Moral macht! In diesem Moment agiert ihr etwas aus, was euch in der Physis gerade fehlt, und nichts daran ist peinlich!

Ein anderer Punkt, der euch oft zu denken gibt, sind Wutausbrüche. Ihr erlebt es manchmal im Traum, dass ihr explodiert und erbarmungslos auf jemanden einschlagt. Was ihr dabei ausagiert, sind auf irdischer Ebene heruntergeschluckte Wut und Ärger. Bevor sie sich körperlich manifestiert, befreit ihr euch auf der Traumebene davon und verprügelt lieber eine Gedankenform. Es kommt dabei niemand zu Schaden, sondern es ist eine Befreiung für euch!

Wurde nun durch eure Bewertung eine derartige Blockade erschaffen, dass ihr euch abgetrennt habt von der Traumrealität, hat das massive Auswirkungen auf eure Nerven und das innere Gleichgewicht! Diese Abtrennung kann auch durch experimentelle Impfungen oder das Konsumieren von Drogen geschehen. Wir sprechen jetzt nicht davon, dass die Erinnerung an eure Träume schnell verblasst, sondern von dem Krankheitsbild, welches den Zugang zur Traumebene blockiert. Zur schlechten Traumerinnerung möchten wir euch sagen: Was für euch wichtig ist, kommt auf jeden Fall an!

Eine Blockade liegt erst dann vor, wenn ihr den Kontakt zur Traumebene abbestellt oder diese mit massiven Eingriffen unterbunden wurde!

Mit dieser einfachen Übung: Die Verbindung zum Traumkörper als intakt und die Silberschnur als unverletzt und durchfließend zu visualisieren, könnt ihr bestehende Blockaden beheben. Es ist sehr einfach und eine hochwirksame Möglichkeit, die sofort greift!

Hinweis: Es gibt von Ute Kretzschmar eine Meditations-CD, die diese Blockade aufhebt – sie heißt: **„Segne Deinen Schlaf“** ISBN 978-3-948034-405

Flugtraum

12. 06. 94 nachts:

Ich hatte bis ca. 1.00 Uhr in Feylers Traumbuch ein Thema über luzides Träumen gelesen. Luzides Träumen bedeutet: Man spürt im Traum, dass man träumt, und schaltet somit sein Bewusstsein dazu und agiert mit seinem Willen. Feyler gab eine Methode an, mit welcher man es im Handumdrehen lernt:

Man sollte sich, wenn man sich bei irgendwelchen Tagträumen erwischte oder einfach nur seinen Gedanken nachhing, die Frage stellen: „Stopp! Träume ich?“

Das Gleiche sollte man in der Einschlafphase wiederholen!

Ich hatte es heute vorm Einschlafen nur ein einziges Mal getestet und kann nur sagen, die Wirkung war überwältigend!

Ich lag also im Bett und stoppte mich, sobald ich Müdigkeit verspürte, ein einziges Mal. Ergebnis: Mein Wachbewusstsein blieb voll erhalten!

Ich fühlte eine Drehung im Bauch, die ein leichtes Schwindelgefühl aufkommen ließ. Im nächsten Moment löste sich mein Traumkörper und stieg auf, er flog sofort sehr zielstrebig durch die Decke. Ich war begeistert und schrie voller Euphorie, dass ich fliege und es himmlisch sei!

Mein Traumkörper drehte wieder um und flog zum Körper zurück. Ich war wieder drin. Ich spürte erneut die Drehung im Bauch und löste mich wieder vom Körper. Diesmal übernahm aber nicht mein Unterbewusstsein die Steuerung, der Traumkörper legte sich ganz einfach am Fußende vor die Betten. Ich wunderte mich darüber und fragte: Was ist denn los, warum fliegen wir denn nicht?

Irgendwie fühlte ich, dass ich diesmal dran war und die Führung übernehmen sollte! Ich erhob mich also vom Fußende und ging zum Fenster. Leider sah ich nicht sehr viel, es war dunkel. Ich meckerte darüber, dass es einfacher wäre, wenn ich etwas sehen würde!

Im nächsten Moment hatte ich das Gefühl, dass mir jemand eine Kapuze vom Kopf zog, es war augenblicklich taghell. Ich schwang mich zum Fenster hinaus und flog eine Rechtskurve. Unter mir erstreckte sich ein riesiger Park mit sagenhaften Bäumen, Palisaden, Rankgittern, Spalierbauten und Pavillons. Ich flog wie eine Besessene darin herum.

Allerdings zog ich noch den Kopf ein, wenn es unter Ästen wegging – etwas, was mein Unterbewusstsein nicht tat! Es war einfach flugerfahrener!

Es hat großen Spaß gemacht! Nach einiger Zeit kehrte ich vollautomatisch zum Körper zurück und war sofort wach. Ich machte Licht und notierte das Erlebnis.

Mein inneres Wesen

Im Mai und Juni 94 hatte ich in regelmäßigen Abständen beinah wöchentlich Wachträume. Micro kam mich besuchen, und wir gingen manchmal eine Runde fliegen.

Das eine Mal erlebte ich das Eintauchen in den physischen Körper mehrmals sehr langsam und detailliert, es fühlte sich an, als ob man in eine Form, die angefüllt ist mit pampiger warmer Götterspeise, hineinsinkt. Wahrlich nicht sehr angenehm!

Am 10. Juni hatte ich ein faszinierendes Erlebnis, was mich leider im Nachhinein in tiefe Verzweiflung stürzte.

Mein Traumkörper erhob sich, fand Micro – im nächsten Moment waren wir in einer anderen Realität in einem hell erleuchteten

Wohnzimmer. Wir lagen zusammen auf einer breiten Couch, scherzten, lachten und alberten herum.

Danach kamen mehrere Personen in den Raum, sie trugen eigenartigerweise alle rote Stirnbinden, auch Micro hatte so ein Ding um. Wir setzten uns in mehrere Sessel um einen runden Tisch. Die Unterhaltung fing in einem normalen Tempo auf Deutsch an. Ich dachte noch, das ist hochinteressant, du musst es dir unbedingt merken!

Ein Teil von mir, der mir bis dahin unbekannt war, übernahm die Führung:

Ich hielt eine Rede und wunderte mich über meine Sprachgewandtheit, das Redetempo und das Wissen, das aus mir heraussprudelte. Papiere lagen auf dem Tisch, die in einer fremden Sprache abgefasst waren. Die Schrift hatte Ähnlichkeit mit Hebräisch, heute weiß ich, dass es sich um Sanskrit handelte. Für mein Wachbewusstsein war es eine unbekannte Fremdsprache, aber dieser innere Teil von mir, der die Führung übernommen hatte, beherrschte diese Sprache perfekt.

Mein Wachbewusstsein staunte Bauklötze und zog sich schließlich vollkommen überladen zurück.

Ich hatte im Nachhinein keinen blassen Schimmer, wovon wir gesprochen hatten, nur dass ich es hochinteressant fand!

In den nächsten Tagen wurde ich mehr und mehr depressiv. Ich fühlte instinktiv, dass mein eigentliches Wesen dieser hochintelligente Teil von mir war!

Dummerweise fühlte ich mich im Körper total von diesem Teil getrennt und bildete mir ein, ich könnte ihn nur außerhalb von mir kontaktieren. Mein Heimweh nach diesen anderen Welten stieg ins Unermessliche!

Ich wollte dort sein, ich wollte fliegen, ich wollte mich mit anderen Leuten treffen – ich wollte viel lieber dort leben!

Wenn ich morgens in meinem physischen Körper wach wurde, kämpfte ich bereits mit den Tränen.

Meine Gedanken waren hochgradig depressiv und auch

schwachsinnig, aber damals hielt ich sie für die absolute Wahrheit.

Ich bildete mir ein, meine Geburt konnte nur durch einen gigantischen kosmischen Irrtum zustande gekommen sein. Es erschien mir vollkommen abwegig, dass ich mich für ein Leben auf der Erde entschieden hatte! Wahrscheinlich war ich durch irgendeinen Komplott in diesen Körper geraten. Jemand musste mich in eine Falle gelockt haben, und nun saß ich in diesem grobstofflichen, flugunfähigen Gurkenglas fest! Noch dazu auf einem Arbeitsplaneten, wo nach meinen Begriffen alles falsch lief! Das konnte unmöglich meine Wahl und Entscheidung gewesen sein!

Meister Konfuzius erklärt:

Dein inneres Wesen, dieser hochintelligente Teil von dir, das ist deine Seele!

Ihr alle seid im feinstofflichen Bereich sehr bewusst und nutzt euer inneres Wissen mit absoluter Perfektion. Ihr könnt euch mit hoher Geschwindigkeit austauschen und gemeinsam Pläne schmieden. Und diese Eigenschaften wurden dir bei dieser außerkörperlichen Erfahrung gezeigt.

Bis zu einem gewissen Grade könnt ihr dieses innere Wissen auch in der Physis erschließen – nur geht das schrittweise. So wie eure innere Balance steigt und eure Bewusstheit zunimmt, wird mehr und mehr die Weisheit eurer Seele auch in euer Leben einfließen.

Leider hast du es im Nachhinein wieder negativ bewertet! Eine Angewohnheit, die viele spirituell Suchende haben. Die euch allerdings in keiner Weise voranbringt, sondern eher zurückwirft!

Gehen wir noch einmal einen Schritt zurück, um deutlich zu machen, wo der Fehler liegt.

Bei diesem Gespräch auf der Traumebene warst du in einem positiven Zustand. Ist das richtig?

Ute:

Ja! Mir ging es bombig! Ich war angefüllt mit übersprudelnder

Energie!

Konfuzius:

Aber im Nachhinein hast du es selbst negativ bewertet?

Ute:

Ja! Ich fühlte mich auf der physischen Ebene vollkommen von diesem inneren Wissen abgetrennt. Und ich hatte es satt, so limitiert zu leben!

Konfuzius:

Ist dir klar, dass du die Limitierung erst durch deine negative Bewertung erschaffst?

Ute:

Ja, schon, aber damals habe ich es nicht erkannt!

Konfuzius:

Was du im Nachhinein denkst, obliegt deiner persönlichen Wahl! Du könntest ebensogut denken: „Ich bin ja ein tolles Wesen! Und verfüge offenbar über ein unerschöpfliches Reservoir an hochinteressantem Wissen. Ab sofort werde ich in der Meditation dieses Wissen erkunden und diese wunderbare Energie in all meinen Zellen zum Fließen bringen! Es lebe mein göttliches Potential!"

Hört auf, spirituelle Erfahrungen hinterher abzuwerten! Damit erschafft ihr Blockaden, Trennung und Unzufriedenheit! Und es animiert euch, nach „Macken" zu suchen, die ihr selbst gerade erst erschaffen habt!

Eure Gedanken haben eine ungeheure Macht, wenn ihr sie dazu benutzt, euch Dramen zu erschaffen, gepaart mit dem Wunsch aus diesem Leben auszusteigen, dann zieht ihr automatisch Unfälle in eure Lebensplanung!

Flug mit Micro

09. 07. 94:

Habe nach dem Prinzip des „Türenöffnens" eine Astralreise gemacht. Es klappte hervorragend! Plötzlich stand ich in einem alten Schuppen, dort lag eine Menge Gerümpel herum, was ich mir betrachtete. Mein Kopf wurde in eine andere Blickrichtung gedreht: Vor mir stand Micro und gab mir einen Kuss. Wir umarmten uns heftig. Micro war absolut mein Typ! Er war der schönste Mann, den ich je gesehen hatte!

Als Nächstes sind wir zusammen geflogen. Ich hielt mich an seinen Schultern fest, und wir überflogen eine Landschaft. Micro wurde langsamer und stoppte freischwebend etwa 100 m vor einer Brücke. Ich bin über ihn hinweggeflogen und wollte ein paar wilde Loopings um die Brücke drehen. Beim zweiten Looping bin ich abgestürzt und war wieder drin in meinem physischen Körper.

Der Unfall im Garten

09. 08. 94:

Ich war häufig nachmittags bei meiner Freundin Heidi im Garten. Sie besaß ein Gelände hinter den Reben, etwas außerhalb vom Ort, wo sie einen Campingwagen stehen hatte und in mehreren Ställen Hühner, Enten, Tauben und Kaninchen. Wir bauten manchmal zusammen Volieren, besserten etwas aus oder grillten und lasen dort. Ich war auf jeden Fall zu jeder Zeit willkommen. Zurzeit hatte ich gerade Urlaub.

Emotional steckte ich immer noch in der Krise, ich konnte im Moment nichts Schönes in meinem Leben entdecken und litt unter Heimweh oder besser gesagt; Fernweh nach unsichtbaren Welten.

Erst gestern hatte ich geträumt, dass ich auf einer Brücke stand und auf die andere Seite wollte, aber die Brücke war gesperrt! Auch erinnerte ich mich undeutlich an eine Traumszene, in der Micro verärgert von einer defekten Hebebühne weglief und mich stehen ließ.

Ich hatte heute eine Fußbank und eine Ytonplatte in den Garten mitgebracht, die ich vor dem Einstieg zum Wohnwagen platzierte, damit wir leichter die hohe Stufe zur Tür des Campingwagens erklimmen konnten.

Die Fußbank setzte ich auf die Ytonplatte, es sah etwas wackelig aus, und ich wollte es später besser absichern. Natürlich vergaß ich es!

Gegen Abend stieg ich in den Wohnwagen, um Nägel und einen Hammer zu holen. Heidi war draußen an unserem selbstgebauten Rumtopf-Kühlschrank, welcher unter dem Wohnwagen in die Erde eingegraben war, und rief: „Wir haben noch zwei Flaschen Bier! Wollen wir etwas trinken?“

Ich sagte: „Ja!“

Plötzlich überkam mich ein seltsames Gefühl, als ob ein Stichwort gefallen sei, als ob ich diese Szene schon einmal erlebt hätte.

Da lag etwas in der Luft, eine Art Deja-vu-Erlebnis, als ob eine innere Automatik greift.

Das weitere Geschehen ging sehr rasch: Ich hatte die Nägel und den Hammer gefunden und wollte den Wohnwagen verlassen.

Ich stieg voller Schwung auf die Fußbank, welche mit ebensoviel Schwung davonflog, meine Beine nach vorn wegzog, und ich stürzte rückwärts in den Wohnwageneingang. Ein heftiger Schmerz durchzog meinen Rücken, mein Atem stockte und mir wurde schwarz vor Augen.

Kurze Zeit muss ich wohl ohnmächtig gewesen sein. Als ich wieder zu mir kam, war Heidi verschwunden, ich empfing im Erwachen einen Satz: Heidis Stimme informierte mich:

„Ich hole den Krankenwagen!“

Ich war allein im Garten, mittlerweile war es fast dunkel geworden. Ich kroch auf allen Vieren herum und hatte Mühe zu atmen.

Als Nächstes hörte ich die Sirene vom Krankenwagen und sah

Scheinwerfer um die Ecke biegen. Ich dachte noch: „Der kommt doch nicht etwa meinetwegen?“

Jetzt, wo ich es gerade auf die Füße geschafft hatte, keimte in mir die Hoffnung, das Ganze ohne Aufsehen zu überstehen!

Heidi kam mit zwei Sanitätern angerannt, mir war es furchtbar peinlich. Ich wurde in den Krankenwagen verfrachtet und ab ging's ins Krankenhaus!

Die Röntgenaufnahme ergab, dass ich einen Rückenwirbel angebrochen hatte. Sie behielten mich die Nacht über zur Beobachtung im Krankenhaus. Der Wirbel musste von selbst wieder zusammenwachsen. Ich durfte in den nächsten Wochen nichts Schweres heben und hatte Rückenschmerzen.

Am nächsten Tag holte mich meine Mutter ab, ich zog mal wieder vorübergehend bei meinen Eltern ein. Ich wurde für insgesamt 8 Wochen krankgeschrieben und hatte dabei Zeit, über mein vermaledeites Leben nachzudenken.

Eins wusste ich mit absoluter Sicherheit: Der Unfall war kein Zufall!

Ich hatte ihn durch meine Lebensunlust, durch meine Depressionen und durch mein Heimweh nach den geistigen Welten ausgelöst!

Ich war süchtig nach Astralreisen! Vor mir selber konnte ich es eingestehen. Um daran zu arbeiten, untersuchte ich erst einmal, worin eigentlich diese Sucht bestand? Was war so Besonderes an außerkörperlichen Erfahrungen?

Es war das Gefühl der grenzenlosen Freiheit und Leichtigkeit, welches mich im besonderen Maße beim Fliegen beeindruckte!

Kein Wunder! Wenn ich mir mein irdisches Leben betrachtete, dann bestand es eher aus einer Kette von unliebsamen Pflichten, die ich mühsam mit zusammengebissenen Zähnen erfüllte! Von Leichtigkeit und Freiheit war jedenfalls keine Spur!

So konnte mein Leben nicht weitergehen! Ich wollte unbedingt etwas Grundlegendes verändern! Meine Arbeitsstelle befriedigte mich nicht im Geringsten, aber einfach nur den Job wechseln, war nicht mein Ziel!

Ich wollte etwas finden, was mich tief befriedigte – eine Aufgabe, die mir sozusagen auf den Leib geschrieben war!

Aber was konnte das sein?

Ich las alles über die menschliche Psyche und interessierte mich kolossal für die Seele und alle spirituellen Dinge – wie konnte man daraus einen Job machen?

Ich suchte in den Gelben Seiten und ließ mir alle erdenklichen alternativen Ausbildungen zuschicken. Da gab es Heilpraktikerschulen, psychologische Ausbildungen und dergleichen mehr. Aber was war das Richtige für mich?

Ich meldete mich bei der Volkshochschule zu einem Bachblütenkurs an und fand dabei die geeignete Blüte gegen meine Lebensunlust und Depressionen. Gorse – für die, die das Leben rabenschwarz sehen. Es wirkte innerhalb von Tagen, aber ich musste es anderthalb Jahre nehmen, bis ich es wieder absetzen konnte.

Von den Ausbildungsunterlagen, die ich mir zuschicken ließ, wählte ich mehrere aus und ging zum Schnupperunterricht.

NLP und Hypnose nach Milton Erickson war dann schließlich das, was ich für so interessant hielt, dass ich mich für das erste Seminar anmeldete.

Es war genau das Richtige!

Meister Konfuzius erklärt:

Unfälle, bei denen ihr einen Schaden erleidet, geschehen nicht zufällig! Du hattest dich in eine Situation hineinmanövriert, die dir aussichtslos erschien. Du wolltest dein Leben ändern, aber du wusstest nicht wie!

Wenn eure Bewusstheit zuzunehmen beginnt, dann bekommt ihr automatisch einen anderen Blickwinkel aufs Leben. Und ihr erkennt sehr deutlich, wo ihr euch unter Wert verkauft habt!

Bei manchen ist es der Beruf, der plötzlich nicht mehr stimmt, beim Nächsten die Partnerschaft, die auf einmal unerträglich wird.

Eure Seele bringt euch klar zu Bewusstsein, wo es am meisten hinkt in eurem Leben. Sie strebt Freiheit und Selbstentfaltung an und kennt die Fähigkeiten, die in euch schlummern!

Danach beginnt in euch der innere Kampf: Ihr habt euch meistens mit der alten Situation über Jahrzehnte abgefunden, und das, was euch vorschwebt, ist eher ein diffuses Gefühl, welches mehr Befriedigung verspricht, aber keineswegs klar und anscheinend ohne jede Sicherheit ist.

Das Ziel deiner Seele war es Spiritualität zu lehren! Intuitiv hast du es gespürt, aber der Glaube an deine Unfähigkeit, und deine gedankliche Ausrichtung auf Opfersein, ließen die Umstände als unveränderbar für dich erscheinen!

Jeder erwachende Mensch kommt in unterschiedlicher Intensität an diesen Punkt. Eure Seele macht sich mit ungeheurer Macht bemerkbar! Sie kennt das Ziel eures Lebens und sie wird so lange Druck ausüben, bis ihr bereit seid für Veränderungen!

Besuch von Micro

11. 08. 94 nachmittags:

Nach dem Unfall im Garten hatte ich mal wieder bei meinen Eltern Unterschlupf gefunden. Ich durfte in den nächsten Wochen aufgrund meiner Wirbelsäulenverletzung nichts tragen oder heben. Die Rückenschmerzen waren sehr unangenehm, es tat immer weh, egal, ob ich lag, saß oder stand. Das hatte ich nun von meinen Depressionen! Ich musste dringend lernen positiv zu denken und aufhören mein Leben zu bewerten!

Als ich mir beim Arzt einen weiteren Krankenschein abholte, sagte der Doktor zu mir: „Wahrscheinlich haben sie jetzt für den Rest ihres Lebens Rückenschmerzen!“ Ich antwortete ihm: „Nee, bei mir heilt das vollkommen!“ Und genauso war es auch!

Da ich nachts schlecht schlief, weil ich immer nur wenige Stunden liegen konnte, legte ich mich nach dem Mittagessen hin. Dabei hatte ich einen Wachtraum:

Ich lag auf dem Rücken und war in einem Dämmerzustand zwischen Wachen und Schlafen. Im nächsten Moment spürte ich ein Gewicht: Micro saß auf meinen Hüften, beugte sich mir entgegen und gab mir einen Kuss.

Ich umarmte ihn, und während meine Hände über seinen Rücken glitten, machte ich eine eigenartige Entdeckung: Er hatte am rechten Schulterblatt einen merkwürdigen Knubbel, er fühlte sich an wie eine Brustwarze.

„Was ist denn das?" fragte ich. „Du weißt es!" versicherte er mir. Und plötzlich fiel mir ein, was es war!

„Ach, ich weiß! Da geht, wenn man inkarniert ist, die Silberschnur rein!" Micro bestätigte und sagte: „Möglicherweise muss ich mich auch noch mal inkarnieren!" Ich wunderte mich, weil ich geglaubt hatte, dass er so weit entwickelt sei, dass er das hinter sich hätte.

Er antwortete: „Vorläufig schon. Und auch nicht in nächster Zeit, aber es könnte trotzdem irgendwann noch einmal vorkommen!"

Danach sank ich in meinen Körper zurück und wurde wach.

Meister Konfuzius erklärt:

Auf irdischer Ebene besitzt ihr einen Bauchnabel, der ein Überbleibsel von eurer Nabelschnur ist. Im feinstofflichen Bereich habt ihr einen Schulterblattnabel – eine Erinnerung an die Silberschnur, die euren feinstofflichen Körper mit der Physis verbindet.

Schön, dass du deine Rückenschmerzen als vollständig heilbar eingeschätzt hast. Deine Gedanken haben schöpferische Kräfte und damit Auswirkungen auf dein körperliches Befinden in der Zukunft.

Eine aufgedrängte Heilung

04. 09. 94:

Ich wohnte nun schon drei Wochen bei meinen Eltern. Mein Vater hatte seit einiger Zeit Kreislaufprobleme, er sah sehr schlecht und abgemagert aus und aß sehr wenig. Er war beim Arzt in Behandlung, aber die Untersuchungsergebnisse waren noch nicht da.

Er tastete sich schwankend an den Möbeln entlang. So hatte ich ihn noch nie gesehen! Ich machte mir Gedanken, auf welche Weise ich ihm helfen könnte.

Als ich abends nach unten ins Gästezimmer ging, hatte ich die Lösung gefunden:

Ich hatte mir aus der Schmutzwäsche ein Taschentuch meines Vaters mitgenommen, legte es auf den Boden und stellte mir vor, er würde stattdessen dort liegen. Ich errichtete in Gedanken eine Pyramide darüber, stellte mir eine offene Spitze vor und universelle Heilenergie, die durch die Öffnung auf ihn floss, seinen Körper stärkte und eine stabile Gesundheit bewirkte. Circa 20 Minuten lang visualisierte ich den Energiefluss.

Ich war echt stolz auf meine Leistung und erwartete den Beifall aus geistigen Ebenen.

Es kam allerdings anders: Ich kassierte einen Anschiss!

Jemand erklärte mir in der Einschlafphase, dass es nicht hilfreich sei, jemandem heimlich meinen Willen aufzudrängen! Jeder Mensch habe das Recht, seine eigenen Entscheidungen bezüglich seiner Heilung zu treffen! Ich sollte das akzeptieren! Auch hätte mir die Person keinen Auftrag erteilt!

Ich war deprimiert und beleidigt! Man konnte ihnen offensichtlich überhaupt nichts Recht machen! Am nächsten Tag wirkte mein Vater etwas stabiler.

Aber im Nachhinein war diese Erklärung wertvoll! Ich habe sie immer beherzigt und nie wieder jemandem meine Hilfe heimlich aufgedrängt.

Meister Konfuzius erklärt:

Kosmische Heilenergie ist wirksam, stabilisiert das innere Gleichgewicht und aktiviert die Selbstheilungskräfte des Körpers! Allerdings solltet ihr dabei bestimmte Gesetzmäßigkeiten beachten:

Ihr seid angehende Meister! Und ein Meister würde sich niemals erlauben, einfach in das Energiefeld einer anderen Person einzugreifen! Noch dazu ohne Auftrag und heimlich hinter dem Rücken!

Ihr könnt allen Menschen ungefragt Liebe schicken, aber Heilenergie bringt Veränderungen hervor. Und um sie zu verschicken, solltet ihr vom Empfänger das Einverständnis haben.

Versteht es so: Auf der Erde gibt es viele Menschen in unterschiedlichen Entwicklungsstadien, mit ganz persönlichen Seelenplänen, um die Persönlichkeit zum Erwachen zu veranlassen. Das ist für die meisten das Hauptziel dieser Inkarnation! Wach zu werden, einen anderen Blickwinkel aufs Leben zu bekommen und das zu tun, wofür sie sich begeistern!

Dabei kann es vorkommen, dass sich eine Person eine Krankheit erwählt, mit dem Ziel, über das Verstehen der Hintergründe ihre Lebenssituation umfassend zu begreifen und zu verändern, worauf zwangsläufig Gesundheit folgt.

Wenn ihr aber im Vorfeld, bevor die Person auch nur die Chance hatte, etwas zu verstehen und zu begreifen, eure Heilenergie dazwischen schießt, tut ihr der Seele keinen wirklichen Gefallen. Ihr greift in diesem Moment manipulierend ein und zögert das Erwachen hinaus! Und erwartet nicht den Dank der Person! Es gibt dafür auch keinen Beifall aus geistigen Ebenen!

Der Seelenplan einer Person ist etwas Heiliges und ihr solltet ihn achten!

Wir verstehen durchaus eure Beweggründe. Aber was euch zu dieser Handlung treibt, ist eure eigene Angst! Und Angst ist kein guter Ratgeber!

Wir sprechen hierbei von sogenannten Fernbehandlungen, bei denen der Adressat nichts von seinem „Glück" weiß. Wenn jemand zu euch kommt, dürft ihr selbstverständlich mit Heilenergie arbeiten! Das Gleiche gilt, wenn euch der Empfänger beauftragt hat! Dann ist es vollkommen in Ordnung!

Eine phantastische Nachricht

09.11. 94

Ich war im Traum in einem Zeichenstudio, dort hing ein sehr dunkles, trübes Landschaftsbild an der Wand. Ich nahm einen Pinsel und malte Licht hinein, überall, wo mein Pinsel darüber glitt, hellte sich die Landschaft auf und das Bild wurde richtig sonnig!

Dabei habe ich großkotzig verkündet, dass es Zeit würde, dass mal jemand käme und die Darwinschen Evolutionsaffen aufklärte!

Eine Stimme drang zu mir und erklärte: „Du bist geboren worden, um das Buch zu schreiben!" Vor lauter Aufregung war ich sofort wach. Welches Buch? Meinen die wirklich mich? Das kann nur ein Irrtum sein! Leute wie ich schreiben keine aufklärenden Bücher!

Meister Konfuzius erklärt:

Für gewöhnlich ist der Verstand der Letzte, der von den Plänen der Seele erfährt!

Es war notwendig, dir einen Hinweis zu geben, damit du neuen Lebensmut fasstest. Deine Seele und deine spirituellen Lehrer hatten auf der Traumebene herausgefunden, dass du geeignet wärst Bücher über spirituelles Wissen zu schreiben. Und dieses Vorhaben sollte zu deinem Verstand vordringen. Der nachfolgende Traum ist eine Vorbereitung auf Botschaften, für die du aber erst fünf Jahre später reif warst!

Eine Insel verwandelt sich

26. 11. 94

In dieser Nacht hatte ich einen sehr beeindruckenden Traum: Ich flog mit einer Gruppe Personen über das Meer. Wir sichteten eine Insel, eigenartigerweise war sie vollkommen kahl.

Während wir darüber hinwegflogen, erschuf sich plötzlich eine Vegetation, überall war jetzt Gras. Ich dachte: Da fehlen Bäume! Und wie durch Zauberei waren sie im nächsten Moment da. Alle Dinge, die man vermisste oder sich herbeisehnte, erschufen sich plötzlich automatisch. Da waren Berge im Hintergrund, und gerade materialisierte sich ein kleiner Ort. Ich schaute diesem Schauspiel fasziniert zu.

Micro bekommt einen Tobsuchtsanfall

Seit dem Unfall waren mehrere Monate vergangen. Ich hatte mittlerweile mit der Ausbildung (NLP und Hypnose nach Milton Erickson) begonnen, die mich sehr in Anspruch nahm, da wir dabei auch Selbsterfahrung machten und unser eigenes Leben in Form von Tiefenprozessen verarbeiteten.

Das war außerordentlich wertvoll, weil dabei innere Blockaden gelöst wurden und man sehr klar erkannte, wie sich Muster einprägten. Außerdem traf ich dort viele interessante Leute und ging auch wieder arbeiten.

Astralreisen waren seltener geworden, aber Micro hatte mich einige Male besucht.

Am 4. Dezember machte ich dann eine Astralreise, die mir erwähnenswert erscheint:

Ich hatte mir vorm Einschlafen vorgenommen, fliegen zu gehen!

Jedenfalls blieb mein Wachbewusstsein erhalten, als sich mein Traumkörper aus dem physischen Körper erheben wollte. Allerdings war ein Geistwesen da, welches mich behinderte. Es hielt mich fest und drückte mich in den physischen Körper zurück. Ich probierte es erneut – wieder wurde ich behindert.

Wer dieser Geist war, konnte ich nur raten. Eine Unterhaltung war mit ihm nicht möglich, er schwieg. Ich wusste nur, Micro war es mit Sicherheit nicht!

Dieser Kerl hielt mich brutal fest, ich spürte, dass ich kräftemäßig nichts gegen ihn ausrichten konnte. Wir kämpften, und ich geriet immer mehr in Panik.

Schließlich sagte ich mir, das Einzige, was helfen könnte, wäre, durch ihn hindurch zu beamen und schleunigst zu Micro zu fliegen. Das funktionierte!

Als Nächstes war ich außerhalb meines Körpers und flog mit turboartiger Geschwindigkeit unter dem Sternenhimmel entlang. Das Gefühl war gewaltig! Ich programmierte ein: zu Micro!

Der Sternenhimmel erschien mir näher als von der Erde aus. Unterwegs kamen mir Bedenken, weil ich mich sehr weit von der Erde entfernte, und ob ich dort überhaupt hinfliegen durfte?

Ich dachte aber, dies sei ein Notfall, und flog weiter. Mein Flug wurde langsamer, ich tauchte in eine Realität ein: Unter mir war eine Lichtung mit Zelten und einem Lagerfeuer.

Ich landete in unmittelbarer Nähe auf der Wiese. Um das Lagerfeuer saß eine Gruppe Leute. Eine Frau in einem langen roten Kleid spielte Gitarre und sang dazu.

Ich schaute mich um, konnte Micro aber nirgends entdecken, aber mein feinstofflicher Körper bewegte sich sehr zielstrebig auf ein bestimmtes Zelt zu.

Die Sänger glotzten mir nach, als hätten sie ein UFO gesehen, und brachen ihre Darbietung abrupt ab.

Ich ging ins Zelt. Micro lag darin auf der Seite und schlief. Ich wollte ihn nicht extra wecken, sondern legte mich nebendran.

Im nächsten Moment ging draußen ein Mordsspektakel los!

Micro war aus dem Zelt verschwunden, ich stand ebenfalls auf und ging hinaus. Es war nicht zu übersehen, dass er mittlerweile wach war: Micro rannte mit geballten Fäusten und schäumend vor Wut zwischen den Zelten auf und ab und bedauerte sich laut. Ich verstand nur soviel, dass er, „der arme Kerl“, meinen ganzen Mist jetzt wieder ausbügeln müsste!

Es war offensichtlich, dass mich wohl niemand zum Lagerfeuer einladen würde, es sah eher so aus, als hätte mein Besuch ihnen den Abend verdorben!

Ich dachte, am besten du haust hier ab und fliegst wieder heim!

Ich rannte auf die Wiese und flog davon, sah allerdings noch, dass Micro unmittelbar nach mir zum Flug startete, er flog mir nach.

„Zurück zur Erde, zu meinem Körper!“ gab ich den Befehl. Wieder ging’s unterm Sternenhimmel dahin. Ich landete in meinem Schlafzimmer auf dem Bett. Der blöde Geist, mit dem ich gekämpft hatte, war mittlerweile verschwunden. Micro traf gleichzeitig mit mir ein. Er wirbelte gereizt die Bettdecke zurück und untersuchte meinen Körper. Als Nächstes materialisierte er ein feuchtes Tuch und wusch verschiedene Stellen meines Körpers ab, dann gab er mir den Lappen und sagte, das Gesicht sollte ich mir selber waschen!

Wofür die Wäsche gut war, war mir ein Rätsel, aber ich tat es, ohne nachzufragen.

Es war nicht zu überhören, dass er immer noch sauer war.

Ich versuchte, mit ihm zu reden, und erzählte von dem Geist, mit dem ich gekämpft hatte. Micro materialisierte einen Plastikaufkleber, welcher piepte und die Größe eines ovalen Fünf-Mark-Stückes hatte, und klebte ihn mir auf den Brustkorb.

Vermutlich war es ’ne Art „Wanze“, damit er mich besser kontrollieren konnte!

Ich jammerte, was ich denn tun sollte, wenn ein Monster auf meinem Bett saß und mich bedrohte? Micro sagte: „Streng’ deinen Kopf an, ich bin sicher, dir fällt etwas ein!“

Er war pampig und ich beleidigt!

Meister Konfuzius erklärt:

Was glaubst du denn, weshalb dein Lehrer sauer war?

Ute:

Damals habe ich gedacht, weil ich ihn in seiner Freizeit gestört habe. Aber es gibt sicherlich einen triftigeren Grund.

Konfuzius:

Das ist wahr! Du bist durch das „Monster", welches kein Monster war, sondern ein Ersatz-Aufpasser, hindurchgebeamt. Wenn du durch jemanden hindurchbeamst, stellst du dessen Energiefeld kurzzeitig vollkommen auf den Kopf. Und diese Handlung hatte Spuren an deinem Körper hinterlassen.

Ute:

Aha, deswegen die Wäsche hinterher!

Konfuzius:

Genau!

Ute:

Hat sich der Ersatz-Aufpasser davon erholt?

Konfuzius:

Aber sicher! Du kennst ihn übrigens gut! Es war Antar! Er wurde damals schrittweise in deine Betreuung eingearbeitet!

Ute:

Tut mir echt leid, dass ich ihm so zugesetzt habe! Für was war eigentlich dieser piepende Aufkleber?

Konfuzius:

Er löste immer dann bei deinem Hohen Selbst Alarm aus, wenn du im Begriff warst, deinen Körper zu verlassen. Micro wollte damit verhindern, dass deine Betreuer mit so einer Situation – hindurchbeamen – allein waren. Er wollte sie so einarbeiten, dass sie auf alle Eventualitäten vorbereitet waren.

Micros Klamotten

Ich ging am Samstagabend mit Heidi in die „Bärenhöhle" etwas trinken. Heidi erzählte mir, sie habe letzte Nacht einen Wachtraum gehabt und Micro sei in ihrer Wohnung gewesen. Sie sei in der Einschlafphase wieder wach geworden, und da saß er plötzlich auf einem Stuhl neben ihrem Bett. Aufgrund meiner Beschreibung habe sie ihn sofort erkannt:

Er hätte diese Sonnenstrahlenfrisur gehabt, wäre sehr schlank gewesen und als Schmuck habe er ein wurmstichiges Modellbügeleisen um sein Handgelenk an einem Kettchen getragen.

Ich lachte und vermutete, das sei bestimmt 'ne Anspielung auf ihren Bügelkorb!

Wir unterhielten uns über seine Klamotten. Heidi berichtete, er habe so ein farbiges Unterhemd ohne Ärmel und weinrote Jeans getragen. In den gleichen Sachen hatte ich ihn auch schon gesehen!

Wir zogen über seine Klamotten her und lachten uns halbtot darüber, weil er immer eingekleidet war wie frisch vom Wühltisch!

Am nächsten Morgen, den 5. Febr. 95, hatte ich einen Wachtraum: Ich war im Dämmerzustand, plötzlich ging die Schlafzimmertür auf und ein aufgestylter, einem Modejournal entstiegener Dandy kam herein. Er lief am Spiegelschrank vorbei, und ich registrierte, dass er kein Spiegelbild hatte – also ein Geist.

Ich dachte noch erschrocken: „Wer ist denn das? Den hast du ja noch nie gesehen!"

Er machte eine galante Drehung, als ob er auf einem Laufsteg stehe, und präsentierte seine Kleidung:

Er trug einen dunkelblauen Anzug, ein weißes Hemd mit Stehkragen und Stickerei, eine Fliege, ein Schaltuch und eine Sonnenbrille.

Obendrein sah er aus, als käme er gerade vom Friseur. Ich erkannte schließlich Micro, musste schallend lachen, wovon ich leider wach wurde.

Ein Universum entsteht und „meine Zukunft“

Es war der 1. März 95, mein Traumkörper löste sich, während ich einschlief, und beamte sofort mit Turbogeschwindigkeit ins Universum. Irgendwo, weit weg in freier Luft, stoppte ich, es war nicht meine Entscheidung, ich überließ die Führung meinem Unterbewusstsein. In einiger Entfernung beobachtete ich einen riesigen, weißen Nebel, darin waren viele große und kleine Lichtpunkte, die sich anscheinend nach einem bestimmten System bewegten. Es sah aus wie eine Milchstraße mit viel Bewegung darin.

Anscheinend waren noch andere Zuschauer da, die dieses Ereignis beobachteten, nur konnte ich sie körperlich nicht sehen, und auch ich schien keinen Körper mehr zu haben.

Anhand der Unterhaltung bekam ich mit, dass da gerade ein neues Universum entstand – es war außerordentlich beeindruckend und gewaltig!

Die Kommunikation zwischen den körperlosen Wesen war etwas eigenartig: Ich hatte das Gefühl, als ob eine Übersetzung dazwischengeschaltet war.

Ich flog mit Turbogeschwindigkeit zurück und landete in einer feinstofflichen Realitätsebene in einer Bar. Sie war leer, und ich stellte fest, dass ich wieder einen feinstofflichen Körper hatte.

Vor lauter Euphorie über diese gigantische Astralreise legte ich erst einmal einen Freudentanz mit wilden Saltos und Überschlägen auf's Parkett.

Dann flog ich weiter in der Absicht, einen verstorbenen Verwandten zu besuchen. Ich landete in einem Haus, welches auf einem Hügel stand. Im nächsten Moment war ich drin. Offensichtlich feierten sie gerade eine Party, es spielte Musik und eine Menge Leute waren da. Die Person, welche ich besuchen wollte, konnte ich nirgends entdecken und so flog ich wieder ab.

Diesmal landete ich in einem halbdunklen Schlafzimmer auf einem französischen Bett. Ein Mann lag angezogen darauf, er hatte einen

Schnurrbart, war anscheinend blond und trug Jeans und ein kurzärmeliges Poloshirt. Er sagte zu mir: „Ich bin deine Zukunft!“

Ich guckte ihn mir genauer an und berührte ihn am Oberkörper, er schien kräftig zu sein und war anscheinend etwa gleichgroß wie ich, soweit man das im Liegen beurteilen kann.

Er setzte hinzu: „Ich bin du in der Zukunft!“

Ich wunderte mich, dass er schon jetzt da war, und fragte ihn: „Und in welchem Jahr lebst du?“

Er antwortete nicht. Ich dachte, er hätte möglicherweise nicht verstanden, was ich meinte, und erklärte ihm genauer: „Also, ich bin weiblich und lebe im Jahre 1995 auf der Erde! Und wann und wo lebst du?“

Keine Antwort, aber er wiederholte: „Ich bin du in der Zukunft!“

Danach bin ich zurück zu meinem Körper geflogen und wurde sofort wach.

Es war eine tolle Astralreise, wenn ich auch die letzte Begegnung erst Jahre später verstanden habe!

Meister Konfuzius erklärt:

Dein Beobachtungsposten auf dieses entstehende Universum befand sich an den Grenzen der Dualität. Du konntest dorthin nur körperlos reisen.

Es war ein Großereignis mit vielen Zuschauern!

Am Schluss deiner Reise trafst du Antar. Der Satz: „Ich bin du in der Zukunft!“ sollte dich auf die Kymische Hochzeit vorbereiten. Das ist die Verschmelzung mit einem deiner Seelengeschwister und gleichzeitig die Einläutung für das Ende des Inkarnationszyklus!

Berti besucht mich

28. 03. 95 nachts:

Mein Vertrauen zu Micro war angeschlagen. Er machte sich allmählich rar, und ich war in meinen Empfindungen ihm gegenüber hin- und hergerissen. Ich konnte nicht verstehen, warum er mich gebremst hatte und andere Male wieder mit Freundlichkeit reagierte. Ich verstand auch nicht, wieso er einen Tobsuchtsanfall bekommen hatte und mich bei nächster Gelegenheit freundlich behandelte. Dann war er wieder humorvoll und schickte mir eine Miniszene, über die ich schallend lachte. Außerdem machte mir zu schaffen, dass ich mit ihm geschlafen hatte. Mein Kopf bewertete das hinterher, als unwürdig für einen spirituellen Lehrer! Dieses zweideutige Verhalten weckte mein Misstrauen. Auf der anderen Seite liebte ich ihn und wollte ihm gern vertrauen. Ich war hin- und hergerissen. Wie gesagt, die erklärenden Durchsagen aus der geistigen Welt erhielt ich selber erst viele Jahre später.

An diesem Abend hatte ich einen Wachtraum:

Ich spürte sehr deutlich die Vibrationen meines Körpers und spielte mit der Intensität, dabei rutschte mein Bewusstsein in den feinstofflichen Bereich. Jemand gab mir einen Kuss.

Ich fragte: „Micro, bist du das?“

Er sagte: „Nein, ich bin es, der Berti!“

Ich freute mich! Ich fragte ihn, ob er wisse, warum Micro nicht mehr käme?

Berti sagte: „Ja! Ich habe schon versucht, mit ihm zu reden. Aber er sagt, er würde nicht mehr kommen, weil du kein Vertrauen mehr zu ihm hättest!“

Ich bestätigte: „Ja, das stimmt leider! Zu Anfang war das anders, da war mein Vertrauen riesig groß, aber jetzt sind so viele Sachen passiert, dass ich überhaupt nicht mehr weiß, was ich von ihm halten soll!“

Wir unterhielten uns noch eine Weile über die Situation. Berti stellte Fragen dazu und versuchte zu vermitteln, aber im Moment waren meine Zweifel zu groß.

Die Selbstmitleidplatte

Frühjahr 95:

Ich hatte im vergangenen Herbst mit der NLP & Hypnoseausbildung begonnen. Es machte mir viel Spaß, und ich lernte dabei jede Menge über mich selbst.

Dabei hatten wir gelernt, dass Gedanken unmittelbare Auswirkungen auf die eigenen Gefühle hervorbrachten. Mit anderen Worten: dass man erst negativ denkt, und sich danach die entsprechenden unliebsamen Gefühle einstellten. Natürlich funktionierte es auch im positiven Sinne. Aber meine Stimmungslage war eher niedergeschlagen und jetzt lernte ich, dass ich diese Gefühle durch die Wahl meiner eigenen negativen Gedanken, selbst produzierte!

Ich hatte wiedermal so meine Zweifel daran und war fest überzeugt, dass ich schon morgens beim Erwachen in einem niedergeschlagenen, deprimierten Zustand sei und dass ich ihn keineswegs durch negative Gedanken erzeugen würde!

Nach einer Phase der Selbstbeobachtung wusste ich es besser!

Ich ertappte mich dabei, was ich am Morgen beim Erwachen dachte. Es ist so peinlich, ich erzähle es wirklich ungern:

Nachttischlampe an! Radiowecker aus! Ich habe ein angenehmes Körpergefühl. Noch mit geschlossenen Augen und verhaltenen Streckbewegungen denke ich:

„Ich habe wieder keine Astralreise gemacht! Und etwas Interessantes geträumt habe ich auch nicht! Wahrscheinlich ist da oben überhaupt niemand für mich zuständig! Und jetzt muss ich auch noch aufstehen – mitten in der Nacht! Und diese langweilige Arbeitsstelle ist auch eine Zumutung! Warum bin ich bloß hier? Dieses Leben auf einem physischen Planeten ist wirklich widerlich! Wer hat mich nur in diese Falle gelockt?“

Bis ich im Bad angekommen war, hatte ich meine depressive Stimmung perfektioniert! Ich fühlte mich niedergeschlagen, kraftlos und in einer Null-Bock-Stimmung. Geschätzter Zeitaufwand: Drei bis fünf Minuten.

Aber diesmal hatte ich mich sehr genau selbst beobachtet und wusste auch, dass ich meine innere Stimmung deutlich durch meine Gedanken nach unten gezogen hatte!

Ich machte es also tatsächlich selbst!

Nachdem ich mir nun nicht mehr einreden konnte, dass das Ganze wie ein saurer Regen von außen kam und eigentlich nichts mit mir zu tun hatte, beschloss ich, meine Gedanken zu verändern!

Das war zu Anfang alles andere als einfach!

Offensichtlich hatte ich ein ganzes Reservoir an inneren „Jammerplatten“ produziert, die gewohnt waren, dass ich sie morgens unbewusst hervorkramte und damit meine Stimmung für den Tag manifestierte. Ich erwischte mich in den nächsten Tagen mehrfach dabei, wie ich gerade wieder eine Selbstmitleid-Platte spielen wollte, und stoppte mich, indem ich laut sagte:

„Halt, stopp! Was ist am heutigen Tag positiv?“

Eine Stimme in meinem Inneren kommentierte:

„Gar nichts! Es ist genauso ein Scheiß-Tag wie alle anderen auch!“

„Dann werde ich mir für heute etwas Positives vornehmen!“

„Was könnte das schon sein?“

„Ich könnte ins Thermalbad gehen!“

„Wie langweilig!“

„Ich könnte eine Freundin anrufen und sie fragen, ob sie mitkommt!“

„Wer hat schon mitten in der Woche Zeit?“

„Ich!!! Und ich werde es tun! Es wird mir Spaß machen!“

„Das glaube ich nicht!“

„Doch, es wird schön! Das angenehme, warme Wasser, die

Massagedüsen ... und ich werde ein interessantes Gespräch haben!" Allmählich wurde die meckernde Stimme in mir leiser.

Ich führte in den nächsten Wochen eine Vielzahl ähnlicher Dialoge. Auch ertappte ich mich immer wieder bei Bewertungen, indem ich irgendetwas als voraussichtlich langweilig, sowieso unnütz oder als Geldverschwendung abstempelte.

Es ist sicherlich anstrengend, die eigenen Gedanken zu beobachten und positiv umzuwandeln, weil sie oftmals sehr flüchtig sind. Aber es lohnt sich!

Nachdem ich mehrere Wochen sehr konsequent meine automatischen „Selbstmitleidplatten" in konstruktive Dialoge umgewandelt hatte, waren meine Depressionen verschwunden. Ich betrachte diese Arbeit heute als einen Meilenstein auf dem Weg der Bewusstwerdung!

Meister Kuthumi erklärt:

Ein Meilenstein fürwahr!
Mit zunehmender Bewusstheit und verstärkter Schwingungserhöhung – das ist die Energie, in der sich zur Zeit eure Erde befindet – bekommen eure Gedanken unmittelbare schöpferische Kraft. Und Selbstmitleid, Angst sowie das „Sich-Hineinsteigern" in Auseinandersetzungen, sind Gift für euer inneres Gleichgewicht!

Deshalb ist es unabdingbar, dass ihr lernt, eure Gedanken frei und konstruktiv zu wählen! Wer lernt, seine Gedanken zu disziplinieren, wird diese Inkarnation meistern und sein Leben umgestalten. Und zwar so, dass es euch dient und ihr es liebt.

Solange ihr gedanklich unbewusst seid, steigert ihr euch oft automatisch in Leid oder Kämpfe hinein. Die Polarität bietet euch die Opfer- und Kämpfermentalität an. Über viele Inkarnationen habt ihr diese Rollenspiele mit Wonne und Hingabe genossen.

Aber dieses Leben möchte euch etwas Neues lehren: Den Zusammenhang zwischen euren Gedanken, inneren Dialogen und den daraus resultierenden Gefühlszuständen zu erkennen! Ihr verfügt über schöpferische Kräfte und der Schlüssel liegt in euren selbstgewählten Gedanken. Es heißt nicht umsonst: Am Anfang war das Wort und das Wort war bei Gott!

Ihr seid der Initiator für eure Ausrichtung. Ihr seid der Drehbuchautor, der Regisseur und der Schauspieler, der jeden Part dieses Lebens gestaltet.

Eure Gedanken willentlich zu verändern, erfordert eine hohe Konzentration – eine gesteigerte irdische Bewusstheit. Diese gesteigerte Bewusstheit wird kosmisch unterstützt durch die erhöhte Schwingung – ihr nennt sie auch Schumann-Frequenz. Es ist der Pulsschlag der Erde, der höher wird und die Menschen auffordert: Schaue dir deine Gedanken an! Sie erschaffen deine Realität! Wähle sie bewusst! Und es reicht auch nicht aus, wenn ihr darüber ein Buch lest oder einen Wochenendkurs besucht. Ihr müsst es schon praktisch umsetzen und willentlich dranbleiben! Dann verändert sich euer Leben zum Positiven.

Ich baue mir ein Traumlabor

Frühjahr 95:

Die Bezeichnung „Traumlabor" ist eigentlich maßlos übertrieben!

Ich wusste aus verschiedenen Traumbüchern, die ich gelesen hatte, dass jeder Mensch alle 90 Minuten sogenannte REM-Phasen hat, wobei man sehr intensiv träumt. Weckte man jemanden nach so einer erfolgten REM-Phase, konnte er sich sehr plastisch an alle Traum-Einzelheiten erinnern.

Also überlegte ich, wie ich es anstellen könnte, aller 90 Minuten wach zu werden?

Als Erstes benutzte ich einen Wecker. Aber der war wirklich nicht ideal! Es dauerte ja auch eine gewisse Zeit, bis ich einschlief, und diese Zeit musste ich zu den 90 Minuten dazuzählen. Irgendwie war die Sache zu ungenau, und das Klingeln des Weckers konnte ich auch nicht leiden.

Schließlich kam mir eine zündende Idee: Ich suchte mir eine kleine Glocke, befestigte sie an einem Strick, zog den Strick in meinem Schlafzimmer über ein Bücherregal, welches oberhalb meines Bettes an der Wand hing, so dass sie freischwingend in der Luft hing. Das andere Ende des Strickes band ich mir um das linke Handgelenk.

Von den Wecker-Experimenten her wusste ich, dass ich mich immer auf die andere Seite drehte, nachdem ich wach war. Ich hoffte, dass ich beim Seitenwechsel so heftig am Strick zog, dass die Glocke anschlug.

Es geklappte!

Ich schlief drei Nächte mit dem Strick am Handgelenk, und in Abständen von ca. 90 Minuten weckte mich die Glocke. Die einzelnen Träume, die ich im Laufe der Nacht notierte, waren sehr klar und gut verständlich.

Am Morgen legte ich meine Notizen von der Nacht weg, ohne sie gleich anzuschauen, und versuchte mich zu erinnern, was ich insgesamt geträumt hatte. Dabei habe ich festgestellt, dass sich die intensivsten Eindrücke aus den Einzelträumen zu einem Knäuel vermischten, der nachträglich das Ganze entstellte. Wohingegen die einzelnen Traumnotizen logisch und klar waren.

Nach drei Nächten reichte es mir! Ich hatte die halbe Nacht geschrieben und soviel Material gesammelt, dass ich keine Lust hatte, das Experiment fortzusetzen.

Meister Kuthumi erklärt:

Eine schöne Übung, um die Bewusstheit im Traum zu steigern!

Flug nach Dresden

16. 05. 95 nachts:

Mein Traumkörper trennte sich und legte sich am Fußende vor die Betten. Ich stand auf und flog zum Fenster hinaus. Draußen wollte ich unbedingt eine längere Strecke fliegen und suchte mir ein Ziel aus, welches ein Stück weit weg lag. Ich wählte Dresden!

Es war grandios!

Ich flog wie eine Rakete mit den Füßen voran unter dem Sternenhimmel dahin.

Ich hatte das Gefühl, der Sternenhimmel sei weiter weg als damals, als ich zu Micro geflogen war. In Dresden landete ich auf der Straße, in Höhe des Hauses, wo ich früher einmal gewohnt hatte. Ich besichtigte den Hof und ging schließlich in den Garten und schaute mich dort um.

Als Nächstes wollte ich zu meiner ehemaligen Schule fliegen. Es hat nicht mehr geklappt. Mein Traumkörper kehrte um, flog nach Hause und tauchte in den physischen Körper ein. Der Flug war toll!

Das Implantat

29. 05. 95 Traum:

Ich war mit anderen zusammen in einem Raum. Wir bekamen alle Implantate in die Stirn eingesetzt. Es war absolut schmerzlos und ging sehr rasch. Ich erwartete, dass sich jetzt mein Bewusstsein verändern würde oder mein Drittes Auge besser funktionierte. Aber vorerst bemerkte ich keinerlei Unterschied. Alles war wie vorher!

Meister Konfuzius erklärt:

Nun, diese Aktion hätten wir dir gern erspart, aber aufgrund einer alten Bestellung mussten wir sie gewähren lassen und durften nicht eingreifen! Auch solltest du als spiritueller Lehrer allumfassend ausgebildet werden und dazu gehört, die persönliche Erfahrung mit unliebsamen Beeinträchtigungen zu erkennen, die Ursache zu finden und erfolgreich zu beenden!

Implantate werden innerhalb des Dualen Universums von Außerirdischen eingesetzt, sie sind meist manipulativ und sollen euer Erwachen erschweren. Sie senden ein Chaos-Signal aus, welches vor allen Dingen negative Auswirkungen auf den Emotionalkörper hat. Sind die Emotionen erst einmal durcheinander, entsteht auch Unsicherheit in den Gedanken. Ihr wisst dann nicht mehr, was richtig oder falsch ist und werdet unsicher. Diese Unsicherheit lähmt eure Entscheidungsfreudigkeit und stärkt die Anpassung an derzeitige Lebensumstände. Es stärkt die Opfermentalität. Wie es gelöst wird, erzählen wir später!

Berti besucht mich zum Geburtstag

Es war der 3. September 95, wenige Tage nach meinem Geburtstag. Ich verließ meinen Körper und spürte, dass jemand da war. Der Schnurrbart kitzelte mich an der Wange, und ich fragte begeistert: „Berti?" Er war es!

Er hatte eine Flasche Sekt mitgebracht und zwei Gläser. Berti schenkte ein und reichte mir ein Glas. Ich befürchtete:

„Ich habe noch nie im Astralkörper Sekt getrunken, hoffentlich werde ich davon nicht mordsmäßig besoffen?"

Berti lachte und versicherte, es wäre nicht so!

Wir stießen an und tranken. Der Sekt schmeckte gut, absolut echt und war genau nach meinem Geschmack. Wir sprachen über meine Geburtstagsfeier, und als ich ihm die Gästeliste aufzählte und Heidi erwähnte, sagte er beiläufig:

„Ja, die Heidi kennst du auch schon lange!"

Das war zu interessant!

Ich erzählte Berti, dass ich zu gern wissen wollte, ob ich sie bereits aus einem früheren Leben kennen würde?

Er erklärte mir ein tolles Frage- und Antwortspiel: Ich solle einfach die Frage in mich hinein stellen!

Ich konzentrierte mich also auf meinen Bauch und fragte: „Habe ich die Heidi schon in einem früheren Leben gekannt?" Prompt kam aus meinem Inneren die Antwort: „Deine Tochter!" Das war ein tolles Spiel! Ich war begeistert. Berti und ich, wir unterhielten uns weiter. Ich fragte ihn, wie es ihm in der anderen Welt gefiele? Er grinste stolz und sagte: „Ganz prima!"

Eigentlich wollte ich noch mit Berti schlafen, aber er stoppte mich und sagte, wir würden Besuch kriegen, es sei jemand im Anflug.

Ich hörte, wie jemand im Flur landete und dann ins Schlafzimmer kam. Es war Micro, er setzte sich aufs Bett, und die beiden unterhielten sich im Flüsterton.

Ich hatte keinen Bock, Micro zu treffen, er hatte sich in letzter Zeit rar gemacht, und ich konnte immer noch nicht verstehen, weswegen er mir die Astralreisen verboten hatte. Es war nach meinen Begriffen nicht gerecht und widersprach auch dem, was ich in den „Seth-Büchern" gelesen hatte! Dort wurde geschrieben, es sei wünschenswert, dass man sich für diese Erfahrungen öffnete! Wie anders waren dagegen meine persönlichen Erfahrungen!

Ich hatte im Moment keine Lust, ihn zu treffen, und ging lieber in meinen Körper zurück.

Meister Konfuzius erklärt:

Eine kurze Anmerkung zum Frage- und Antwortspiel: Das kann jeder von euch in der Meditation nutzen! Versetzt euch in einen entspannten Zustand und stellt eine Frage in euch hinein. Vorzugsweise solltet ihr persönliche Fragen nehmen, zum Beispiel:

Was mache ich in dieser Situation falsch?

Welche Eigenschaft behindert meine Vorwärtsentwicklung?

Was ist meine Lebensaufgabe?

Lasst euch Zeit und bittet eure Seele um eine deutliche Antwort. Sie wird euch entweder durch innere Bilder antworten oder ihr empfangt eure innere Stimme.

Heidi – meine Tochter

Es passt so gut dazu, obwohl es zeitlich erst viel später kam. Erst im März 97 gelang es mir, in das Leben mit Heidi vorzudringen. Ich schrieb in mein Traumbuch vorm Schlafen die Bestellung, dass ich das Leben, als Heidi meine Tochter war, sehen wollte!

Außerdem wiederholte ich in der Einschlafphase permanent meine Bestellung.

Als Nächstes glitt ich in einen sehr intensiven Wachtraum:

Ich landete in einem Haus und sah eine Familie, bestehend aus Vater, Mutter und vier Kindern. Die drei älteren Kinder waren Jungen und das jüngste ein Mädchen. Ich erkannte sofort Heidi; obwohl sie nicht die geringste Ähnlichkeit hatte, war ich mir absolut sicher. Ich fühlte intensiven Stolz auf meine hübsche, kleine Tochter!

Ich schaute mir die Familie an und dachte: „Und wer bin ich?“ Im nächsten Moment wurde ich in einen Körper hineingezogen: Meine Schultern wurden breiter, mein Oberkörper muskulöser und insgesamt wurde ich größer. Als Nächstes schaute ich an mir herunter und stellte erstaunt fest, dass ich einen Anzug trug – ich war der Vater der Familie.

(Ich hatte mich in den vergangenen anderthalb Jahren, seit der

Nachricht, dass Heidi meine Tochter sei, schon oft mit ihr darüber unterhalten, und wir hatten darüber philosophiert, wie es wohl gewesen sein möge? Allerdings sind wir bei unseren ganzen Phantasien niemals auf die Idee gekommen, ich könnte ihr Vater gewesen sein! Wir gingen immer von einer Mutter-Tochter-Konstellation aus!)

Ich stand also da mit den breiten Schultern im Anzug und fühlte zwischen den Beinen etwas Unbekanntes meinen Oberschenkel berühren – naja, ein komisches Gefühl!

Ich schaute mich in der Wohnung um: Wir waren offensichtlich gut betucht. Überall standen kostbare, massive Möbel herum und im Haus gab es viele Zimmer. Elektrogeräte konnte ich nirgends entdecken, dafür hatten wir aber Lampen, die mit Öl brannten. Ich fragte nach meinem Namen und erhielt die Antwort: Konrad Pol.

Nun wollte ich in der Zeit etwas vorwärts gehen und sehen, wie „Heidi" erwachsen wird. Sie wuchs vom kleinen Mädchen zu einem etwa 10jährigen Schulmädchen heran, dann stoppte der Prozess. Ich war erstaunt und wollte wissen, warum es nicht weiterging?

Es kam die Antwort: Wir haben das Jahr 1860! Das Jahr, in dem du gestorben bist!

Ich wurde in meinem weiblichen Körper im Jahre 1997 wach!

Kurz darauf habe ich mit Heidi eine Rückführung in diese Inkarnation gemacht. Sie steuerte noch einige interessante Dinge bei. Sie erzählte: Ihr Vater sei leider selten zu Hause, weil er mit dem Schiff übers Meer fahre, um Stoffe einzukaufen. Sie würden in einem schönen Haus mit Garten in der Nähe der Elbe wohnen.

Wie die Stadt hieß, konnte sie nicht sagen.

Ich wollte wissen, ob sie vom Fenster aus die Elbe sehen könnte? Ja!

Ich erzählte ihr, ihr Vater käme gerade mit dem Schiff an, es würde am Steg anhalten und sie könnte sehen, wie er aussteigt! Doch sie war voller Entrüstung und sagte:

„Quatsch! Er fährt doch nicht mit dem Elbdampfer. Er kommt immer mit der Pferdekutsche! Du hast keine Ahnung!"

Es war auf jeden Fall äußerst lustig und wir haben uns hinterher noch lange darüber unterhalten.

Wie ich meine Opfermentalität entdeckte

Herbst 95:

Ich machte weiter mit der NLP & Hypnoseausbildung. Es waren Unterrichtsblocks von jeweils 10 Tagen, die ich vierteljährlich besuchte. Wir hatten dabei unsere Vergangenheit aufgearbeitet, bestehende Muster entdeckt und kamen nun in die Phase, wo man durch bewusste Wahl die eigene Zukunft positiv gestalten sollte.

Es war sehr intensiv und interessant, aber in meinem Leben merkte ich von positiver Umgestaltung noch nicht viel! Aber ich hatte meine morgendlichen Gedanken korrigiert und damit erfolgreich meine Depressionen vertrieben. Und das war absolut wichtig!

Meine Eltern hatten sich in Müllheim ein Haus gekauft, sie waren beide Rentner. Ich hatte mit meiner Mutter abgesprochen, dass ich ihr beim Renovieren half, das haben wir immer so gemacht, wenn jemand aus der Familie umzog.

Als es losgehen sollte, wurde meine Mutter krank und mein Vater war für Maler- und Tapezierarbeiten nicht zu gebrauchen.

Blieb es also an mir hängen!

Ich ging tagsüber schaffen und nach Feierabend ins frischerworbene Haus meiner Eltern und begann die Zimmer zu renovieren. Meine Wohnung sah ich nur zum Schlafen und Duschen.

In diese Zeit fiel ein Treffen mit Kollegen aus der NLP & Hypnoseausbildung. Wir hatten uns an einem Abend in einem Freiburger Restaurant verabredet.

Ich bin meinen geistigen Führern und meiner Freundin Eva noch heute dankbar für dieses Treffen!

Wir waren zu viert, aßen zusammen und unterhielten uns. Ich

schilderte gerade mein arbeitsreiches, anstrengendes Leben, als mich Eva spöttisch angrinste und sagte:

„Du bist ein armes, bedauernswertes Opfer! Wenn ich Zeit hätte, würde ich dich bedauern! Und wahrscheinlich machst du das alles auch noch umsonst? Oder bekommst du eine Bezahlung dafür?“

Sie hatte mich voll erwischt! Ein beleidigter Teil in mir wollte sich verteidigen und vorbringen, dass sie das vollkommen falsch sähe! Aber mir blieben die Worte im Halse stecken.

Ich sagte zerknirscht: „Ja, aber das sind doch Tatsachen! Mit Opfer hat das nichts zu tun!“

Sie lachte: „Nein, nein, überhaupt nicht! Du gehst nur jeden Tag dahin, schuftest umsonst, weil du gerade nichts Besseres zu tun hast! Toll, wie du dein Leben gestaltest! Ich werde dich weiter empfehlen!“

Das hatte gesessen! Es war die verbale Ohrfeige, die ich gebraucht hatte!

Sie erzählte mir, dass sie sich gerade einen Traumjob mit phantastischer Bezahlung bestellt und diese Stelle eben angetreten hätte!

Es war offensichtlich: Ich machte etwas falsch! Ein armes, bedauernswertes Opfer wollte ich nun wirklich nicht sein!

Auf der Heimfahrt dachte ich über die momentane Situation nach und überlegte, was ich verändern könnte. So, wie ich mein Leben gerade lebte, machte es wirklich keinen Spaß! Kein Wunder, dass ich immer wieder niedergeschlagen war!

Geld konnte ich gut gebrauchen! Durch die häufigen Seminare war mein Budget ziemlich geschrumpft.

Vor dem Zubettgehen sprach ich noch mit Micro, besser gesagt, ich schrie ihm zu:

„Ich schwöre bei Gott: Ich werde dieses Leben annehmen! Ich werde es vollkommen umkrempeln und etwas Gutes daraus machen! Ich habe es satt, mich anstellen zu lassen und mir von anderen Leuten sagen zu lassen, was ich tun soll! Damit ist jetzt endgültig Schluss! Ich werde ab sofort meinen eigenen Weg gehen! Und wenn der Rest der Welt kotzt!“

Es war ein grimmiger Schwur voller Wut!

Als ich im Bett lag, spürte ich, wie sich eine wohltuende, angenehm warme Energie in meinem Körper ausbreitete, wie es in mir zu fließen und zu prickeln begann – so wohl hatte ich mich schon lange nicht mehr gefühlt!

Am nächsten Nachmittag ging ich ins künftige Haus meiner Eltern und begann die Küche zu renovieren. Ich hatte mir gut überlegt, was ich ihnen sagen wollte. Sie kamen jeden Nachmittag mit Kaffee und Kuchen vorbei. So auch heute!

Diesmal brachten sie mir ein Geschenk mit: zwei Bücher über Pflanzenheilkunde vom Flohmarkt. Ein Teil in mir ging sofort darauf ein und meldete: „Jetzt bringen sie diese Bücher, da kannst du nicht auch noch Geldforderungen stellen!" Aber ein anderer Teil war der Meinung: „Das tut nichts zur Sache! Rede mit ihnen! Jetzt oder nie!"

Und ich redete mit ihnen, formulierte klar meine Vorstellungen über die von mir erwartete Bezahlung und musste erstaunt feststellen, dass sie sofort damit einverstanden waren. Mein Vater warf mir sogar einen anerkennenden Blick zu, so nach dem Motto: „Endlich hat sie's kapiert!"

So bekam ich das Geld für's nächste Seminar. Damit war die ganze Situation erträglicher, ich arbeitete zwar immer noch, aber ich wusste wofür!

Plötzlich hatte auch meine Freundin Zeit, und meiner Mutter ging es besser, so dass ich auf einmal Hilfe hatte!

Meister Konfuzius erklärt:

„Und wenn der Rest der Welt kotzt!" (amüsiert)

Die Lava bricht auf! Das ist die Energie der göttlichen Wut, die ihr benötigt, um euer Leben nachhaltig zu verändern! Deine geistigen Begleiter haben es mit viel Freude aufgenommen.

Jetzt warst du bereit, zielstrebig dein Leben zu verändern, um deine Lebensaufgabe zu erfüllen! Dies ist die Energie, die euch voranbringt.

Wichtig ist dabei die Konsequenz. Es braucht viele Entscheidungen, um ein Leben umzugestalten. Wenn ihr ein Ziel vor Augen habt, dann solltet ihr dranbleiben und nicht am nächsten Tag zweifeln, ob ihr es wollt oder überhaupt schaffen könnt.

Micro schließt mein Kronenchakra

10.12. 95 abends:

Ich hatte am Nachmittag eine Übung aus einem Buch gemacht, bei der man sich vorstellen sollte, man säße in einer Lichtsäule. Ich visualisierte also die Lichtsäule mit einem Durchmesser von ca. einem Meter und setzte mich mitten hinein. Es war angenehm, aber ein Teil von mir war wieder unsicher, ob da tatsächlich etwas geht. Und ich stellte mir zusätzlich vor, wie sich mein Kronenchakra öffnet und intensiv geflutet wird. Jetzt war die Energie der Lichtsäule überdeutlich: Ich hatte das Gefühl, als ob sich mein Kronenchakra wie wild dreht. Nach kurzer Zeit wurde es unangenehm, mir war schwindlig und es fühlte sich an, als ob Wind durch meinen Kopf wehte. Schließlich brach ich die Übung ab.

Das merkwürdige Gefühl im Kopf blieb.

Abends besuchte ich Heidi, und als ich wieder zu Hause war, las ich noch. Meine Hoffnung, dass sich mein Kronenchakra von selbst wieder regulieren würde, trog. Es stand immer noch um 180° offen, und diese windige Birne erzeugte ein leichtes Schwindelgefühl und war doch unangenehm.

Also erzählte ich, bevor ich ins Bett ging, Micro davon und fragte ihn, ob er mir helfen könne? Irgendwie rechnete ich damit, dass er sauer sei, weil ich wieder bei meiner Experimentiersucht etwas „kaputtgespielt" hatte.

Es kam allerdings anders: In der Einschlafphase hatte ich einen Wachtraum. Micro kam, lächelte mich an und zog vorsichtig die Decke von meinem Hals weg. Er machte etwas an meinem Genick und erklärte: „So etwas kann schon mal passieren, es ist nicht schlimm!“

Anschließend fächelte er mir vor Mund und Nase den Sauerstoff weg und sagte: „Es ist einen kurzen Moment wie ersticken, aber danach ist es gleich besser!“

Ich rang ein paarmal angestrengt nach Luft, danach machte etwas auf meinem Kopf „Flupp!“, Micros Griff zerfloss zu Watte und verschwand. Ich bekam wieder normal Luft, war hellwach und auch meine Schädeldecke fühlte sich normal an. Der Schwindel war weg.

Meister Kuthumi erklärt:

Wenn ihr euch mit Licht überladet, hat das meistens Auswirkungen auf euren Kreislauf. Nach ein paar Tagen normalisiert sich das selbständig wieder. Ihr könnt euch aber auch euer Hohes Selbst oder einen Meister oder Erzengel eures Vertrauens rufen und ihn bitten, die Überladung abzuziehen.

Ich besuche meine Eltern

06. 01. 96:

Endlich mal wieder eine Astralreise!

Ich löste mich sehr langsam und deutlich aus meinem Körper, als ob man sich geräuschvoll aus einer Form, die angefüllt ist mit warmer Götterspeise, heraushebt. Anschließend bin ich zum Fenster gegangen und nach Müllheim zum Haus meiner Eltern geflogen.

Ich landete im Wohnzimmer, es war hell, Vater saß im Sessel und las in einem Buch. Ich schaute nach meiner Mutter, sie lag schon im Bett.

Eigenartigerweise habe ich mich mit allen beiden unterhalten und erhielt auch Antworten von ihnen. Ich ging zu meinem Vater ins Wohnzimmer, stellte mich vor ihn hin und fragte:

„Merkst du, dass ich da bin?“

Irgendein unbewusster Teil von ihm antwortete: „Ja!“, er schaute aber unbeirrt weiter in sein Buch.

Danach bin ich zu meiner Wohnung zurück geflogen. Micro war dort und bewachte meinen Körper. Wir umarmten uns noch und kuschelten uns auf dem Bett zusammen. Danach bin ich eingeschlafen.

Antar

03. 02. 96:

Ich bestellte: Ich möchte mich weiter entwickeln und mein Bewusstsein erweitern! Anschließend ging ich ins Bett. Ich lag auf dem Rücken und hatte einen Wachtraum: Die Schlafzimmertür ging auf und ein Mann kam herein. Ich hatte Micro erwartet, der Typ war aber blond. Er sah gut aus und war mir irgendwie vertraut. Mein Traumkörper löste sich, und ich schwebte ihm entgegen. Ich überlegte, ob es vielleicht Micro in einer anderen Gestalt sein könnte? Und fragte deshalb:

„Kannst du deine ehemaligen Körper einfach so wechseln, wie man sich auf irdischer Ebene vorm Kleiderschrank umzieht?“

Er antwortete: „Ja, das könnte ich!“

War es nun Micro in einer anderen Gestalt oder nicht? Ich fragte direkt: „Bist du Micro?“ „Nein. Ich bin Antar! Ich werde dich künftig betreuen!“ Er machte einen ruhigen, sicheren Eindruck und vermittelte Liebe und Geborgenheit. Wir umarmten uns.

Danach hat er mir seine Hand vor das Stirnchakra gehalten und etwas einprogrammiert. Ich glitt in einen angenehmen Entspannungszustand und sah quirlige, farbige Muster, die mandalaartig in mein Stirnchakra einflossen, dabei sprach er ruhig in einer fremden Sprache auf mich ein.

Als die Programmierung zu Ende war, erzählte ich ihm aufgeregt von den Mustern, die ich dabei gesehen hatte. Er sagte: „Das ist eine Begleiterscheinung.“ Außerdem beschwerte ich mich, dass ich von dem, was er erzählt habe, kein Wort verstanden hätte.

Antar erklärte: „Das ist eine Lichtsprache! Der Teil von dir, an den sie gerichtet war, hat sie verstanden!“

Die Unterhaltung ging noch weiter, aber den Rest habe ich vergessen und muss wohl eingeschlafen sein.

Der Wechsel fühlte sich gut an, aber ich trauerte immer noch eine Zeit lang Micro nach. Mittlerweile hatte ich wieder Vertrauen zu ihm und hoffte, dass er mich auf ewig betreute.

Meister Konfuzius erklärt:

Antar ist dein Seelenbruder, er war für die Kymische Hochzeit mit dir vorgesehen und er wurde bereits längere Zeit in deine Betreuung von eurem Hohen Selbst eingearbeitet – ebenso deine geistige Schwester Ines, sie war die Frau, die dich im Bäckerladen bedient hat.

Wenn eine Seelenfamilie die Kymische Hochzeit beantragt, planen sie gleichzeitig den Inkarnationszyklus zu beenden und das Duale Universum zu verlassen. Zu deiner Seelenfamilie gehören ein Hohes Selbst und vier Geschwister. Du und ein Bruder seid auf der Erde inkarniert. Die anderen beiden Geschwister waren im feinstofflichen Bereich. Diese hatten nun die Aufgabe das Hohe Selbst in deiner Betreuung zu ersetzen. Wenn jemand den Inkarnationszyklus beenden möchte, gibt es im Irdischen, aber auch im Feinstofflichen eine Prüfung. Die auf der Erde befindlichen Geschwister – also du und ein Bruder, der ebenfalls in einem irdischen Leben ist – werden geprüft, ob sie ihre Geldgier abgelegt haben und ob sie sich bemühen positiv zu denken. Die Geschwister im feinstofflichen Bereich übernehmen die Aufgaben des Hohen Selbstes. Das ist ihre Prüfung.

Antar fängt mich ein

14. 05. 96:

Ich hatte mich abends beschwert, dass ich schon ewig nicht mehr luzid geträumt hatte und bestellte: Ich möchte im Traum absolut wach sein!

Traum: Mein Bewusstsein schaltete sich stufenweise immer intensiver zu. Ich sprang gerade mit einer Schultasche unter dem Arm eine Treppe hinunter. Sie führte ins Freie in einen Park. Mit jeder Treppenstufe, die ich hinuntersprang, wurde ich wacher. Ich spürte die Erschütterung der Sprünge in meinem feinstofflichen Körper und sagte mir: Ich bin absolut wach und könnte ebensogut eine Astralreise machen. Wo könnte ich hinfliegen?

Mir fiel ein, dass ein Arbeitskollege gerade in Ägypten Urlaub machte. Zumindest erschien mir die Strecke erstrebenswert weit, und ich beschloss, dahin zu fliegen!

Ich hob ab und setzte zum Flug an. Auf halber Strecke spürte ich auf einmal eine Hand im Genick. Antar hatte mich eingeholt und stoppte meinen Flug. Er schnipste mir schmerzhaft mit den Fingern gegen mein rechtes Ohr. Ich hielt mein Ohr und jammerte. Er sah mich streng an und sagte: „Dann hör' auf, dich wie ein Kindergartenkind zu benehmen!" Naja, mal sehen, ob ich das hinkriege?

Ein bestellter Sturz

23. 05. 96:

Ich hatte in verschiedenen spirituellen Büchern gelesen, dass sich Bestellungen realisieren! In meinem Leben hatte ich wieder einmal so meine Zweifel daran. Ich war vielmehr davon überzeugt, dass genau dieser Teil in mir irgendeinen Defekt habe!

Als ich morgens zur Arbeit fuhr, dachte ich darüber nach und überlegte, auf welche Art und Weise ich das ganz konkret überprüfen könnte? Schließlich kam mir eine Idee! Ich bestellte: Wenn es wirklich wahr ist, dass sich meine Bestellungen realisieren, dann werde ich heute auf der Arbeitsstelle hinfallen!

Als ich dann dort war und mit der Arbeit begonnen hatte, vergaß ich rasch meine Programmierung. Die Zeit verging.

Nach ca. drei Stunden flog ich die Treppe runter!

Es war nicht schlimm, ich hatte nur die unteren beiden Stufen vollkommen ausgeblendet und setzte mich auf den Hintern. Bis auf einige blaue Flecken bin ich ohne Schaden davongekommen.

Manchmal wünschte ich wirklich, ich wäre wie andere Leute und könnte solche Aussagen einfach als wahr annehmen, ohne sie zu überprüfen!

Meister Konfuzius erklärt:

Wir sind froh darüber, dass du sie überprüfst! Weil das der schnellste Weg zur Erkenntnis ist! Vermuten oder annehmen, dass dein Bestellsystem einen Defekt hat, kannst du bis in alle Ewigkeit. Aber eine rasche Überprüfung bringt schnell die Wahrheit ans Licht und die Zweifel verlieren sich. Die Macht eurer Gedanken ist ungeheuerlich!

Ihr seid Schöpfergötter, die zurzeit Verstecken mit sich selbst spielen. Die irdische Ebene bietet euch eine Realität, in der ihr in Zeitlupe erschaffen dürft. Und genau dieser zeitverzögernde Effekt ist es, der euch vorgaukelt, dass die äußeren Ereignisse nichts mit euren Gedanken, Schöpfungen und Bestellungen zu tun haben.

Durch die Schwingungserhöhung verändert sich die Zeitverzögerung. Das bedeutet, dass sich eure Schöpfungen sehr viel schneller im Leben auswirken!

Ich eröffne eine Praxis

Frühling / Sommer 96:

Ich bin mit der NLP & Hypnoseausbildung fertig. Schon während der Ausbildung habe ich mit Heidi und anderen Freunden und Kollegen gearbeitet. Es ist eine schöne Arbeit, und ich hoffe, dass ich eines Tages davon leben kann.

Im Moment bin ich mir nicht sicher, ob ich jetzt schon beginnen soll oder lieber erst im Herbst. In dieser Entscheidung werde ich offenbar beschleunigt. Auf meiner Arbeitsstelle werden die Aufträge knapp und mein Chef beschließt, mich in eine andere Abteilung zu schicken. Es ist eine stinklangweilige Montage-Arbeit. Meine neuen Kolleginnen sind ältere Frauen, die sich mit Vorliebe über Gardinen und Kochrezepte austauschen. Nach wenigen Tagen könnte ich explodieren vor Wut und wünsche mir nur noch, dass ich so schnell wie möglich selbständig werde.

Daheim schreibe ich einen Zettel mit einer Bestellung: Ich brauche eine Praxis, bestehend aus zwei Räumen im Zentrum von Müllheim für ca. 200,- DM. Meinen geistigen Führern erkläre ich: „Wenn ihr meint, ich sollte mich jetzt selbständig machen, dann sorgt dafür, dass ich genau das finde!"

Wenn man die gängigen Anzeigen kannte, war diese Bestellung einfach himmelschreiend!

Es kam allerdings anders: Am Freitagabend kam ich mit meinen Einkäufen nach Hause. Schon als ich das Auto parkte, hatte ich mehrfach den Gedanken im Kopf: „Geh zum Briefkasten!" Ich holte die Post. Es war nichts Besonderes darin nur das wöchentliche „Dorfblatt" mit den Kleinanzeigen.

Während ich die Treppe hochstieg, kam der nächste Gedanke: „Schau da hinein! Es ist die Antwort auf deine Bestellung! Schaue gleich hinein!"

In meiner Wohnung angekommen, nahm ich mir die Zeitung vor.

Die Anzeige war ziemlich weit hinten: Die VB Müllheim vermietete im Zentrum von Müllheim zwei Büroräume für 250,- DM warm. Es war unglaublich und passte hervorragend! Meine innere Stimme sagte: „Rufe dort an! Jetzt“

Ich schaute auf die Uhr. Es war Freitagabend kurz vor 19 Uhr. Ich war mir sicher, dass niemand mehr ans Telefon gehen würde und alle längst Feierabend hatten. Schließlich ließ ich mich doch überreden und wählte die Nummer.

Es nahm tatsächlich jemand ab, der Überstunden gemacht hatte, sich meinen Namen und die Telefonnummer notierte und seiner Kollegin eine Notiz wegen der Vermietung hinlegte.

Am nächsten Dienstag unterzeichnete ich den Mietvertrag für zwei Büroräume im Zentrum von Müllheim für 250,-DM warm! Ich hatte Räume für eine NLP & Hypnosepraxis.

Ich sagte meinem Chef, dass ich schnellstmöglich nur noch halbtags arbeiten wollte. Da die Auftragslage gerade mäßig war, war er sofort bereit, den Arbeitsvertrag zu ändern!

Meister Konfuzius erklärt:

Bestellungen sind höchstens aus irdischer Sicht himmelschreiend! Für uns sind es klare Aussagen eines Schöpfergottes! Jemand sagt: Ich suche genau das und das und bin bereit, dafür dieses zu geben! Die Nachfrage regelt das Angebot! Du hast sehr gut auf deine innere Stimme gehört!

Weißes Licht

11. 10. 96:

Ich besuchte einen Kurs in „Therapeutic Touch“. Wir waren anschließend mit der Kursleiterin und einigen Teilnehmern noch etwas trinken und unterhielten uns. Jeder erzählte so seine Erlebnisse, und ich schilderte eine von meinen Astralreisen.

Die Kursleiterin fragte mich, was ich denn für meinen Schutz tun würde?

Wahrscheinlich muss ich ziemlich blöd aus der Wäsche geschaut haben. Dass ich Schutz benötigte, war mir bisher nicht in den Sinn gekommen. Ich sagte: „Nichts!“

Sie erklärte mir, dass es viele negative Geister gab und ich mich doch wenigstens morgens und abends in weißes Licht einhüllen solle! Ich versprach, es zu tun.

Gleich am selben Abend wollte ich beginnen. Ich legte mich ins Bett und begann mir das weiße Licht vorzustellen, wie es zuerst mein Kronenchakra erreichte, meinen Kopf einhüllte ... meine Gedanken waren weg. Ich begann von vorn: Also – weißes Licht, es kommt runter und hüllt ... meine Gedanken vollführten ein merkwürdiges Eigenleben voller Sprunghaftigkeit. Zwischenrein schossen mir Bilder von irgendwelchen Sexorgien in den Kopf.

Ich kehrte zum weißen Licht zurück. Neuer Anfang: Weißes Licht umhüllt meinen Kopf, den Hals … meine Gedanken waren so sprunghaft, dass ich mich bei bestem Willen nicht konzentrieren konnte. Schließlich machte ich die Nachttischlampe an und setzte mich aufrecht hin. Bei anderen Übungen konnte ich mich doch auch konzentrieren, warum klappte es beim weißen Licht nicht?

Noch einmal von vorn: Weißes Licht hüllt meinen Kopf ein, meinen Hals, meine Schultern ... vor meinem inneren Auge sehe ich irgendwelche nackten Körper, die wild durcheinander kopulieren. Ich will ja keinesfalls behaupten, dass ich niemals an Sex denke, aber meine Bilder sind harmonischer, es sind jedenfalls keine Gelage, in denen sich irgendwelche Massen paaren!

Ich reiße die Augen auf und überlege, was das Ganze soll?

Ganz offensichtlich gibt es irgendeine Macht, die nicht daran interessiert ist, dass ich mich in weißes Licht einhülle?

Ich spüre ganz deutlich, das sind nicht meine Gedanken! Sie werden mir von irgendwoher geschickt. Die Luft im Schlafzimmer ist trüb. Ich habe das Gefühl, dass mehrere Wesen mein Bett umstehen und meine Gedanken beeinflussen. Was soll ich jetzt tun?

Die Sache ist nicht geheuer! Hier läuft irgendwas schief!

Ich habe Angst und beginne zu beten. Gleichzeitig habe ich das Gefühl, dass die Wesen, die unsichtbar mein Bett umstehen, schallend lachen.

Auf das Gebet kann ich mich auch nicht konzentrieren, laufend bleibe ich hängen und der Text ist einfach weg.

Schließlich brülle ich voller Angst: „Ich brauche Hilfe aus der höchsten Quelle!“

Danach werde ich ruhiger.

Mir kommt die Idee, ich könnte mir einen Glaszylinder vorstellen, der undurchdringlich für schwarze Magie oder negative Einflüsse ist!

Ich stelle mir vor, wie der Glaszylinder herunterfährt. Ich bin mittendrin in diesen Schutzraum. Wieder konzentriere ich mich aufs weiße Licht! Diesmal klappt es: Ich hülle mich vom Kopf bis zu den Zehen in weißes Licht ein! Ich hab’s geschafft.

Später mache ich die Nachttischlampe wieder aus und denke darüber nach, was das für ein merkwürdiger Einfluss war. Ich habe beim Einhüllen in weißes Licht einen regelrechten Kampf ausgefochten, es waren bestimmt 20 Versuche, bis mir die Idee mit dem Glaszylinder kam.

Ich bestelle: Ich möchte wissen, was das war?

In der Einschlafphase kommt jemand an mein Bett und erklärt: „Das ist ein Fall von Manipulation!“

Also wirklich! Soviel hätte ich mir notfalls selber denken können!

In Zukunft kann ich mich ohne Schwierigkeiten in weißes Licht einhüllen und tue es immer morgens und abends.

Meister Konfuzius erklärt:

Wir würden gern mit dir zusammen erkunden, was da schiefgelaufen ist! Bist du bereit?

Ute:

Ja!

Konfuzius:

Was genau sollte das weiße Licht bewirken, als du dich das erste Mal einhülltest?

Ute:

Es sollte mich vor negativen Geistern schützen!

Konfuzius:

Aha! Aber irgendwie hat es genau das Gegenteil erreicht?

Ute:

Eben! Und das verstehe ich nicht!

Konfuzius:

Gut. Wir werden es an einem irdischen Beispiel erklären: Angenommen, du bist in der Stadt, in der du lebst, zu Fuß unterwegs. Schon von großer Weite siehst du, dass auf deiner Straßenseite ein Betrunkener angetorkelt kommt, der die Leute beschimpft und mit leeren Bierflaschen um sich wirft. Wie verhältst du dich?

Ute:

Ich wechsle die Straßenseite und schenke ihm keine weitere Beachtung.

Konfuzius:

Du würdest also nicht auf die Idee kommen, dich vor ihm auf die Knie zu werfen und ihn zu bitten, dich mit seinen Schimpftiraden zu verschonen?

Ute:

Natürlich nicht! Das würde ihn doch erst recht aufmerksam machen. Er hätte ein williges Opfer, das er quälen könnte.

Konfuzius:

Gut! Würdest du dich auf ihn stürzen, ihn am Revers packen, ordentlich schütteln und versuchen, zu überzeugen, ein besserer Mensch zu werden, der dem Alkohol abschwört?

Ute:

Ich bin doch nicht bescheuert! Was geht mich der Typ an? Ich wechsle die Seite und mache das, was ich sonst auch getan hätte!

Konfuzius:

Sehr gut! Du verhältst dich also neutral und beschäftigst dich auch nicht in den nächsten Wochen deines Lebens mit diesem Vorfall?

Ute:

Nein. Ich habe doch etwas anderes zu tun, als mich mit grölenden Besoffenen auseinanderzusetzen!

Konfuzius:

Schön! Du würdest dich also weder als Opfer noch als Kämpfer verhalten, wenn wir das richtig verstanden haben?

Ute:

Ich würde mich neutral verhalten!

Konfuzius:

Was glaubst du, wie viele Passanten es dir gleich tun und die Straßenseite wechseln? Und wie viele ihn angreifen oder sich zu Boden werfen?

Ute:

Alle wechseln die Straßenseite! So bescheuert wie eure Vorschläge sind, verhält sich kein Mensch!

Konfuzius:

Dann wisst ihr offensichtlich alle im irdischen Leben sehr gut Bescheid, wie man sich gegenüber Menschen, die nicht in ihrer Mitte sind, verhält?

Ute:

Im Falle des Betrunkenen schon!

Konfuzius:

Wie ist es aber möglich, dass ihr dieses Wissen, sobald ihr anfangt zu meditieren und aus dem feinstofflichen Bereich ein solches Verhalten erfahrt, vollkommen vergesst und euch entweder wie Opfer oder Kämpfer verhaltet?

Ute:

Hmm... das weiß ich auch nicht! Vielleicht deshalb, weil niemand aus dem feinstofflichen Bereich irgendetwas Negatives erwartet?

Konfuzius:

Nun, das könnte sein! Aber eure unmittelbare Umgebung ist eine Licht- und Schattenebene. Es gibt darin lichtvolle Wesen, liebevolle Begleiter, verstorbene Freunde, die nach euch schauen, und es gibt zurückgebliebene Seelen, die sich furchtbar langweilen, weil sie nichts Sinnvolles zu tun haben, und die sich einen Spaß daraus machen, Menschen, zu denen sie durchdringen können, zu erschrecken oder zu belästigen. Und sie sind ganz besonders von denen angetan, die darauf reagieren! Diejenigen, die sie wie Luft behandeln, werden ihnen schnell langweilig!

Ute:

Aha! So ist das also! Dann sollte man negative Vorkommnisse möglichst schnell vergessen, ohne sich daran festzubeißen?

Konfuzius:

Genauso ist es! Denkt an das irdische Beispiel mit dem Betrunkenen! Ihr könnt niemals einen perfekten Schutz aufbauen!

Viele streben es an und sind dann unglücklich, wenn sie spüren, dass dieser Schutz Schlupflöcher hat. Erzengel Michael bringt euch gern alles über Schutz bei! Aber er wird nicht als euer Babysitter fungieren und euch fortwährend in einen Schutzmantel hüllen. Er wird euch im Gegenteil beibringen, wie ihr mit diesen Situationen umzugehen habt und den Schutz selbständig erschafft, da liegt nämlich das Ende der Tyrannei! Alles andere wäre ein lebenslanger Schutzauftrag, wobei ihr in der Unselbständigkeit verbleibt. Und das kann nicht das Ziel sein!

Ute:

Naja, das sehe ich ein! Man schafft ja auch seine 15jährigen Kinder nicht mehr über die Straße, weil man es ihnen früher beigebracht hat und sich dann darauf verlässt, dass sie es kapiert haben! Aber trotzdem sehe ich da noch nicht ganz klar: Wie soll man sich denn verhalten, wenn man im Bett liegt und sie belauern einen? Da kann man doch nicht einfach die Straßenseite wechseln!

Konfuzius:

Du bist dann geschützt, wenn du dich nicht von ihren Aktionen beeindrucken lässt! Bleibe in deiner Harmonie und konzentriere dich auf deinen inneren Frieden! Tue so, als ob der Angriff nie stattgefunden hätte! Nimm dir ein Buch und beginne zu lesen.

Solche Langweiler können sie nicht leiden! Du bist nur interessant, solange du auf sie reagierst und in Aktionismus verfällst! So lange du jammerst oder kämpfst, bist du für sie interessant.

Ute:

Ja, und wie ist das nun mit dem weißen Licht? Hat das Einhüllen darin überhaupt keine Wirkung?

Konfuzius:

Das haben wir nicht gesagt! Nur kommt es entschieden darauf an, in welcher Absicht du es tust! Tust du es, weil du gern weißes Licht in deiner Aura trägst und dich damit intensiver dem Licht angehörig empfindest? Oder tust du es als Schutzschild gegen kreuzgefährliche, negative Geister? Dann musst du damit rechnen, dass es sie auf den Plan ruft! Was ist die Absicht deiner Aktion?

Ute:

Jetzt verstehe ich den Unterschied! Als ich mich das erste Mal einhüllte, tat ich es als Schutzpanzer gegen negative Angriffe, und prompt wurde ich angegriffen! Wenn ich mich zu späteren Zeiten in weißes Licht einhüllte, dann war es ganz einfach ein Lichtritual, ohne dass ich dabei für oder gegen etwas gekämpft habe. Ich habe es einfach nur gemacht, und es hat sich gut angefühlt!

Konfuzius:

Jetzt hast du es verstanden!

Lied vom Hampelmann

06. 01. 97:

Ich hatte wiedermal (wie so häufig) zu meiner Seelenfamilie rüber gemeckert und angemahnt, ich wolle mehr Kontakt zu ihnen.

In der Einschlafphase hatte ich einen Wachtraum:

Um mein Bett standen mehrere Personen, jeder hielt einen meiner feinstofflichen Arme und Beine. Sie sangen gemeinsam ein Lied vom Hampelmann, der immer strampeln und hampeln muss, und bewegten dazu im Rhythmus meine Arme und Beine. Es floss sehr viel Liebe zu mir, aber etwas peinlich war's mir auch.

Kosmische Eltern?

08. 02. 97:

Ich las gerade von Phyllis Krystal „Die inneren Fesseln sprengen" und hatte mich auf einem Seminar von ihr angemeldet. Abends im Wohnzimmer machte ich die Übung mit den kosmischen Eltern. Anschließend las ich weiter und sann darüber nach, ob es Personen gab, mit denen ich das Ablösungsritual machen sollte?

Mir fiel spontan Micro ein. Danach bin ich ins Bett gegangen und hatte einen Wachtraum: Ein Mann erschien vor meinem Bett, außerdem war da noch eine Frau, aber sie hatte etwas statuenhaftes, Verschwommenes und änderte laufend ihr Aussehen. Der Mann drehte meinen Kopf in seine Richtung, er war wirklich, echt und berührbar. Er erklärte, auf die Frau bezogen:

„So sehen Halluzinationen aus!" Er fragte: „Möchtest du an etwas arbeiten?"

Ich überlegte und antwortete: „Ich weiß nicht genau! Aber ich möchte eine berühmte Therapeutin werden! Und alles verstehen, was mir jetzt noch unklar ist!“

Er lachte darüber, scherzte noch eine Weile mit mir herum und verschwand, wobei ich einschlief.

Meister Konfuzius erklärt:

Die männlich aussehende Gestalt vor deinem Bett war Meister St. Germain. Du besuchtest auf der Traumebene seine Schulungen. Er war real – ihr habt euch berührt und unterhalten!

Deine irdischen Vorstellungen hatten dich überzeugt, dass Eltern – auch kosmische Eltern – aus zwei Personen bestehen müssten. Deshalb hast du eine zweite Person dazu halluziniert!

Kennzeichnend für Halluzinationen ist es, dass die von euch erschaffenen Figuren sich häufig optisch verändern und nicht sprechen, auch sind sie oft auf bestimmte Handlungen programmiert. Diese Programmierung ist wie ein Endlosband, was sich immer wieder auf ähnliche Weise abspult. Die Muttergestalt neben deinem Bett war harmlos, und sowie du ihr die Aufmerksamkeit entzogen hast, löste sie sich auf!

Aber ihr habt auch die Fähigkeit, halluzinierte Gestalten zu erschaffen, welche euch dienen und zusetzen!

Wie erschafft ihr nun eine solche erdachte Gedankenform?

Ihr müsst davon überzeugt sein, dass es eine solche Energie gibt! Desto mehr Emotionen mit der Gedankenform verknüpft sind, um so realistischer erscheint sie. Die Nährstoffe, die sie lebendig erscheinen lassen, heißen Leidenschaft, Angst und Wut!

Die Gedankenform ist nur in unmittelbarer Nachbarschaft eurer Aura lebensfähig. Würdet ihr euch 10m entfernen oder ihr keine Beachtung schenken, löst sie sich auf!

Erklären wir eine solche Halluzination an einem Beispiel:

Angenommen, da gibt es einen spirituell erwachten Menschen, der sehr interessiert an Voodoo und schwarzer Magie ist. Er hat Bücher über dieses Thema gelesen und Geschichten darüber gehört. Und er hat natürlich Angst. Diese Angst rät ihm, dass er sich aufwändig schützen sollte!

Er wird also beginnen, ein großangelegtes Brimborium um diese Thema zu veranstalten, und beschäftigt sich auch gedanklich häufiger damit als eine Person, die diese Vorstellung nicht teilt.

Das ist die Voraussetzung für das Erschaffen einer Gedankenform!

Bei Meditationen oder in der Einschlafphase könnten dann Begegnungen zwischen euch und der Gedankenform stattfinden.

Im Falle unseres Beispiels könnte die Person erleben, dass sie von der halluzinierten Gestalt angegriffen wird! Für sie ist dieser Gegner absolut realistisch!

Manche erschaffen sich auf diese Weise einen jahrelangen Kampf, in dem sie sich immer wieder erschöpfen, ohne zu erkennen, dass sie eigentlich gegen sich selbst kämpfen.

Was ist nun zu tun, wenn ihr euch eine solche Gedankenform erschaffen habt?

Ruft euch während der Begegnung einen Meister oder Erzengel eures Vertrauens und bittet um Befreiung! Euer Widersacher löst sich im Licht auf!

Nach und nach werdet ihr lernen, eure Aufmerksamkeit abzuziehen, und die Gedankenform verschwindet für immer!

Ich bestelle mir einen spirituelle Lehrer

03. 04. 97:

Ich war abends mit meiner Freundin Heidi in der Pizzeria und hatte als Letztes noch einen Cappuccino getrunken. Als ich dann zur üblichen Zeit ins Bett ging, war ich hellwach. Eine Zeit lang las ich, aber als es dann eins schlug, hoffte ich doch endlich müde zu werden.

Ich spürte die Anwesenheit einer feinstofflichen Person, wahrscheinlich jemand, der mich abholen wollte für die Traumebene.

„Könntest du mir vielleicht helfen einzuschlafen?“ fragte ich.

Plötzlich wurde ich ganz ruhig, und als Nächstes nahm mich jemand in die Arme. Es war die Frau, die ich in meinen Träumen als meine Schwester Ines ansah. Wir unterhielten uns, und ich fragte sie:

„Kannst du mir sagen, wie ich mich spirituell am besten weiter entwickeln kann?“

„Vielleicht möchtest du einen Lehrer? Wende dich doch an ... .“ Danach kam ein Name, er war so ähnlich wie Dschingis Khan oder Sandokan, aber doch irgendwie anders – leider konnte ich ihn mir nicht merken.

Am nächsten Tag habe ich darüber gependelt und dabei herausgefunden, dass man sich spirituelle Lehrer bestellen müsste, man hatte sie nicht vollautomatisch, wie ich immer geglaubt hatte. Also bestellte ich mir einen spirituellen Lehrer, und zwar genau den, der mir gestern Abend empfohlen worden war, dessen Namen ich aber vergessen hatte!

Das Pendel behauptete:

Meine Bestellung sei trotzdem angekommen!

Der spirituelle Lehrer

05. 04. 97 mittags:

In der Meditation sah ich eine kurze Szene:

Ein Mann erschien, er hatte einen weißen Kittel an, auch hatte er weiße Haare, aber ein junges Gesicht. Es war der Typ, der neulich an meinem Bett war mit der halluzinierten Frau. Er fragte: „Möchtest du mit mir arbeiten?“ Ich schrie aufgeregt: „Ja, freilich!“ Dabei bin ich vor Aufregung herausgeflogen und war wieder wach.

Der Goldtest

10. 04. 97 mittags:

Ich hatte mehrmals die Anwesenheit des spirituellen Lehrers gespürt. Heute erlebte ich in der Meditation, wie mich jemand von hinten an den Schultern packte und meinen feinstofflichen Körper aufrecht setzte. Er korrigierte sozusagen meine lasche Haltung. Als Nächstes floss eine Energie übers Kronenchakra in mich hinein. Gleich darauf war ich in einer Szene:

Ich stand in einer kleinen Hütte, sie hatte rechts und links einen Ausgang, vorn war eine Tafel, sie war leer.

Direkt vor mir am Boden befand sich ein Sandkasten – es erschien mir nicht einmal merkwürdig. Ich hockte mich hin und ließ mir den Sand durch die Finger rieseln. Dabei stellte ich fest, dass der Sand voller Goldstaub war.

Eine Stimme fragte mich: „Was würdest du mit dem Gold machen?" Ich erklärte: Das Gold gehört zum Sand! Man kann es höchstens als Zahngold verwenden, wenn man mal eine Krone braucht!"

Ich stand auf und ging hinaus.

Meister Kuthumi erklärt:

Der „Goldtest" – hättest du dir die Taschen gefüllt, wäre deine Ausbildung beendet gewesen, noch bevor sie begonnen hat!

Es bekommt nur der einen persönlichen Lehrer aus der Meisterebene, der sich von Habgier und Selbstsucht befreit hat! Alle anderen dürfen zwar auch zu Schulungskursen kommen, aber die individuell persönliche Ausbildung bleibt ihnen verschlossen, bis sie sich zu einer weniger gierigen Einstellung durchgerungen haben!

Erzengel Michael

Mai 97:

Ich hatte wieder einmal in der Meditation erlebt, wie mich ein niederes Wesen belästigte, und war sauer darüber!

Als ich in den nächsten Tagen von Antar zur Traumebene abgeholt wurde, fragte ich ihn: „Wie soll ich mich gegen negative Angriffe schützen?“ Er antwortete: „Rufe dir doch Erzengel Michael!“ Wie gesagt, die gechannelten Aussagen von Meister Konfuzius kamen erst später!

Diesmal merkte ich mir sogar den Namen!

Am nächsten Tag in der Meditation rief ich Erzengel Michael und beauftragte ihn:

„Zeige mir, wie man sich gegen niedere Energien schützt!“

Das Erlebnis war gewaltig: Ich spürte als Erstes eine Energie am Kronenchakra und glitt in einen anderen Bewusstseinszustand über. Jemand zog mich aus dem Sessel hoch, mein feinstofflicher Körper stand aufrecht. Ich war von einer himmlischen Energie der Liebe und Klarheit durchflutet. Mich umgab ein blaues Licht, und ich war erfüllt von ungeheurer Kraft und Stärke. Ich hatte das Gefühl, dass mich jemand hielt. Alle meine Zellen sangen ein Lied von Geborgenheit und Frieden, gepaart mit gigantischer Größe!

So musste sich eine Göttin fühlen! Aber diese Überlegung stellte ich eigentlich erst hinterher an. Die Energie von Erzengel Michael gefiel mir! Ich nahm mir vor, ihn jedesmal zu rufen, wenn ich in Schwierigkeiten war!

Die Gelegenheit dazu ergab sich einige Wochen später:

Ich hatte nachts meinen Körper verlassen und war in einer merkwürdigen Traumebene gelandet. Jemand stellte mich zum Kistenstapeln an. Eine Weile habe ich mitgemacht, aber allmählich wurde es mir zu blöd! Ich war jedenfalls so wach, dass ich bewusst reagieren konnte, und flog dort weg! Sollten sie doch ihre langweiligen Kisten selber stapeln!

Allerdings hatte ich das Gefühl, dass mich jemand verfolgte und nicht weglassen wollte. Ich bekam Angst und schaute mich nach dem Verfolger um.

Mir fiel Erzengel Michael ein, und ich rief ihn. Nichts passierte!

Die Verfolger, es waren mehrere dunkle Gestalten, kamen immer näher. Wo blieb Michael?

Schließlich stieg meine Erregung so, dass ich wach wurde.

Ich lag wieder drin in meinem Bett und machte die Nachttischlampe an. Mein Atem ging rasch, und ich war enttäuscht.

Warum hatte mir Erzengel Michael nicht geholfen? Ich hatte ihn doch gerufen!

Irgendwie hatte ich mir vorgestellt, dass er jederzeit für mich verfügbar war und mich aus allen brenzligen Situationen herausholte. Würde ich wohl jemals diese geistige Welt verstehen?

Ich beschwerte mich und meckerte rüber:

„Auf euch ist wirklich kein Verlass! Da kann man in die niedrigsten Ebenen gekidnappt werden, ohne dass es irgendjemanden interessiert! Selbst, als ich mir Hilfe gerufen habe, kam niemand! Eine schöne Sauerei!"

Mein Selbstmitleid trieb mir die Tränen in die Augen. Ich drehte mich beleidigt auf die Seite und schlief einige Zeit später wieder ein.

Im Aufwachen hatte ich einen Satz im Kopf:

„Er hat dir doch aber gezeigt, wie es geht!" Sollte das bedeuten, dass ich mich selber schützen sollte?

Erzengel Michael erklärt:

Das Licht und die Liebe sei mit euch!

Nun, meine liebe Schülerin, unsere Aufgabe ist es nicht, euch in Abhängigkeit zu halten! Dir wurde sehr deutlich gezeigt, in welchem energetischen Zustand du vollkommen geschützt bist. Du hattest begriffen, dass du Frieden, Liebe und göttliche Größe in dir erschaffen konntest, und das ist die Energie, die euch fernhält von niederen Einflüssen. So funktioniert Schutz!

Wir sind gerne bereit, euch diesen Zustand zu vermitteln. Aber letztendlich seid ihr es, die lernen, mit ihrem Bewusstsein umzugehen! Und dazu gehört es auch, die Angst bewusst abzuschütteln und Frieden in euch zu erschaffen. Wer im Frieden ist, erlebt keine Angriffe! Das passiert nur Opfern und Kämpfern!

Übt es in eurem Alltag! Wenn ihr euch dabei ertappt, dass ihr in Selbstmitleid zerfließt, dann holt euch ganz bewusst da heraus und besinnt euch auf eure Stärke und Größe. Solltet ihr euch dabei erwischen, dass ihr euch in einem verbalen Kampf ereifert, dann stoppt auch diese Energie und gebt dem Frieden und der Harmonie in euch eine Chance!

Das Licht ist immer da! Ihr könnt euch nur selbst abwenden!

Die fremde Wohnung

07. 06. 97:

Ich war abends ins Bett gegangen und hatte in der Einschlafphase bewusst den Körper verlassen. Mein feinstofflicher Körper ging in meine irdische Küche und setzte sich auf die Eckbank. Im nächsten Moment kam meine Traum-Schwester Ines, wir begrüßten uns und flogen zusammen weg. Wir flogen eine ziemlich weite Strecke unter dem Sternenhimmel dahin, es war phänomenal. Mein Verstand arbeitete wild, ich dachte: Wenn sie merkt, dass mein Wachbewusstsein dabei ist, schickt sie dich sicherlich zurück! Ich muss so tun, als sei das alles vollkommen normal! Nicht vor Freude quietschen und kein Hurra-Geschrei!

Wir tauchten durch etwas Materielles und waren im nächsten Moment im Inneren eines Hauses – einem großen hellerleuchteten Wohnraum. Er war gemütlich eingerichtet mit mehreren Sitzgelegenheiten, vielen Lampen, schönen Möbeln und Teppichen.

Meine Schwester nahm wieder eine körperliche Gestalt an. Hatten wir uns während des Fluges entmaterialisiert? ging es mir durch den Kopf. Sag jetzt nichts Falsches, sonst merkt sie noch was! schärfte ich mir ein. Sie sagte: „Bleib hier, es kommt gleich jemand!" und verschwand.

Jetzt war das Dilemma perfekt! Mein Wachbewusstsein war überaus intakt, und ich hatte keine Ahnung, ob ich das erste Mal in diesem Raum war oder ob ich ihn schon kennen müsste? Und gleich würde jemand kommen, von dem ich auch nicht wusste, ob ich ihn kannte.

Ich setzte mich auf ein Sofa und schaute mir den Wohnraum an. Das Zimmer war mir vollkommen fremd – jedenfalls meinem Wachbewusstsein!

Im nächsten Moment landete jemand und materialisierte sich im Raum. Ich ließ mich schnell auf das Sofa fallen, machte die Augen zu und tat erstmal so, als würde ich schlafen, um Zeit zu gewinnen. Die Person kam zu mir. Ich hielt verbissen die Augen zu, und mein Verstand arbeitete fieberhaft. Wenn ich jetzt die Augen öffnete, musste ich mich entscheiden, ob ich die Person kannte oder nicht! Und beim ersten Satz, den ich von mir gab, würde sie merken, dass mein Verstand anwesend war! Was sollte ich nur tun?

Ich wünschte mir, ohnmächtig zu werden und mich in den Körper zurück zu beamen!

Das klappte schließlich – ich war zurück im Körper.

Hinterher habe ich mich geärgert! Wahrscheinlich wäre gar nichts Schlimmes passiert, wenn ich gesagt hätte, dass ich mit meinem Wachbewusstsein hier sei!

Meister Konfuzius erklärt:

Deine Reaktionsweise war ein Überbleibsel aus der Zeit, als Micro dich betreute und du schlecht geerdet warst! Jetzt warst du geerdet, und spirituelle Erlebnisse wären jetzt eine Bereicherung gewesen!

Ute:

Willst du damit sagen, dass ich nicht zurückgeschickt worden wäre?

Konfuzius:

Nein! Wir arbeiten gern mit bewussten Schülern, die gut geerdet sind!

Ute:

Das ist ärgerlich! Ich habe mir nichts sehnlicher gewünscht als einen Lehrer aus einer hohen Ebene, der mit mir durch die Gegend fliegt und mir alles erklärt!

Konfuzius:

Das hättest du haben können! Wir haben darauf gewartet, dass du den Mund öffnest und genau das sagst! Aber du hast mich ja nicht einmal eines Blickes gewürdigt!

Ute:

Ich habe schon geahnt, dass du das warst, Meister Konfuzius!

Konfuzius:

Ja!

Ich schaue mir mein Karma an

17. 07. 97:

Ich hatte in einem Buch die Empfehlung gelesen, dass es gut sei, wenn man sich sein eigenes Karma anschaute. Ich rief den spirituellen Lehrer und fragte über das Pendel ab, ob ich mein eigenes Karma angucken dürfte? „Ja!“

Ich bestellte weiter: Ich möchte das heute Abend tun, wenn ich ins Bett gehe. Hilfst du mir dabei? „Ja!“

Ich war erfreut!

Als ich’s dann sah, war die Freude weg, aber schließlich ist es ja Karma!

Ich legte mich abends ins Bett und bestellte bei dem Lehrer: „Zeige mir mein Karma!“

Etwas Merkwürdiges geschah in meinem Inneren, es fühlte sich an, als ob ein Suchmechanismus die richtige Spur auf einer Langspielplatte abtasten würde. Und dann war ich drin im Life-Programm:

Es folgte gnadenlos ohne Pause eine Szene nach der anderen, wobei ich folterte und gefoltert wurde, vergewaltigte und vergewaltigt wurde, auch tötete ich in mindestens drei Fällen, beim Duell, aus Eifersucht und in blinder Wut, dafür wurde ich auch mehrfach überfallen und getötet.

Als der Film stoppte, war ich klitschnass geschwitzt. Es waren insgesamt nur knapp 15 Minuten aufgereihter Horror, aber es war die längste Viertelstunde meines Lebens. Ich würde es wirklich nur Hartgesottenen empfehlen!

Es gab einen Grund, weswegen ich mir mein Karma anschauen wollte. Ich hatte bei außerkörperlichen Erfahrungen erlebt, dass ich gebremst wurde, und ein Teil von mir hatte diese Tatsache so gedeutet, dass es möglicherweise etwas mit meinem Karma zu tun haben könnte. Vielleicht war ich ja in der Vergangenheit so eine grässliche Person, dass ich aus diesem Grund behindert wurde?

Nachdem ich es gesehen hatte, fand ich wirklich keinen Grund dafür! Ich hatte mich zwar gegen andere Menschen vergangen, aber die Retourkutsche war auch immer prompt gefolgt.

Auch gab es noch einen anderen interessanten Aspekt: Diese Vergehen geschahen mit einer gewissen Naivität, als ob ich mir hätte vorher nicht denken können, welche Konsequenzen folgten.

Als ich beispielsweise folterte, war ich zutiefst erstaunt, dass der Malträtierte vor Schmerz aufschrie. Damit hatte ich nicht gerechnet! Und in einer späteren Szene, als ich blind vor Hass mit dem Degen auf jemanden eindrosch und er letztendlich erstochen am Boden lag, da beugte ich mich erstaunt darüber und dachte: „Oh, schon tot?“ Meine Reaktion zeigte deutlich eine ausgeprägte Naivität – ich war beide Male zutiefst erstaunt.

Meister Konfuzius erklärt:

Wir würden niemals einen Menschen wegen seines Karmas ausgrenzen! Ausnahmslos alle durchlaufen Zeiten, in denen sie sich in kurzen Momenten in Bestien verwandeln. Das ist für die Bildung des Gewissens unerlässlich!

Der chinesische Lehrer

26. 07. 97:

Mein Traumkörper erhob sich aus dem materiellen Körper und flog sehr zielstrebig davon. Mein Wachbewusstsein war wieder voll dabei. Ich dachte, wahrscheinlich unterstellen sie dir jetzt wieder, absichtlich eine Astralreise gemacht zu haben! Am besten du kehrst um! Ich sagte: „Zurück zum Körper!“ Ich flog zurück und tauchte wieder ein in den materiellen Körper. Es dauerte nur einen Moment, da hob ich wieder mit wachem Bewusstsein ab. Diesmal sagte ich mir: „Was soll's! Jetzt fliege ich mit!“

Ich landete in dem Haus, in das mich neulich meine Schwester gebracht hatte. Das heißt, das entdeckte ich eigentlich erst später. Diesmal landete ich auf der Terrasse draußen. Ein kleines Mädchen spielte hier. Ich strich ihr zur Begrüßung über die Haare. Einen Moment lang glaubte ich, sie würde mich nicht wahrnehmen, aber wahrscheinlich war sie nur ins Spiel vertieft. Ich ging auf den Eingang zu. Ein Chinese kam mir freudestrahlend entgegen. Er hatte ein junges Aussehen, lange schwarze Haare, die in einen Zopf geflochten über seinen Rücken fielen. So wie er grinste, musste ich ihn wohl kennen! Ich grinste zurück, und wir boxten uns freundschaftlich zur Begrüßung. Ich trat ein und erkannte das große Wohnzimmer, wo ich schon einmal mit dem Wachbewusstsein gewesen war.

Außerdem war auch die Frau da mit den langen dunklen Haaren –

meine Traumschwester. Ich ging zu ihr und flüsterte ihr zu: „Was soll ich bloß tun? Ich bin schon wieder mit meinem Wachbewusstsein hier!“

Sie schaute mich lange erwartungsvoll an. Auch der Chinese kam, stellte sich dazu und sagte kein Wort.

Ich hielt es nicht mehr länger aus und flog zurück zu meinem Körper. Als ich im Bett war, erlebte ich einige Schreckensszenen mit irgendwelchen Monstern. Ich wusste aber, dass es sich um Halluzinationen handelte, sie waren nicht wirklich!

Auch danach bin ich wieder mit wachem Bewusstsein abgehoben. Ich drehte mich über meinem Körper wie ein Kreisel und versuchte, wieder hinein zu kommen. Ich blieb draußen und drehte mich weiter. Als Nächstes kam der Chinese. Ich erklärte ihm: „Ich mache das nicht absichtlich, es kommt vollautomatisch!“

Er sagte: „Beruhige dich! Ich weiß es!“ Er hat irgendwas gemacht, und ich war wieder drin in meinem Körper.

Meister Konfuzius erklärt:

Wir hätten gern auch dein Wachbewusstsein unterrichtet, aber der Wunsch dazu musste von dir kommen! Es ist uns nicht gestattet, jemandem etwas aufzudrängen.

Ute:

Leider bin ich nicht auf die Idee gekommen, dass das ein Angebot von dir, Meister Konfuzius, war. Auch hätte ich den Namen Konfuzius allerhöchstens mit China in Verbindung gebracht.

Konfuzius:

Nun, das ist normal! Gräme dich nicht, es hat ja trotzdem noch alles geklappt!

Meister Saint Germain

01. 08. 97 mittags

Bei der Meditation hatte ich einen Wachtraum: Ich fühlte, wie mich jemand an den Haaren hielt und etwas an meinem Stirnchakra machte. Es fühlte sich an, als ob er mit einer Pinzette einen Splitter entfernte. Auch vernahm ich einen missbilligenden Ton, als ob er mit der Zunge schnalzte und über etwas den Kopf schüttelte. Was er an meinem Dritten Auge machte, tat weh! Ich brüllte ihn an und zog ihn ebenfalls an den Haaren. Er sah aus wie der spirituelle Lehrer mit den weißen Haaren. Er streichelte mich an der Wange und entschuldigte sich, dass es wehgetan hatte. Ich sagte: „Ich will wissen, wer du bist!"

Er sagte: „Saint Germain!" Ich antwortete: „Kenne ich nicht!" Gleich darauf war ich wach. Das war der Name, den mir damals meine geistige Schwester Ines genannt hatte und den ich mir nicht merken konnte!

Von Aufgestiegenen Meistern und Erzengeln hatte mein Verstand bisher nur wenig gehört!

Meister Konfuzius erklärt:

Meister St. Germain hat das Implantat aus deinem Stirnchakra entfernt. Es war auch beabsichtigt, dass du es bewusst registrierst!

Die Pyramide

03. 09. 97 mittags:

Heute erlebte ich in der Meditation ein filmartiges, sehr beeindruckendes Erlebnis: Ich stand vor einer dreiseitigen Pyramide, sie hatte Spiegelglaswände. An den drei Ecken, die die Erde berührten, waren Verankerungen angebracht, die sie am Boden hielten. Irgendwoher wusste ich, sie hatte im Zentrum eine schwere Kugel, die sie immer aufrecht hielt. Eine Wand strahlte das Sonnenlicht zurück, die anderen beiden waren im Schatten. Der Eingang befand sich in der Mitte einer Schattenseite, er war bogenförmig. Ich ging hinein. Innen war ein großer dreieckiger Raum. Die Spiegelglasscheiben wirkten von innen blau, sie dämpften das Sonnenlicht, es war aber trotzdem sehr hell. Der Boden bestand aus marmorierten Platten, in der Mitte des Raumes war ein fünfzackiges Pentagramm in die Fliesen eingearbeitet.

Ich wusste, es ließ sich aufklappen und beherbergte den Fahrstuhl. Der Fahrstuhl war zylinderförmig und führte in die Tiefe der Erde. Ich stieg ein, er hatte sieben Etagen. Ich fuhr bis ganz nach unten. Dort stand ich vor einer Höhle mit glühender Lava, und überall war Goldstaub am Boden.

Jemand forderte mich auf, mir etwas aus der Höhle mitzunehmen! Ich dachte erst, dass mir das nicht zustehen würde! Aber die Stimme versicherte mir, es sei meines – ich dürfte es nehmen!

Ich hob also eine Handvoll Goldstaub auf und wollte damit zurück zum Fahrstuhl.

Wieder hielt mich die Stimme zurück, sie erklärte:

„Das Eine ist ohne das Andere wertlos!“

Ich schaue mir die Lava an, sie ist glühend und noch flüssig. Plötzlich habe ich eine Zange in der Hand und nehme mir einen kleinen Klumpen, den ich im Goldstaub wälze. Mit ihm betrete ich den Fahrstuhl, er fährt wieder nach oben. Ich stehe wieder im hellblauen Raum. Der Fahrstuhl verschwindet, und am Boden erscheint wieder das Pentagramm. Irgendwoher weiß ich, dass ich mich jetzt drauflegen soll.

Ich strecke mich auf dem Pentagramm aus und richte meine Glieder – Arme, Beine und Kopf nach den Spitzen aus. Über mir, weit oben, befindet sich die Spitze der Pyramide. Sie ist offen und ein Lichtstrahl trifft nach unten auf mich. Der Lavaklumpen mit dem Gold befindet sich freischwebend im Lichtstrahl und dreht sich. Ich habe das Gefühl, er projiziert seine Kraft in meinen Körper und wird allmählich kleiner, bis er sich ganz aufgelöst hat.

Jetzt ist die Programmierung zu Ende! Ich stehe auf und bedanke mich bei Gott!

Meister Konfuzius erklärt:

Das war die Einweihung in deine Lebensaufgabe! Die Lava steht für die Leidenschaft und Begeisterung in deinem Inneren für diese Aufgabe, und der Goldstaub ist ein Symbol des Lichtes. Es ist wichtig, dass sich beide Elemente verbinden! Dann tust du das, was dich vollkommen erfüllt!

Ich verändere meine Zielsetzung

05. 02. 98:

Ich hatte mich vor anderthalb Jahren selbständig gemacht, beriet Menschen, brachte ihnen Entspannungstechniken bei und versuchte, im Gespräch mit ihnen die Ursachen für ihre Probleme zu finden.

Die Arbeit machte mir viel Spaß! Allerdings konnte ich nicht davon leben, wie ich ursprünglich gehofft hatte. Dafür kamen zu wenige.

Ich dachte wieder einmal über die Situation nach und war im Moment froh, dass ich noch meinen Halbtagsjob hatte.

Mir fiel eine längst vergangene Szene ein: Damals hatte ich meinem Hohen Selbst gesagt:

Ich möchte eine berühmte Therapeutin werden!

Heute dachte ich: So ein Schwachsinn! Als ob's darauf ankäme! Ich stoppte mich und sagte mir: Halt! Nimm' das mal auseinander! Das ist erstens eine ganz egoistische Einstellung und dient zweitens nur deiner persönlichen Karriere! Was tust du denn dabei für andere?

Nach dieser Erkenntnis habe ich die Zielsetzung verändert und sie schriftlich niedergelegt:

Ich möchte nach bestem Wissen und Gewissen mit meiner Intuition und der Hilfe Gottes und des gesamten lichtvollen Universums meinen Klienten auf ihrem Entwicklungsweg behilflich sein!

In der Meditation fragte ich an, ob die neue Zielsetzung positive Auswirkungen auf meine Praxis hätte?

Ich sah ein Bild von einer Pflanze: Es war mein Ficus, er winkte wie wild mit den Blättern und änderte plötzlich die Blattfarbe, sie waren nicht mehr grün/weiß, sondern strahlend gelb. Er sah sehr sonnig aus.

Ich habe es als Zustimmung gewertet!

Meister Konfuzius erklärt:

Die Veränderung der Zielsetzung war sicherlich vorteilhaft! Aber du hattest noch nicht verstanden, dass deine wirkliche Lebensaufgabe eine andere war!

Die Arbeit mit Menschen hat dir viel Verständnis für Zusammenhänge gebracht, aber es gab Talente in dir, die einfach brach lagen. Da war beispielsweise dein Schreibtalent, du warst außerdem als Botschafter für hohe geistige Ebenen vorgesehen und konntest sehr gut feinstoffliches Wissen vermitteln. Deine intensive spirituelle Vorbereitung war keinesfalls Zufall, wie du dir zuweilen einredetest! Auch wenn sie ursprünglich in anderer Form geplant war! Du gehörtest zu den spirituellsten Menschen, die zurzeit auf der Erde inkarniert waren. Deine Empfänglichkeit war brillant. Vom Seelenplan her war vorgesehen, dass du Bücher schreibst und Seminare gabst.

Aber du hattest Angst davor, mit spirituellen Themen an die Öffentlichkeit zu gehen, und wähltest lieber eine Nische, die halbwegs anerkannt war!

Frust

20. 03. 98:

Ich bin im Moment gerade sehr unzufrieden mit meiner spirituellen Entwicklung. Auch habe ich das Gefühl, dass ich früher viel intensivere Erlebnisse hatte als jetzt!

Ich kreide es Micro immer noch an, dass er mir damals gesagt hat, ich hätte da oben nichts zu suchen! So ein Schwachsinn!

Im Moment experimentiere ich gerade mit Edelsteinketten. Seit zwei Tagen trage ich eine Aquamarin-Splitterkette. In der Beschreibung stand allerdings nirgends, dass es dabei zu heftigen verbalen Ausbrüchen kommen könnte.

Ich rase also schäumend durch mein Wohnzimmer und beschimpfe laut die geistige Welt:

„Diese gechannelten Bücher klingen in meinen Ohren alle wie Hohn! All' diese leeren Versprechen! Ja, Ihr seid fein raus, hängt da oben rum und dreht Däumchen! Während unsereins hier unten kämpft und sich abmüht. Seit mehreren Jahren arbeite ich jetzt schon an meinen Macken! Wie ein Brunnenputzer zerre ich alles ans Licht und mache eine Auflösung nach der anderen. Aber denkt Ihr vielleicht, dass sich dadurch irgendwas verändert? Nein! Meine Beziehungen sind frustrierend! Meine Praxis läuft nur mäßig! Meine Finanzen sind im Keller! Ich fühle mich von euch total im Stich gelassen!"

Am Ende meines Ausbruchs lasse ich mich erschöpft in einen Sessel fallen und höre in mich hinein, ob es irgendeine Antwort gibt: Nichts! Das Schweigen im Walde!

In der darauffolgenden Nacht bekomme ich im Traum Talente gezeigt:

Ich stehe in einer Buchhandlung und kaufe mehrere Bücher, es hängen auch Steinketten herum, aber die schaue ich mir nur an.

Jemand ruft mich in einen Hinterraum und erklärt: Ein Lehrer für einen Vortrag über „Existenzängste" sei ausgefallen, ob ich den nicht halten könnte? Der muss verrückt sein! Ausgerechnet ich soll da einspringen!

Ich lehne ab und gehe zum Hinterausgang raus. Hier befindet sich ein chinesisches Restaurant. Obwohl ich dieses Futter eigentlich nicht besonders mag, habe ich dort gegessen.

Meister Konfuzius erklärt:

Nun, im Dampf ablassen ohne wirkliche Bestellung seid ihr alle gut! Und es ist auch wichtig, weil dabei die Erkenntnis in euch reift, dass ihr noch nicht eure eigentliche Lebensaufgabe erfüllt!

Du spürtest instinktiv, dass du nicht am Ziel dessen warst, was dich wirklich begeisterte! Die Talente, die dir gezeigt wurden, waren ein Hinweis darauf!

Außerdem war es keinesfalls schwachsinnig, dass dein Hohes Selbst dich gebremst hat! Es war wegen deiner damaligen schlechten Erdung absolut notwendig!

Die Ur-Energie

10. 09. 98:

Ich arbeite seit längerer Zeit nach den Büchern von Regine Zopf, erst habe ich die Chakren durchgenommen und jetzt experimentierte ich mit der Ur-Energie.

Für die Übung lege ich mich flach hin und sage den Spruch auf: „Ich bin ein Kind des Kosmos. Ich gehe mit der Energie und bin Veränderungen gegenüber offen!“

Ich entspanne mich und spüre als erstes, wie jemand mein Kronenchakra berührt. Es fühlt sich an, als ob mir jemand Reiki geben würde.

Als Nächstes folgt ein Szenenwechsel: Ich liege auf einer Liege und spüre weiter die vibrierende Energie. Die Person, welche mich behandelt, ist an meinem Kronenchakra, sie taucht mit dem Arm tief in meinen feinstofflichen Körper hinein und energetisiert von innen meine Wirbelsäule. Die Energie durchströmt mich bis in die Zehen. Chakra für Chakra beginnt es in mir zu summen und vibrieren. Als die Behandlung fertig ist, sagt er zu mir: „Bleib noch so lange liegen, bis sich dein Kreislauf wieder normalisiert hat!“

Ich bedanke mich und verspreche es.

Später erhob ich mich mit meinem frisch energetisierten feinstofflichen Körper und verließ den Raum. Mein Wachbewusstsein war voll da. Ich ging hinaus und schaute mich um. Draußen erstreckte sich ein hügeliges Gelände mit Parks und mehreren großen Gebäuden. Der Ort schien mir vertraut. Ich wusste, dass ich hier im Traum Seminare besuchte. Diesmal bin ich nicht wie eine Gestörte durch die Gegend geflogen, sondern schaute mich wie ein zivilisierter Mensch um.

Antar und ich üben die Verschmelzung

06. 10. 98:

Ich bin mittags beim Meditieren eingeschlafen und hatte einen kurzen, intensiven Traum mit Antar. Erst alberten wir herum, und dann erklärte er mir ein neues Spiel: Wie man zu einer Person verschmilzt!

Wir stellten uns gegenüber auf und gingen langsam aufeinander zu. Eigenartigerweise war da kein Widerstand, unsere Körper gingen ineinander über. Ich wurde dabei von einem Prickeln durchflutet, welches sehr angenehm war. Antar war in mir verschwunden oder ich in ihm. Dann trat er einen Schritt zurück und wir hatten wieder zwei Körper. Es hatte mir gut gefallen, und ich wollte es gleich noch einmal probieren. Diesmal klappte es nicht. Bei der erneuten Annäherung waren unsere Körper wohl zu materiell.

Meister Kuthumi erklärt:

Antar, dein Seelenbruder, war dafür vorgesehen, mit dir die Kymische Hochzeit zu vollziehen. Kymische Hochzeit bedeutet, dass sich die ehemalige androgyne Wesenheit allmählich wieder zu sammeln beginnt. Versteht es so:

Bei Betreten des Dualen Universums bildet sich aus einem androgynen Wesen eine feinstoffliche Familie. Dazu gehört euer Hohes Selbst und eine unterschiedlich große Anzahl von weiblichen und männlichen Seelen, welche auf bewohnbaren Planeten inkarnieren. Euer Hohes Selbst behält die Übersicht und bleibt im feinstofflichen Bereich. Alle Körper, die Geschlechter haben, werden in der Physis geboren. Ihr wechselt euch dabei mit euren Seelengeschwistern ab und habt auch Ruhepausen im jenseitigen Bereich, bevor ihr wiedergeboren werdet.

Wenn ihr nun auf geistiger Ebene eine bestimmte Reife erreicht habt, kommt der Wunsch auf, dieses Spiel des Vergessens und das Immer-wieder-Geborenwerden zu beenden. Ihr sehnt euch nach Einheit, nach Harmonie, Frieden! Ihr seid es leid, zu kämpfen und euch als Opfer zu erfahren.

In diesem Moment kommt ihr in die Meisterjahre, und in dieser Zeit dürft ihr unter Beweis stellen, dass ihr gelernt habt, eure innere Harmonie zu halten.

Die irdisch inkarnierte Person wird geprüft, ob sie ihr Gleichgewicht halten kann und sich bemüht, positiv zu denken und bewusst aus dem Opfer- und Kämpferspiel auszusteigen. Eure Geschwister im jenseitigen Bereich durchlaufen ebenfalls eine Prüfung. Sie dürfen unter Beweis stellen, dass sie euch selbständig ohne die Hilfe des Hohen Selbstes betreuen können.

Habt ihr diese Prüfung erfolgreich absolviert, bekommt ihr die Genehmigung zur Kymischen Hochzeit! Was gleichzeitig bedeutet, dass damit das Rad der Wiedergeburt angehalten wird. Es wäre somit eure letzte irdische Inkarnation!

Bei der Kymischen Hochzeit wird eine Person in der Physis mit einem Seelenbruder oder einer Seelenschwester aus dem jenseitigen Bereich zu einer Person verschmolzen. Dieses Ereignis findet nachts in euren Träumen statt!

Seit dem Jahrtausendwechsel sind Kymische Hochzeiten auf eurem Planeten besonders verbreitet, weil sich die Erde seitdem in einer Schwingung befindet, die diese Verschmelzung unterstützt.

Ich treffe meinen verstorbenen Großvater und die Tante

23. 01. 99:

Im Traum war ich bei meiner Großmutter zu Besuch. Plötzlich materialisierte sich mein verstorbener Großvater. Er lächelte mich an und sagte: „Deinen Freund, den Berti, kenne ich gut! Wir sind gute Kumpels!“ Ich freute mich darüber.

Im nächsten Moment vernahm ich noch eine bekannte Stimme. Omas verstorbene Schwester rief laut: „Sag den anderen, mir geht's gut! Ich bin wieder vollkommen hergestellt und mein Gedächtnis funktioniert hervorragend!“

Sie war vor einigen Jahren mit Alzheimer gestorben. Eine schöne Nachricht!

Experiment: Schreibkanal

Ab Frühjahr 99:

Seit einigen Jahren kamen mir gelegentlich gigantische Sätze in den Sinn. Es waren solche Sätze wie: „Du bist die spiegelgewordene Materie deiner Gedanken, Gefühle, Befürchtungen und Erlebnisse!“

oder: „Jeder in der Vergangenheit erlittene Schaden kann in der Gegenwart nur die Größe einnehmen, die du ihm selber einräumst!" und noch einiges mehr.

Ich war immer sehr begeistert von den Sätzen, schrieb sie auf und hängte sie an meine Wand. Mir kam allerdings niemals in den Sinn, es könne sich dabei um empfangene Botschaften handeln. Irgendwie glaubte ich, dass ein schlauer Teil in mir sie produzierte.

Im Moment las ich gerade das Buch „Gespräche mit Gott" von Neale Donald Walsh. Ganz zu Anfang berichtet der Autor, dass er in seiner größten Lebenskrise einen frustrierten Brief an Gott geschrieben hätte und danach Antworten erhalten habe. Ich war sofort begeistert! Wenn der das gemacht und es bei ihm geholfen hat, dann tue ich es auch! Bei mir lief ja auch einiges schief!

Allerdings wollte ich nicht an Gott schreiben, das war mir eine Etage zu hoch. Aber ich beschloss, an mein Hohes Selbst zu schreiben. Möglicherweise kam ja etwas Brauchbares dabei heraus!

Da ich ein Faible für's Schreiben hatte und auch ständig meine Experimente notierte, hatte ich immer einen Vorrat an Heften und Büchern. Ich wählte das fetteste, karrierte Buch aus, welches ich besaß. In dem Moment hatte ich noch keine Ahnung, dass es am Jahresende vollgeschrieben sein würde!

Ich schrieb also eine meiner persönlichen Problematiken auf und endete mit einer Frage. Danach entspannte ich mich und stellte mir vor, eine Antenne auszufahren, die sich mit der Spitze in einem Regenbogen verankerte. Ich bestellte: „Ich möchte eine klare Antwort auf meine Frage!"

Als sich ein angenehmes Gefühl am Kronenchakra einstellte, öffnete ich wieder die Augen, las noch einmal die Frage und schrieb das auf, was mir intuitiv im Inneren als Antwort kam.

Der folgende Dialog ist eine Kostprobe davon:

Ute:

Was mache ich eigentlich bei Beziehungen falsch? Jetzt habe ich schon das zweite Mal eine Beziehung gelebt, bei der ich das Gefühl hatte, dass sie mich herunterzieht, dass ich dadurch nicht gewinne, sondern mich einschränke.

Antwort:

Falsch in dem Sinne machst du gar nichts! Die Beziehung hat genau deinem inneren Wunsch entsprochen! Sie war nicht falsch! Was dich herunterzieht, ist das Gefühl der Einschränkung – der beschränkten Kommunikation.

Sei du selbst! Es ist richtig, dass du auf deine Gefühle hörst! Lebe nur dann eine Beziehung, wenn sie auf allen Ebenen stimmt! Alles andere ist Begrenzung und das brauchst du nicht! Das kann niemals der Weg sein!

Ute:

Wo ist also mein Weg? Soll ich überhaupt weiter nach einem Mann suchen?

Antwort:

Frage dein Herz, Kind des Lichtes! Was ist dir wertvoll? Was ist dir wichtig? Wo willst du wirklich hin? Ist es dein ehrlicher Herzenswunsch, dich mit einem Mann zu verbinden? Wo soll das hinführen?

Deine Vorstellungen darüber sind nicht klar! Du setzt keine klaren Signale – nur klare, von Liebe getragene Signale ernten Früchte! Wo in deinem Körper fühlst du die Magie einer Beziehung? Kommt dein Wunsch wirklich von Herzen, oder steht etwas anderes dahinter?

Ute:

Ich weiß, der eigentliche Wunsch dahinter ist spirituelle Entwicklung – eine Beschleunigung, die ich mir davon verspreche. Ich glaube, das ist auch der Grund, warum ich überhaupt suchte. Kannst du dazu etwas sagen?

Antwort:

Du suchst ohne wirkliches Interesse! Und da hast du Recht: Halbherzige Wünsche führen nicht zum Ziel!

Ute:

Ich hatte vor Jahren mal eine Bestellung aufgegeben, in der ich den Mann, den ich gern kennenlernen würde, ziemlich genau beschrieben habe. Er ist aber nie aufgetaucht! Warum?

Antwort:

Weil es kein echter Wunsch war! Ein echter Wunsch enthält Leidenschaft und Liebe. Davon war bei deiner Bestellung keine Rede. Wenn sie ehrlich formuliert gewesen wäre, hätte sie heißen müssen: Ich möchte so schnell als möglich mein volles spirituelles Potenzial entfalten, und da ich glaube, dass ich dafür einen Mann brauche, nehme ich ihn halt in Kauf!

Ute:

Mist, das war schon wieder die Wahrheit! Micro hat mir mal gesagt, wenn ich lieben würde, würde ich mich schneller entwickeln.

Antwort:

Ja, Liebe ist eine Transformation! Sie setzt gewaltige Energien frei – aber nur wirkliche Liebe, die von Herzen kommt!

Ute:

Ich habe keine Lust mehr, weiter auf diese Weise zu suchen, es deprimiert mich und zieht mich runter, und alles, was ich dabei ernte, ist Frust. Obendrein plagt mich dann noch das schlechte Gewissen, weil ich das Gefühl habe, mit anderen Menschen gespielt zu haben. Kannst du dazu etwas sagen?

Antwort:

Spielen ist nicht verkehrt! Spiele in Freude! Du verleidest es dir selber!

Wisse, dass deine Bestellung ins Universum genau das anzieht, was darauf passt. Es landet niemand aus Versehen einen Lottogewinn! Also mache dir keine Gedanken darüber. Gleiches zieht Gleiches an! Und lasse dir von niemandem das Gegenteil einreden.

Ute:

Das erleichtert mich! Ich befürchte, ich habe im Moment gar keine Lust, mich noch einmal auf so etwas einzulassen. Ich verschwende nur meine Zeit und meine Energie. Oder was meinst du?

Antwort:

Das liegt ganz bei dir! Du triffst die Entscheidungen. Und wie du schon sagtest: ... du befürchtest! Was befürchtest du denn? Wovor hast du Angst? Was könnte passieren, wenn du dich tatsächlich einlässt?

Ute:

Das weiß ich auch nicht! Ich verspüre bloß im Moment überhaupt keinen Wunsch danach. Natürlich habe ich irgendwo Ängste und einschränkende Glaubenssätze, das gebe ich ja zu.

Antwort:

Schön, wie wäre es, wenn du dir deine Ängste anschaust?

Natürlich nur so zum Vergnügen! Was befürchtest du denn?

Ute:

Ich befürchte, dass ich vereinnahmt werde, mich nicht gescheit abgrenzen kann und dabei meine eigenen Ziele aus den Augen verliere. Ja, das ist eine von meinen Befürchtungen.

Antwort:

Das ist eine Randbefürchtung, die vollkommen bedeutungslos ist. Du befürchtest etwas viel Wesentlicheres!

Ute:

So, was denn?

Antwort:

Das findest du heraus, wenn du durch das Gefühl der Angst hindurchgehst – dahinter wartet die Wahrheit. Lass dich treiben, spüre hinter den Nebel der Angst! Tu es! (Habe ich probiert!)

Ute:

Ich hatte vorhin ein absolut gewaltiges Gefühl! Mir fehlen die Worte, um es zu beschreiben: Es war eine Wucht, ein absolutes Glücksgefühl, Euphorie hoch zehn! Etwas, was mich traf wie eine Bombe, und nach oben katapultierte. War das das Gefühl hinter der Angst?

Antwort:

Ja, mein Liebling! Das ist das Gefühl der Transformation, die durch wahre Liebe entsteht. Wie viel davon kannst du ertragen? Willst du dein volles Potenzial leben oder lieber die Begrenzung?

Ute:

O Gott. Ich befürchte, das kommt einem Erdbeben gleich. Es würde mein Leben vollkommen auf den Kopf stellen und kein Stein bliebe mehr auf dem anderen. Habe ich Recht?

Antwort:

In gewissem Sinne schon, aber es wäre ein wohltuendes Erdbeben, bei dem sich das Mosaik der Steine neu ordnet. Positive Veränderungen sind leicht!

Ute:

Du willst es mir schmackhaft machen? Aber mir ist schlecht vor Angst und mir zittern die Knie. Wie kann sich ein vernünftiger Mensch ein derartiges Erdbeben bestellen, das ist doch der helle Wahnsinn!

Antwort:

Ein vernünftiger Mensch tut das nicht! Der sucht mit dem Kopf – du kennst das ja!

Ute:

Nur mal angenommen, ich würde es wollen! Wie sollte ich das denn in meiner Bestellung formulieren?

Antwort:

Du gibst nur das Signal, wenn du wirklich bereit bist. Alles andere arrangiert sich von selbst. Verlasse dich darauf!

Ute:

Wie lang ist denn die Warteliste für einen transformationsbereiten Mann?

Antwort:

Heißt das, du bist bereit?

Ute:

Nein, nein! Meine Knie zittern immer noch! Ich wollte nur eine Vorab-Information. Kannst du mir vielleicht näher beschreiben, wie dieser Prozess vor sich geht?

Antwort:

Sei klar! Sei klar in dem, was du wirklich möchtest!

Ute:

Tief in meinem Inneren weiß ich, dass es das Einzige ist, wofür es sich wirklich zu leben lohnt. Von Begrenzung habe ich endgültig die

Nase voll! Bei der Beziehung mit Berti habe ich geliebt, sicher nicht mit dieser explosionsartigen Leidenschaft, aber in dem Maße, wie es mir damals möglich war. Und diese Beziehung hatte eine ganz andere Basis. Wir hatten auch Kämpfe, aber sie haben niemals die Beziehung in Frage gestellt. Ich möchte mich nicht mehr begrenzen! Ich will alles!

Antwort:

Erinnere dich an die Faszination, als du ihn kennen lerntest! Was hast du damals gefühlt?

Ute:

Ich war fasziniert von seinen Augen, von der Art, wie er schelmisch lachte. Ich hatte nach kurzer Zeit das Gefühl, dass ich ihn schon 100 Jahre kenne! Ich habe nachts wachgelegen und überlegt, was bloß passiert ist? Ich konnte an nichts anderes mehr denken! Wie ein Virus, der mich erwischt hat! Mein Verstand hat eine Zeit lang gekämpft – bis ich mir gesagt habe, dass es doch viel besser ist als alles Bisherige.

Antwort:

Was hast du gefühlt?

Ute:

Wärme, Anziehung, Faszination – ein unerklärliches Begehren. Ich hatte das Gefühl, dass es vorbestimmt war. Dass mich irgendetwas zu ihm hingeführt hat. Wir waren zu Anfang mal zusammen essen, wir haben uns nur wenig unterhalten. Aber etwas Eigenartiges geschah zwischen unseren Energien: Es war, als ob die Luft knisterte! Mein Denken hat total ausgesetzt. In meinem Schädel war eine Schallplatte hängen geblieben und sie spielte nur noch: Bertram, Bertram, Bertram!

Mein Verstand sagte hinterher, dass mir so etwas Dämliches noch nie passiert sei! Es war absolute Faszination! Mich hatte es total erwischt!

Ute:

Wenn ich das lese, wird mir klar, wie sehr ich mich zurückgenommen habe! Ich habe keine Lust mehr, mit dem Verstand nach dem Idealpartner Ausschau zu halten. Meine letzten

Beziehungen kommen mir verdammt seicht und oberflächlich vor. Wie ist es möglich, dass das Eine so intensiv ist und das Andere so lahm? Könntest du mir den Unterschied erklären?

Antwort:

Es kommt ganz darauf an, auf welchen Ebenen die jeweilige Beziehung Verankerungspunkte hat. Es gibt Verbindungen, die bestehen hauptsächlich auf mentaler Ebene, dann gibt es Verbindungen, die auf physisch – sexueller Ebene ablaufen, wieder andere bestehen auf emotionaler Ebene. Und dann gibt es Beziehungen, die bestehen auf Herz- oder Seelenebene.

Die Herzebene ist die stärkste Verbindung, weil deine Seele dabei ihrem Entwicklungsweg folgt. Deine Seele hat ein Interesse daran, dass du wach wirst, und sie hat ihre Pläne, wie sie dein Wachbewusstsein dorthin führt. Sie sieht Dinge voraus und trifft Verabredungen, die immer wieder neu auf feinstofflicher Ebene abgestimmt werden. Wenn du bereit bist, dein Herz zu öffnen, wird dich deine Seele führen.

Und wer bereit ist, sein Herz zu öffnen und sich ganz hinzugeben, hat es nicht nötig, eine seitenlange Bestellliste zu schreiben, er vertraut einfach auf seine innere Führung!

Ute:

Ich habe schon wieder ein neues Dilemma: Einerseits hast du mir sinngemäß gesagt, dass ich keinen Mann brauche, um mein spirituelles Potenzial zu entfalten, andererseits steht da, dass die Transformation durch die Liebe geschieht. Was ist nun wirklich wahr? In welche Richtung soll ich mich entwickeln?

Antwort:

Höre auf das, was dir dein Herz rät! In jedem Augenblick, in jeder Situation – übe dich darin! Wenn du auf das hörst, was dir dein Herz sagt, dann wachst du nicht plötzlich auf und stellst fest: Ich habe eine Beziehung, die ich gar nicht wollte! Bleib klar, höre auf deine Gefühle!

Ute:

Wie bin ich eigentlich in die Beziehung mit M. hineingeraten?

Antwort:

Einerseits hattest du in deinen Glaubenssätzen die irrige Vorstellung: Wenn ich A tue, bekomme ich dafür B – also spirituelle Entwicklung. Das war die Energie, die dich angetrieben hat! Andererseits warst du der Meinung, wenn ich A sage, sollte ich auch irgendwann B sagen, das heißt, die Beziehung vollziehen. Das alles hat dich davon weggebracht, auf dein Herz zu hören! Hättest du auf dein Herz gehört, hättest du A gesagt, A gesagt, A gesagt – sprich: Ihr hättet euch getroffen und unterhalten – aber mehr wäre nicht drin gewesen! Dein Herz hätte es dabei belassen! Aber du hast es nicht gefragt!

Ute:

Ich fühle mich sagenhaft erleichtert, dass das so ist! Jetzt brauche ich wenigstens nicht mehr irgendwelche Verrenkungen auf mich zu nehmen, nur um euch zu gefallen – ich meine, meinen geistigen Führern. Ich werde nur noch das tun, was mir am Herzen liegt!

Antwort:

Eine hervorragende Idee! Wann fängst du damit an?

Ute:

Jetzt! In diesem Augenblick!

Meister Konfuzius erklärt:

Beim Schreibkanal seid ihr verbunden mit eurer inneren Stimme, trainiert eure Intuition und lernt dabei, Botschaften aus anderen Ebenen zu empfangen. Es ist eine außerordentlich wertvolle Übung, die euer eigenes Vorwärtskommen sehr bereichert. Auch erkennt ihr dabei klar, auf welchen Gebieten eures Lebens ihr falsche Glaubenssätze oder Überzeugungen pflegt.

Meine Lebensaufgabe

17. 05. 99:

Ich rief vor dem Zubettgehen die Aufgestiegenen Meister und Erzengel und erklärte ihnen, dass ich ganz deutlich wissen möchte, was meine Lebensaufgabe sei!

In der Einschlafphase spürte ich, dass Antar da war. Wir flogen zusammen auf die Traumebene und landeten in einer Aula.

Es waren viele Schüler anwesend. Wir nahmen ziemlich weit vorn Platz. Auf dem Podium materialisierte sich der Lehrer. Er sah aus wie der Chinese, den ich schon mehrfach getroffen hatte. Er eröffnete den Unterricht mit dem Satz:

„Geliebte Schüler des Lichtes, schreibt bitte die 5. Dimension auf den Plan!“ Was danach kam, habe ich vergessen.

Am nächsten Morgen ertappte ich mich wieder beim Meckern. Ich sagte sinngemäß:

„Die fünfte Dimension! Deutlicher ging's wohl kaum! Das kann man wieder ziehen wie Gummi! Aber was ich ganz genau machen soll, weiß ich deswegen noch lange nicht!“ Mecker, mecker, mecker! Ich stoppte mich.

Natürlich wäre es mir lieber gewesen, wenn sie mir gesagt hätten: 1. machst du das! 2. das! Und 3. dieses! Aber ich wusste auch von meinen Begegnungen im feinstofflichen Bereich, dass es so nicht funktionierte!

Irgendwo tief in meinem Inneren spürte ich ganz deutlich, was meine wahre Aufgabe war:

Sie hatte ganz klar mit Spiritualität und dem Empfangen von Botschaften zu tun! Nur musste ich mich selbst dazu entschließen! Meinen eigenen Entschluss konnte mir niemand abnehmen!

Meister Konfuzius erklärt:

Sehr gut erkannt!

Nun, wir werden euch keine konkrete Aufgabe zuweisen! Ihr spürt sehr deutlich in eurem Inneren, wovon ihr begeistert seid und was euch wirklich Erfüllung schenkt!

Wir achten auch euren freien Willen, und ihr seid es, die sich dafür oder dagegen entscheiden! Den Zeitpunkt, wann ihr bereit seid, bestimmt ebenfalls ihr!

Die violette Flamme

20. 05. 99 mittags:

Momentan arbeite ich gerade mit Meister St. Germain und der violetten Flamme. Da ich Schwierigkeiten habe, mir eine Flamme vorzustellen, nehme ich einfach die Farbe Violett. Ich glaube, es wirkt trotzdem. Ich spüre deutlich, wie mein Energiefeld stärker schwingt. Sonstige Erlebnisse traten dabei nicht auf.

Meister St. Germain erklärt:

Seid gegrüßt! Ich bin St. Germain, der Hüter des violetten Feuers! Diese Energie findet ihr auch in dem Stein Amethyst!

Es ist eine reinigende, schwingungserhöhende Energie, die alles aus dem Weg schafft, was euch an alten Beeinträchtigungen behindert. Das Feuer das Transformation katapultiert euch vorwärts!

Solltet ihr das Gefühl haben, auf der Stelle zu treten oder irgendwelche Blockaden zu verspüren, dann verbindet euch mit der violetten Flamme.

Der Beschwerdebrief

26. 05. 99:

Ich habe mal wieder das Gefühl, dass es nicht vorwärts geht, und schreibe aus diesem Grund einen Beschwerdebrief an meine geistigen Lehrer.

Irgendwie glaube ich, dass etwas Altes in mir rumort und mich immer wieder zurückzieht. Dabei habe ich den „Schrottplatz" sehr intensiv bearbeitet! Aber es ist, als hätte ich einen Bremsklotz am Bein. Was ist da noch?

Wieso kommen andere Leute scheinbar ohne Schwierigkeiten vorwärts? Wohingegen ich mir alles erkämpfen muss! Was hemmt mich noch?

Ich möchte die Hilfe der Aufgestiegenen Meister und Erzengel und bitte um eine klare Antwort!

Anschließend meditiere ich:

Als erstes spüre ich die Energie am Kronenchakra – später in der gesamten Aura. Kurz darauf bin ich eingenickt und sah folgende Szene:

Ich fuhr zusammen mit jemandem in einem roten Cabriolet. Wir hatten ein irres Tempo, es ging immer bergauf. Wir hielten schließlich vor einem Gebäude an, es war das „Hansen-College". Ich wurde dort angemeldet.

Keine Ahnung, was man dort lernt!

Meister Konfuzius erklärt:

Erst einmal möchten wir betonen, es gibt fast niemanden, der diese Transformation ohne Schwierigkeiten durchläuft!

Das Hansen-College ist eine Ausbildungsstätte, welche sich darauf spezialisiert hat, Implantate oder Anbindungen an niedere Energien bewusst zu machen und zu beenden!

Du hattest ein Implantat im Stirnchakra, welches störende Signale in deine Aura abgab.

Andere Menschen tragen möglicherweise ein niederes Wesen in der Aura. Und wieder andere sind empfänglich für schwarze Magie.

Nun ist es durchaus nicht so, dass so etwas jedem passieren könnte! All diese Vorkommnisse sind keineswegs zufällig! Sie haben in jedem Fall etwas mit eurer Vergangenheit zu tun!

Das Hansen-College macht solche Verbindungen bewusst, so dass ihr verstehen lernt, welche Aktion in diesem Leben zu der Empfänglichkeit geführt hat. Das ist eine Voraussetzung, um es für immer zu beenden!

Die Channelausbildung

Juni 99:

Ich habe mich angemeldet zur Channelausbildung in einem deutschen Seminarhaus in Frankreich. Es sind drei Unterrichtsblocks von jeweils 8 Tagen. Da ich nicht mehr so viel Urlaub habe, wird es sich wahrscheinlich bis ins nächste Jahr hinziehen. Solange übe ich ganz einfach mit dem Schreibkanal. Die Ausbildung macht viel Spaß!

Als ich wieder zu Hause war, hatte ich folgenden Traum:

Ich träumte nachts von der Channelausbildung. Dabei verband ich mich mit der Meisterebene und bekam lauter gigantische Botschaften! Ich schwebte vor Begeisterung auf Wolken. Dummerweise habe ich den Inhalt der Botschaften komplett vergessen!

Meister Konfuzius erklärt:

Wir wollten dir doch wenigstens deutlich machen, dass du auf dem richtigen Weg bist!

Soll ich kündigen?

21. 09. 99:

Am liebsten würde ich sofort meinen Halbtagsjob hinwerfen und nur noch in der Praxis arbeiten. Die Beratung von Menschen mit ihren vielseitigen Problemen ist absolut interessant, und ich lerne dabei auch etwas über Zusammenhänge, die man nur bei der praktischen Anwendung erkennt. Auch rufe ich immer Meister Hilarion und bitte ihn um Unterstützung.

Ich fühle mich hin- und hergerissen zwischen Vorwärtsstürmen und auf der Bremse stehen. Am liebsten würde ich gnadenlos nur noch das machen, was mich begeistert.

Auf der anderen Seite habe ich Angst, dass zu wenig läuft und ich nicht davon leben kann!

Schließlich sehe ich ein, dass es noch zu früh ist.

Meister Konfuzius erklärt:

An der Intensität eurer Angst könnt ihr ablesen, ob ein solcher Schritt in die Selbständigkeit angebracht ist oder noch nicht!

Diesmal wollte dir deine Angst sagen: Die Zeit ist noch nicht reif!

Meister El Morya

19.10. 99:

Zurzeit arbeite ich gerade mit Meister El Morya, lasse seine Energie durchfließen und bestelle: Ich möchte deutlich deine Energie spüren und ganz genau verstehen, wofür du zuständig bist!

Als Erstes kribbelt mein Drittes Auge, danach die Augenbrauen, die Augen, die Wangen, die Nase, die Ohren, beide Gehirnhälften und das

Kleinhirn. Letztendlich der ganze Kopf außer dem Kieferbereich. Plötzlich kann ich Aurasehen! Vor mir ist eine Gestalt mit einer wunderbaren regenborgenfarbigen Aura.

Nach der Meditation rase ich zum Fenster und schau mir die Leute auf dem Parkplatz an. Sie sehen normal aus – ohne Aura! Im Alltag kann ich es nicht. Vielleicht wäre es mit mehr Geduld erlernbar?

Der Energieaustausch mit dem Hohen Selbst

21. 10. 99:

Seit Juni mache ich regelmäßig den Energieaustausch mit dem Hohen Selbst, welchen ich bei der Channelausbildung gelernt habe. Dabei ruft man das Hohe Selbst an, verbindet sich und schießt dann Energiebälle nach oben. Nicht etwa um das schwächelnde Hohe Selbst mit Lebensenergie zu versorgen, sondern weil diese Energie, aufgeladen mit höherer Schwingung, zurück fließt.

Zu Anfang habe ich ganz genau beobachtet, ob mein Hohes Selbst die Energie tatsächlich zurückschickt – hat es getan! Es fühlte sich an wie eine Energiewelle, die vom Kronenchakra her durch die Aura rollt.

Langsam wird die Übung langweilig, und ich frage aus diesem Grund mein Hohes Selbst: „Was bringt eigentlich diese Manna-Übung?"

Später sehe ich ein Bild: Ich rase in einem Wahnsinnstempo den Berg hinauf!

Wenn das so ist, mache ich halt weiter!

Meister Konfuzius erklärt:

Der Energieaustausch mit eurem Hohen Selbst stammt aus der Huna-Lehre und bringt euch stetig voran auf eurem Bewusstseinsweg!

Ihr habt dadurch immer die höchstmögliche Schwingung, die euer energetisches System zu tragen bereit ist. Ihr werdet, bildlich gesprochen „vorangeschubst“!

Das Siegel in meiner Aura

11. 11. 99:

Ich besuche einen weiteren Channel-Kurs. Der mediale Lehrer sagt mir, ich hätte ein Siegel in der Aura, welches mich in der freien Entfaltung behindert. Er empfiehlt mir, ein Clearing zu machen. Das ist eine Reinigung der feinstofflichen Körper!

Als ich wieder zu Hause bin, denke ich darüber nach. Ich habe mich zum Clearing angemeldet, aber der Termin ist erst Ende der Woche. In der Zwischenzeit versuche ich etwas Genaueres herauszukriegen:

Im Schreibkanal finde ich heraus, dass ein Siegel eine alte Beeinträchtigung ist, die man sich selbst gewählt hat. Angenommen, man war in einem Leben hellsichtig, hat aber diese Kraft missbraucht, dann könnte man durch diese Erfahrung wählen, dass man nie wieder hellsichtig sein möchte! So wirkt ein Siegel!

Ich frage in der Meditation nach, wo sich das Siegel befindet: Mein Drittes Auge beginnt heftig zu kribbeln!

Als ich später darüber nachdenke, fällt mir Meister St. Germain ein, der mir mal mit einer Pinzette etwas am Stirnchakra gemacht hat. Vielleicht hat er es damals schon entfernt?

Ich frage über das Pendel nach und erhalte die Antwort: „Ja!“ Dann ist also das Siegel raus? „Nein!“ Hat sich ein neues gebildet? „Ja!“ Soll ich das Clearing machen? „Ja!“

Irgendwie scheinen sich die Antworten zu widersprechen. Ich gehe aber zum Clearing!

Anscheinend hat es gewirkt! Ich träume die gesamte nächste Nacht, dass ich die Kanalisation mit dicken Feuerwehrschläuchen reinige.

Meister Konfuzius erklärt:

Wir sind sehr froh, dass du zu dieser Reinigung gegangen bist, und sie war auch erfolgreich!

Allerdings kamen noch weitere Lernschritte auf dich zu! Du musstest die Hintergründe verstehen und deine persönliche Verstrickung in dieser Angelegenheit. Solange du dich für ein armes, unschuldiges Opfer hieltest, was ungerechtfertigter Weise in etwas hineinschlittert, warst du nicht gefeit gegen neue Anfeindungen. Es war wichtig, dass du einen umfassenden Blickwinkel auf die Situation bekamst. Und dazu verhalf dir Meister Gentl vom Hansen-College.

Besuch von einer „Echse"

22. 11. 99:

Als ich im Bett liege, habe ich das Gefühl, dass jemand daneben steht. Ich denke, es könnte Antar sein oder jemand aus meiner Seelenfamilie, vielleicht auch ein Aufgestiegener Meister. Ich quatsche ihn ein bisschen voll und gleite schließlich in einen Wachtraum:

Als sich mein Traumkörper erheben will, drückt jemand die Bettdecke fester. Er macht etwas an meinem Stirnchakra. Ich greife nach seinem Kopf. Er hat einen gewellten Hinterkopf – also eine „Echse".

Am nächsten Tag fühle ich mich beschissen. Irgendetwas stimmt nicht! Kann es sein, dass dieser Außerirdische wieder ein Siegel angebracht hat? So unverschämt kann er doch wohl nicht sein? Oder?

Als ich später darüber nachdenke, fällt mir ein, dass ich vor Jahren mal einen Traum hatte, in dem wir alle Implantate in die Stirn eingesetzt bekamen. Zu Hause wälze ich alte Traumbücher und finde schließlich den Eintrag am 29. 5. 95 – es ist über 4 Jahre her.

Ich frage das Pendel:

Habe ich ein neues Implantat oder Siegel? „Ja!“

Das muss ich erstmal verdauen! Im Moment habe ich keine Ahnung, wie ich dagegen vorgehen soll. Kaum lässt man es „herausclearen“, bekommt man ein Neues! Wie soll ich mich dagegen wehren?

Meister Konfuzius erklärt:

Die Szene, die du mit dem Außerirdischen und dem neuen Implantat erlebtest, war gestellt! Es war wichtig, dass du verstandest, dass dieser Eingriff etwas mit dir persönlich zu tun hat! Auf diese Weise konnten wir dich zu einer Ursachen-Forschung ermuntern!

Die Ursache

November 99:

Ich ging nachmittags mit Heidi Kaffeetrinken und erzählte ihr von meinem neuesten Schlamassel. Sie gab mir zwei Empfehlungen:

1. Sollte ich herausfinden, was das Ganze mit mir zu tun hat! Es kann kein Zufall sein!

2. Es hat keinen Sinn, Dauerkunde beim Clearing zu sein. Ich soll zusehen, dass ich es selbständig machen kann.

Ich bin sehr dankbar, dass es Heidi gibt! Sie schüttelt solche Ratschläge einfach aus dem Handgelenk. Wogegen ich, die jede Menge Schulungskurse besucht hat, mal wieder bei mir selbst den Wald vor Bäumen nicht sehe!

Daheim meditiere ich und bestelle: Ich will wissen, was das alles mit mir zu tun hat!

Ich empfange mit aller Deutlichkeit den Satz: „Du hast es dir bestellt!“

Ich??? Gerade will ich mich darüber aufregen und ereifern, dass ich so etwas Bescheuertes nie bestellen würde, da sehe ich eine Szene aus meiner Jugend: Ich schreibe ein Drehbuch. In dieser Phase wollte ich unbedingt Drehbuchautor werden. Die Geschichte hatte ich mir selber ausgedacht:

Die Hauptperson war ein Medizinstudent, der einen Pakt mit dem Teufel abschloss. Er bekommt ein „Teilchen des Bösen“ eingesetzt, darf niemals von Herzen lieben und erhält dafür Reichtum und Macht.

Ich hatte diese Geschichte in meinem jugendlichen Leichtsinn ersonnen, ohne auch nur einen Gedanken daran zu verschwenden, dass sich dadurch später einmal irgendwelche Konsequenzen ergeben könnten. Damals, als ich sie schrieb, hatte ich ein vollkommen atheistisches Weltbild. Auch wurde sie niemals vollendet, und ich war mir sicher, dass ich sie vor Jahren bereits weggeschmissen hatte. Fehlanzeige!

Ich fand die vergilbten Zettel im untersten Fach meines Aktenschrankes. Die Geschichte beschrieb eine bösartige Macht, die im Hintergrund lauerte und ausgewählte Personen mit Microchips ausstattete, welche deren Charakter negativ beeinflussten. Der Medizinstudent wurde gefühllos und gemein!

War es wirklich möglich, dass so eine alte, ausgedachte Geschichte die Macht hatte, mir ein Implantat zu verschaffen? Es erschien mir ein wenig absurd!

Aus Sicherheitsgründen verbrannte ich sie trotzdem und erklärte der geistigen Welt, dass ich dieses Drehbuch nach heutigem Wissensstand als falsch ansehen würde und mich von jetzt an und für alle Zeiten davon distanzieren möchte!

Danach habe ich gependelt, um herauszufinden, wen ich für ein Clearing von diesem Implantat rufen sollte?

Es kam Erzengel Raphael heraus!

Als ich abends zu Bett ging, habe ich ihn gerufen, ihm die ganze Angelegenheit erzählt und ihn gebeten, mir zu helfen.

Ich träumte in der Nacht, dass ich mit einem älteren Mann vor einem Tisch stand. Auf dem Tisch lag eine grobe Kette, wie sie in der Industrie zum Heben von Lasten verwendet wird. Jedes einzelne

Kettenglied war aufgebogen.

Am Morgen im Halbschlummer sagte eine Stimme zu mir: „Glückwunsch! Ich bin Gentl! Von jetzt an wird alles gut!"

Ich fühlte mich um Tonnen leichter! In den nächsten zwei Nächten kamen Echsen und bettelten darum mir ein neues Implantat einsetzen zu dürfen. Sie jammerten und versprachen mir Unterstützung und Reichtum. Sie appellierten an mein Mitgefühl und behaupteten, wir seinen doch irgendwie fast verwandt, und ich könnte sie doch nicht so fallen lassen. Ich blieb hart und sagte ihnen: „Verschwindet aus meinem Leben!"

Nach wenigen Tagen erfüllte mich ein Gefühl der Freiheit und Leichtigkeit und mein Humor kehrte zurück! Es war vorbei!

Meister Konfuzius erklärt:

Implantate sind manipulative Minisender – Chips, wie sie von einigen Außerirdischen der Plejaden verwendet werden, um andere Personen zu kontrollieren und auf ihrem Lichtweg zu behindern. Plejadier sind die Außerirdischen mit dem gewellten Hinterkopf, vor denen dich bereits Micro warnte.

Das bedeutet aber nicht, dass alle Plejadier manipulativ sind! Es gibt auch sehr lichtvolle Plejadier, die der Erde und ihren Bewohnern beistehen. Es handelt sich bei den Manipulativen um eine bestimmte Gruppe, die nicht ins Jenseits gegangen ist und das Ziel verfolgt sich auf der Erde niederzulassen. Diese Gruppe lebt teilweise unterirdisch in Höhlen. Sie haben die Fähigkeit ihr Aussehen als menschlich darzustellen. Ein Teil dieser Gruppe ist sehr manipulativ und beeinflusst und übernimmt irdische Menschen. Im allgemeinen sind sie interessiert an hochgestellten Personen in machtvollen Positionen. Sie treiben schon sehr lange ihr Unwesen! Aber ihre Zeit ist abgelaufen.

Es gibt allerdings Gesetze, denen auch sie unterworfen sind, sie dürfen nicht ohne Zustimmung der irdischen Person eingreifen und ihren Einfluss geltend machen. Mit anderen Worten: Sie können nicht ungefragt jedem erwachenden Menschen einen solchen Minisender verpassen oder einen Politiker negativ beeinflussen. Dafür muss eine Bestellung von der betreffenden Person vorliegen! Es passiert nicht zufällig und wahllos! Die irdische Person muss ihre Zustimmung geben.

Deine Bestellung hattest du abgegeben mit der Geschichte über den Medizinstudenten, der einen Pakt mit dem Teufel schließt. Es war auch kein Zufall, dass du sie schriebst, weil du dich bereits vor dieser Inkarnation bereit erklärt hattest, an der Aufklärung dieser Implantate mitzuwirken!

Deine Phantasie hatte dich ermuntert, dieses Drehbuch zu erschaffen, und es war eine perfekte Analogie zum Treiben der Plejadier! Du erfandest ein „Teilchen des Bösen", welches dem Medizinstudent vom Teufel eingesetzt wurde, worauf sich sein Charakter zum Negativen veränderte.

Ein Implantat sendet ein chaotisches Signal in eure Aura, welches die Gedanken und Gefühle verwirrt! Ihr seid unfähig zu erkennen, was richtig oder falsch in eurem Leben ist. Eure Emotionen spielen verrückt. Die Lebensfreude und der Humor verschwinden! Es fällt euch sehr schwer, einen Zustand der Ausgeglichenheit und Balance zu halten.

Da du dieses Implantat zu einem Zeitpunkt bekamst, als du bereits länger an deiner Bewusstheit gearbeitet hattest, konnte es nur bedingt seine unangenehme Wirkung entfalten.

Aber es war trotzdem wichtig, dass es entfernt wurde, und du die Zusammenhänge mit deiner Bestellung erkanntest!

Wir möchten an dieser Stelle mit aller Deutlichkeit betonen: Hohe geistige Ebenen würden niemals mit Implantaten arbeiten!

Falls ihr vermutet, dass es in eurem System einen solchen Sender gibt, dann ruft euch Meister Gentl vom Hansen-College, damit ihr versteht, durch welche Aktion in diesem Leben ihr euch das Implantat „verdient" habt. Das ist auch dann der Fall, wenn ihr in eurer Jugendzeit unwissentlich mit schwarzer Magie herumexperimentiert habt. Ihr müsst lediglich heute erklären, dass ihr mit dieser Energie nichts mehr zu tun haben möchtet und Gott und die lichtvolle Seite bevorzugt!

Zum Herausziehen dieses Implantates könnt ihr Erzengel Raphael und Meistert Gentl beauftragen oder jeden anderen Erzengel oder Aufgestiegenen Meister. Wir helfen euch gern! Es ist eine Befreiung!

Meister Hilarion macht meine Kopfschmerzen weg

26. 03. 00:

Heute hatte ich Kopfschmerzen. Normalerweise kenne ich so etwas nicht, und sie waren auch nicht so intensiv, dass es nicht auszuhalten gewesen wäre. Trotzdem beschloss ich, etwas zu unternehmen:

Ich setzte mich zur Meditation hin und rief Meister Hilarion:

„Bitte unterstütze mich, dass sich meine Kopfschmerzen auflösen!"

Ich spürte seine Energie am Kronenchakra. Als ich entspannter war, hatte ich das Gefühl, als ob Hilarion eine Schublade aus meinen Kopf zog. Augenblicklich waren die Kopfschmerzen weg.

Das Theater an der Wien

Ich beschäftigte mich seit einigen Jahren mit Reinkarnation und hatte auch eine Rückführungs-Ausbildung gemacht. Meine Mutter war sehr interessiert an Spiritualität und wir machten zusammen einige Rückführungen. Als Nebeneffekt kam dabei heraus, dass ihre Dualseele Wolfgang Amadeus Mozart war. Wir schauten uns Filme über sein Leben an und meine Mutter hatte ein klares Bauchgefühl, welche Aspekte in den Filmen der Wahrheit entsprachen und welche nicht.

Ich hatte mich selbst bei einer Rückführung mal auf einer Theaterbühne erlebt. Es war lediglich ein kurzer Fetzen, in dem ich lautstark über die Bühne schreitend einen Satz sagte. Dann bemerkte ich, dass ich ein Mann war und flog raus aus der Szene und vergaß den Satz. Ende der Rückführung!

Ich philosophierte mit meiner Mutter darüber, ob ich wohl auch in diesem Mozartleben eine Rolle gespielt haben könnte und sich unsere Seelenfamilien möglicherweise schon länger kannten?

Am nächsten Tag bei der Meditation geschah etwas: Ein kleiner quirliger Mann tauchte auf, lief durch den Raum und sagte mit einem breiten österreichischen Dialekt: „Grüß di, Schikaneder! Wo bleibt denn der Mozart heute wieder?“ Ich sah ihn verblüfft an. Er war der Mozart!

Gleich im Anschluss rief ich meine Mutter an, um ihr von dieser Szene zu berichten. Ich endete mit der Frage: „Kannst du mit dem Namen Schikaneder etwas anfangen?“ Sie sagte: „Ja, er ist der Textdichter von der Zauberflöte!“

Ich dachte: „Naja, den kennt wahrscheinlich kein Mensch!“ Mir fiel aber ein, dass in der öffentlichen Bibliothek in Müllheim ein mehrbändiger Schauspielführer stand. Ich fuhr zur Bücherei und hatte eigentlich keine Hoffnung auf Erfolg. Es kam allerdings anders! Ich griff mir den Band mit S und fand … Emanuel Schikaneder geboren am 01.09.1751 … ich hätte fast das Buch fallen lassen! Mein eigener Geburtstag war der 1. September! Wie irre ist das denn?

Von 365 möglichen Tagen war ich genau am selben Tag nur 208 Jahre später geboren. Das musste ich erstmal verdauen!

Im Sommer fuhr ich mit meiner Mutter nach Österreich in den Urlaub. Wir besuchten die früheren „Wirkungsstätten“ unserer Seelenanteile. Es war sehr interessant. Ich fand in einem Antiquariat eine Biographie von Emanuel Schikaneder und kaufte sie.

Noch bevor wir dahin fuhren, hatte ich eine außerkörperliche Erfahrung, bei der ich das „Theater an der Wien“ aufsuchte. Ich war darauf erpicht, mal in diese Zeit zu reisen. Diesmal klappte es: Ich flog mit einer anderen Person und programmierte ein: zum Theater an der Wien!

Wir materialisierten uns im Inneren des Gebäudes auf der Bühne. War es dasselbe, was ich in meiner Rückführung gesehen hatte? Ich war mir unsicher. Es war ziemlich dämmrig. Der Zuschauerraum lag im Halbdunkel.

Die Person, die mit mir geflogen war, berührte mich von hinten an der Schulter und flüsterte mir zu: „Wir gehen jetzt durch ein Zeittor." Bewegt haben wir uns eigentlich nicht, aber die Kulisse veränderte sich. Auf einmal war Licht im Zuschauerraum.

Ich erkannte Logen, die halbrund und auf mehreren Etagen übereinander waren. Wieder kam ein Zeittor.

Diesmal veränderte sich die Beleuchtung, die Elektrik war verschwunden, es gab auf einmal Kerzenlicht. Ich war sehr aufgeregt: „So kannte ich es!"

Mein Begleiter verschwand plötzlich, tauchte aber gleich wieder auf und sagte: „Ich dachte, das Freihaustheater würde dich auch interessieren?" Ich erzählte ihm aufgeregt: „Ich weiß, wo die Kulissen von der „Zauberflöte" sind." Ich stampfte auf: „Hier unter der Bühne ist ein Raum, da sind sie!" Wir waren plötzlich unten.

Ich schaute mich eine Weile da unten um, es war leider ziemlich dunkel. Danach sind wir zurückgeflogen.

Eine sehr interessante Erfahrung! Auch wenn es mir rätselhaft war, wie das mit den Zeittoren funktionierte?

Meister Konfuzius erklärt:

Manchmal kann es vorkommen, dass bestimmte irdische Gebäude eine magische Anziehung auf euch ausüben. Das ist dann der Fall, wenn ein Haus über mehrere Jahrhunderte erhalten bleibt.

Eine Seele von eurer Familie, die gerade inkarniert ist, kommt als erste in ein öffentliches Gebäude – das kann ein Theater sein, eine Hochschule oder auch ein älteres Wohnhaus – und später geborene

Seelen aus derselben Familie fühlen sich ebenfalls von diesem Gebäude angezogen. Sie entwickeln dann rasch das Gefühl, hier zu Hause zu sein.

So ging es dir und Antar mit dem Theater an der Wien.

Antar hat für dich die Zeittore geöffnet. Ihr seid von der Gegenwart aus durch zwei Zeitschleusen gegangen. Dein Bruder zeigte dir, wie er das Gebäude um 1910 kannte, und danach kam noch ein Abstecher in die Gründungszeit um circa 1800, welche in dir Erinnerungen auslöste.

Zeittore öffnet ihr, indem ihr bittet: Zeige mir diesen Schauplatz vor 100 Jahren. Oder ihr wählt direkt eine Jahreszahl. Die Geschichte der Erde ist eingespeichert und abrufbar.

In die Zukunft gibt es keine deutlichen Speicherungen, sondern lediglich Wahrscheinlichkeiten.

Nach langer Zeit ein Besuch von Micro

30. 07. 00:

Heute habe ich in einer spirituellen Übung mein Misstrauen aufgelöst und dabei mit Erzengel Uriel gearbeitet. Danach legte ich mich hin und ließ es nachwirken. Dabei bin ich in einen veränderten Bewusstseinszustand eingetaucht und spürte die Anwesenheit einer Person. Sie griff nach meiner Hand. Wir lagen schließlich nebeneinander. Ich fragte: „Wer bist du?“ Er sagte: „Micro!“ Ich schaute ihn mir an, er war es wirklich. Wir lagen eine Weile nebeneinander und hielten uns im Arm. Das Gefühl war sehr positiv.

Meister Konfuzius erklärt:

Auch spirituelle Lehrer und Hohe Selbste bekommen zuweilen nostalgische Anwandlungen und schauen nach, was aus ihren ehemaligen „cleveren“ Schülern so alles geworden ist! Micro hat sich sehr gefreut über deine Entwicklung und wollte, dass du das weißt! Deshalb der Besuch!

Der Sprechkanal

August 2000:

Ich besuchte den 3. Teil zur Channelausbildung, und diesmal ging es um das Sprechen im Kanal. Vorher rief ich Meister Hilarion und bat ihn, mich zu unterstützen, so dass alles hervorragend klappte.

Ich meditierte und spürte eine Energie an meinem Kronenchakra. Mein feinstofflicher Körper stand senkrecht, mein Kronenchakra stand weit offen und eine goldgelbe Flüssigkeit floss herein. Es kribbelte intensiv. Jemand sagte, dass mein Energiefeld ganz toll aussähe!

Als ich in meinen Körper eintauchte, fühlte es sich an, als sei er aufgefüllt mit Sekt.

Bei der Ausbildung wurden wir eingechannelt, wobei jeder einen Kanalhüter bekam und auch die Meister und Erzengel sich vorstellten, für deren Botschaften man geeignet war.

Ich hatte fest mit Meister Hilarion gerechnet, weil ich am liebsten mit ihm arbeitete. Es waren jedoch Meister Konfuzius und Meister Kuthumi! Sie haben mir auch gleich angekündigt, dass sie gern Material für ein Buch heruntergeben würden!

Im ersten Moment war ich sogar etwas enttäuscht, weil es nicht Hilarion war! Aber nachdem die Arbeit mit den beiden Meistern begonnen hatte, schwebte ich auf Wolken. Es war goldrichtig!

Meister Konfuzius erklärt:

Du bist viele Jahre auf die Botschaften vom gelben Strahl

vorbereitet worden. Durch deine außerkörperlichen Erfahrungen war es möglich, Realitäten zu beschreiben und Zusammenhänge aufzuklären, von denen du zumindest einen Schimmer hattest.

Dein Wachbewusstsein hatte sich auf Meister Hilarion versteift. Aber du fandest in deinen Aufzeichnungen auch Hinweise auf Meister Konfuzius.

Nun, meine Lieben, die Namen der Aufgestiegenen Meister gibt es eigentlich nur für euch!

Die Bewohner der Venus haben beispielsweise keinen Konfuzius in ihrer Geschichte, aber sie rufen uns mit einer anderen Bezeichnung. Auch solltet ihr die Namen eher mit einem Firmenschild vergleichen. Da gibt es z.B. die Firma Hilarion, sie hat ein großes Wissen über die Ursachen von körperlichen Symptomen, es sind Wahrheitsforscher mit kräftiger Heilenergie.

Auf irdischer Ebene kennt ihr z.B. die Firma Henkel, und es ist euch geläufig, dass sie Reinigungsprodukte herstellen.

So ähnlich dürft ihr das auch mit den Aufgestiegenen Meistern sehen. Die Namen, die wir für euch gewählt haben, sind Branchenbezeichnungen, damit ihr eine Vorstellung habt, für welchen Bereich wir zuständig sind! Unsere Aufgabe ist es irdische Menschen, die uns rufen, energetisch und lösungsorientiert zu unterstützen.

Antar zeigt mir sein Zuhause

29. 09. 00:

Ich übte jetzt zweimal in der Woche mit meiner channelbegeisterten Mutter den Sprechkanal. Es klang nicht mehr so abgehackt wie am Anfang und kam allmählich in Fluss.

Heute wollte ich in der Meditation Antar treffen, rief ihn und konzentrierte mich anschließend auf ihn. Zuerst spürte ich Hände auf meinen Schultern. Er war direkt vor mir und fragte: „Kannst du mich sehen?“

Ich sagte: „Ja!“

Antars Gesicht wies eine versteckte Ähnlichkeit mit meinem eigenen auf – so eine Art Familienähnlichkeit. Er fragte: „Hast du einen Wunsch?“

„Ja, zeig mir dein Zuhause!“

Im nächsten Moment waren wir im Inneren eines Hauses. Es führte eine steile Treppe nach oben in einen Wohnraum. Hier war es sehr hell, große Fenster durchfluteten den Raum mit Licht. Die Einrichtung war entweder weiß oder aus Glas und hatte Goldverzierungen. Es gab außerdem noch farbige Riesenblüten, die wie Lampions von der Decke hingen.

Einem Teil von mir war der Raum zutiefst vertraut, obwohl ich ihn mit meinem Wachbewusstsein das erste Mal sah. Ich dachte, das musst du dir nicht merken, das kennst du ja sowieso alles! Prompt habe ich den Rest des Hauses vergessen!

Meister Kuthumi bereitet mich auf seine Botschaften vor

07. 10. 00:

Ich lasse jetzt jeden Tag für zwanzig Minuten die Energie von Meister Kuthumi durchfließen, damit er sich mit meinem Wortschatz vertraut machen kann. Heute habe ich das erste Mal in der Meditation Botschaften von ihm empfangen. Es war ein ganzer Schwall von hochinteressanten Informationen.

Er sagte sinngemäß:

„Auf der Erde stehen gewaltige Veränderungen bevor. Sie betreffen an erster Stelle das Bewusstsein der Menschen. Personen, die schon sehr an ihrer Bewusstheit gearbeitet haben, bei denen besteht jetzt die Möglichkeit einer Seelentransplantation. Das bedeutet: Sie bekommen aus hohen geistigen Ebenen ein Energiewesen als Unterstützung eingespeist. Eine Seelentransplantation ist nicht zu verwechseln mit einer Organtransplantation, wie sie in euren Krankenhäusern betrieben wird. Dabei wird nichts weggeschnitten, sondern etwas Hochschwingendes hinzugefügt! Der Vorgang ist eine Bereicherung! Auch bringt es den Prozess der Veränderung, der auf der Erde ansteht, enorm voran."

Ich habe es hinterher aus dem Gedächtnis aufgeschrieben, und ich hoffe sehr, dass mir das Kuthumi noch einmal erzählt, wenn er durch meinen Kanal spricht!

Ich brauche ein Tonband! Bisher haben wir einfach nur so gechannelt, aber jetzt spüre ich, dass die Zeit reif ist, die Botschaften aufzunehmen!

Meister Kuthumi erklärt:

Wir danken dir für die konstruktive Zusammenarbeit! Es ist uns ein Vergnügen, Botschaften herunter zu geben, und wir würden das Begonnene gern fortsetzen!

Der Strudel

17. 11. 00:

Ich hatte mittags meditiert, wobei ich sehr bewusst meinen Körper verließ. Ich flog eine weite Strecke mit turboartiger Geschwindigkeit, doch allmählich wurde der Flug langsamer. Ich materialisierte mich in einer merkwürdigen Mondlandschaft. Meinem Gefühl nach war's ein anderer Planet, denn so übel sah die Erde nicht aus!

Hier gab es überhaupt kein Grün, jegliche Vegetation fehlte. Ich stand auf einer kahlen, graubraunen Böschung, rechts von mir war in einem tiefergelegenen Bett ein Fluss. Das Wasser hatte die Farbe gelbbraun.

Ich dachte gerade, ob das ein unbewohnter Planet ist? Da entdeckte ich ein Zeichen von Zivilisation:

Auf der gegenüberliegenden Flussseite war in die Böschung ein Bunker eingebaut. Er hatte ein breites Beobachtungsfenster, und ich sah, wie sich dahinter zwei Gestalten bewegten. Ich hatte das Gefühl, von ihnen entdeckt und beobachtet zu werden.

Nun – wo immer das auch war, es sah nicht sehr einladend aus, und ich beschloss, wieder abzuhauen.

Ich startete zum Flug, kam aber nicht weg. Mich umgab ein merkwürdiger Strudel, der mich wie eine Glocke an Ort und Stelle hielt. Ich sagte mir innerlich: „Ganz ruhig bleiben!" Irgendwie spürte ich, dass sich jemand von hinten näherte, aber gebührenden Abstand hielt.

Ich besann mich auf meine göttliche Größe, sagte mir: „Ich bin Licht, Liebe, Freiheit und verströme ungeheuer kraftvolle göttliche Schöpfermacht!" Meine ganze Aura strahlte Licht aus! Ich glühte förmlich. Jetzt war ich in dem Zustand, den mir Erzengel Michael gezeigt hatte. Ich drehte mich, meiner vollen göttlichen Größe bewusst, um die eigene Achse.

Zehn Meter hinter mir stand eine kleine graue, gedrungene Gestalt. Sie erschrak, als sie mein Licht sah, und zog sich eilig zurück.

Ich war augenblicklich frei! Der Strudel hatte sich aufgelöst, und ich flog zur Erde zurück.

In der darauffolgenden Nacht traf ich sehr deutlich Meister Kuthumi. Wir standen nebeneinander auf einer Art kosmischen Aussichtsplattform. Die verschiedenen Planeten erschienen mir sehr nah. Meister Kuthumi hatte eine beeindruckende Ausstrahlung:

Er strahlte Klarheit, Kraft und Frieden aus und trug einen bodenlangen goldfarbenen Umhang über Schultern und Rücken.

Er zeigte auf verschiedene Planeten und gab Erklärungen ab, die ich jetzt nicht wiedergeben möchte. Später legte er seine Hand auf meine Schulter und sagte:

„Wir sind sehr stolz auf dich und möchten dich für deine Verhaltensweise loben. Du bist weder in die Opfer- noch in die Kämpfermentalität abgerutscht! Jetzt bist du ein Meister geworden!"

Er sprach über den gestrigen Vorfall. Die Worte gingen mir runter wie Öl!

Als ich wieder wach war, fiel mir ein, dass ich die Gelegenheit verpasst hatte, ihn mir genau anzusehen. Ich erinnerte mich zwar deutlich an seine fantastische Ausstrahlung und an seine prächtige Kleidung, aber in sein Gesicht hatte ich nicht geschaut! Schade!

Gleichzeitig stoppte ich meine Gedanken und sagte mir: „Keine Bewertung! Genauso wie es war, war es vollkommen in Ordnung!"

Meister Kuthumi erklärt:

Dieser Planet war eine Zeitebene der Ur-Plejaden. Durch Kriege ist damals dort die gesamte Natur verwüstet worden. Die Bewohner waren zu diesem Zeitpunkt sehr militärisch ausgerichtet und strebten die absolute Kontrolle der Bevölkerung an.

Sie waren zu der Zeit voller Misstrauen, und sie sahen überall Feinde. Wohin eine derartige Ausrichtung führt, konntest du an der Oberfläche des Planeten sehen. Er war nahezu unbewohnbar. Die Plejadier haben es damals geschafft ihre Welt vom selbstzerstörerischen Kurs zu befreien, zu heilen und in eine lichtvolle Zukunft zu führen. Das ist auch der Grund, weshalb sie eure Situation auf der Erde so gut verstehen und heute wertvolle Berater sind.

Gleichzeitig war es für dich eine Prüfungssituation. Mit dem Licht, der Freiheit und Bewusstheit in deiner Aura kannst du jede Begegnung meistern! Die Angst war von dir abgefallen, und damit hattest du die letzte Prüfung bestanden!

Antar kündigt die Verschmelzung an

02. 12. 00:

Ich traf auf der Traumebene Antar. Er stand in einem Türrahmen und sagte grinsend: „Wir werden wahrscheinlich bald heiraten, das heißt, zu einer Person verschmelzen!“

Am nächsten Tag wusste ich wirklich nicht, was ich davon halten sollte!

Mir war klar, dass zwischen Antar und mir eine seelische Verwandtschaft bestand. Wir waren auf Seelenebene Bruder und Schwester. Ebenso gab es meine Traumschwester Ines, die ich schon mehrere Male getroffen hatte. Aber heiraten?

Für meinen Verstand klang das sehr nach Inzucht!

Meister Kuthumi erklärte mir bei nächster Gelegenheit, dass bei der sogenannten Kymischen Hochzeit die ehemaligen Seelenanteile, die sich bei Betreten des Dualen Universums geteilt hatten, zurückverschmolzen würden. Er sagte noch mehr darüber.

Aber ich hielt es zu diesem Zeitpunkt für ausgesprochenen Schwachsinn! Ich dachte, wenn sie glauben, dass ich das in einem Buch veröffentliche, dann sind sie allerdings auf dem Holzweg! Es ist absolut unglaubwürdig!

Ich sonderte das Material über die Kymische Hochzeit aus, in der Gewissheit, es bestimmt nie wieder zu lesen.

Zehn Monate später habe ich es stillschweigend ausgegraben und eingefügt! Aber dazu später!

Ich besuche mein Hohes Selbst und meine Geschwister

05. 05. 01:

Das Channeln klappte immer besser! Ich hatte schon mehrere hochinteressante Botschaften erhalten, die ich eifrig sammelte und von den Kassetten abschrieb.

Als ich mich heute beim Rausgehen aus dem Kanal von Meister Konfuzius verabschiedete, bestellte ich bei ihm: „Ich würde gerne heute Nacht eine außerkörperliche Erfahrung machen!“

Mal sehen, ob's klappt?

Als ich Stunden später ins Bett ging, glitt ich als erstes in einen Wachtraum:

Mein feinstofflicher Körper wollte sich aus dem Physischen erheben, aber jemand hielt mich fest und versuchte, meine Arme zu verknoten. Ich habe mich heftig gewehrt und war sehr aufgeregt, aber auch dadurch bedingt hellwach.

Mir kam die Idee, dass ich einfach davonfliegen könnte! Gedacht – getan! Im nächsten Moment flog ich wie eine Rakete senkrecht davon. Unterwegs programmierte ich ein: Ich möchte in die höchsten lichtvollen Ebenen, die ich wahrnehmen kann!

Meinen Landungsort erfüllten sehr zarte Töne, es klang wie Sphärenmusik. Es war ein Raum mit Lichtern, Steinen, einem Perlenvorhang und durchscheinenden Stoffbahnen. Allerdings war niemand hier! Ich war allein und irgendwie hatte ich das dringende Bedürfnis, eine Person zu treffen, der ich vertraute. Mein Hohes Selbst fiel mir ein!

Ich bestellte:

Zu meinem Hohen Selbst Ölbaum! Ich flog wieder davon.

Diesmal landete ich auf einer Straße in einem kleinen Ort. Rechts und links standen Häuser. Drei Jugendliche, ein Mädchen und zwei Jungen, lungerten hier herum. Ich fragte sie: „Wisst ihr, wo der Ölbaum wohnt?“

Sie zeigten auf das Haus hinter mir, es hatte eine zur Straße offene Veranda, und drinnen an einem Herd rührte eine dicke Mami in einer Pfanne.

Sollte das Ölbaum sein? Ich hatte ihn schon mehrmals getroffen, aber nicht in diesem Mami-Look!

Ich ging hinein. Die drei Jugendlichen folgten mir ganz selbstverständlich. Ich fragte die Mami: „Bist du der Ölbaum?“ Sie drehte sich um und sagte: „Ja!“ Ich bat: „Kannst du mich mal in den Arm nehmen?“ Wir umarmten uns. Sie sagte: „Na, du willst ja überhaupt nicht mehr loslassen!“ und setzte hinzu: „Erinnerst du dich, als du das letzte Mal hier warst, haben wir da drüben gesessen und zusammen die Anzeige aufgesetzt?“

Dort und in dem Moment erinnerte ich mich. Nur hinterher war mir schleierhaft, wovon sie gesprochen hatte!

Ölbaum sagte mir, ich solle mich hinlegen, und begleitete mich in einen Raum mit Bett. Ich legte mich auf's Bett und erzählte von dem Geistwesen, das mich festgehalten hatte. Die drei Jugendlichen standen ebenfalls drumherum. Einer trug die Pfanne. Sie sagte zu den anderen:

„Geht zum Essen hinten raus, damit sie ungestört einschläft!“

Ölbaum blieb bei mir und streichelte meinen Rücken. Ich beruhigte mich und schlief ein.

Im nächsten Moment wurde ich in meinem Bett wach.

Beim nächsten Channeling erklärte mir Meister Konfuzius, er sei das Geistwesen am Bett gewesen, das mir die Arme verknotet hätte. Es wäre die einfachste Methode gewesen, um mein Wachbewusstsein zu erhalten, und genau das hätte ich ja bestellt!

Meister Konfuzius erklärt:

Familientreffen bei Ölbaums.

Nun, die drei Jugendlichen waren deine Seelengeschwister und die „Mami“ am Herd euer Hohes Selbst. Mit deinem Bruder Antar und deiner Schwester Ines, die ihren Aufenthaltsort im jenseitigen Bereich hatten, warst du schon vertraut. Dein zweiter Bruder ist genau wie du inkarniert. Du kanntest ihn zu diesem Zeitpunkt nur aus dem feinstofflichen Bereich.

Es ist nicht unbedingt die Regel, dass im feinstofflichen Bereich gegessen wird. Aber Antar war für die Kymische Hochzeit vorgesehen, das heißt, zur Verschmelzung mit deiner Seele, und würde danach ebenfalls in deinem physischen Körper leben. Es hat sich als Vorteil erwiesen, wenn die Person, die aus dem feinstofflichen Bereich in die Physis übersiedelt, sich schon vorher an die Nahrungsaufnahme gewöhnt. Deshalb das Essen!

Ihr alle besitzt im jenseitigen Bereich eine Familie. Zu jeder Familie gehört ein Hohes Selbst und eine unterschiedliche Anzahl von Seelengeschwistern! Alle Geschwister haben das gleiche Hohe Selbst!

Wenn ihr zu meditieren beginnt, werdet ihr oft von euren Familienmitgliedern betreut.

In einem bestimmten Entwicklungsstadium kann es von Vorteil sein, wenn ihr euch Aufgestiegene Meister oder Erzengel zur Unterstützung ruft. Wir haben die Schwierigkeiten, in denen ihr gerade steckt, vor nicht all zu langer Zeit gemeistert und sind dadurch darauf trainiert, einen Ausweg mit euch gemeinsam zu finden. Ruft uns und wir werden euch helfen!

Kymische Hochzeit mit Antar

27. 10. 01:

Als ich abends zu Bett ging, machte ich die Schnellverbindung mit meinem Hohen Selbst, wie sie mir erst kürzlich Meister Konfuzius durchgegeben hatte. Danach bin ich ganz normal eingeschlafen. Mein Bewusstsein setzte erst unmittelbar vor der Verschmelzung mit Antar ein:

Das Erste, was ich bewusst mitbekam, war ein goldgelber

Lichtzylinder, in dem ich mich befand. Ich hatte das Gefühl, als ob ich von pulsierender Lichtenergie umgeben wäre. Alles in mir fühlte sich riesig groß und fließend an. Mein Kronenchakra stand weit offen.

Als Nächstes wurde meine Aufmerksamkeit nach oben gezogen, ich sah, dass Antar ebenfalls in diesen Lichtzylinder hereinschwamm. Er lächelte mir zu und tauchte im nächsten Augenblick durch mein Kronenchakra in meinen feinstofflichen Körper ein. Er streckte sein rechtes Bein in mein rechtes Bein, das linke in mein linkes, tauchte in meine Arme ein und schüttelte sich im ganzen Körper zurecht.

Es war absolut deutlich spürbar! Mein gesamter Körper war angefüllt von intensivstem Kribbeln.

Danach wurde ich in meinem physischen Körper wach. Alles in mir vibrierte und prickelte. Ich machte das Licht an und schaute sofort auf den Wecker. Es war 2.00 Uhr nachts.

Mein Hirn schaltete sich ein: Was war denn das? Das wird doch wohl nicht diese merkwürdige Kymische Hochzeit gewesen sein, von der sie immer erzählt haben?

Als sich mein Kreislauf wieder normal anfühlte, stand ich auf, ging zum Badezimmerspiegel und guckte, ob ich noch genauso aussah wie vorher. Ich hatte das Gefühl, als ob sich meine Augenfarbe um eine Nuance verändert habe. Ansonsten stimmte äußerlich noch alles!

Jetzt war ich also mit Antar verschmolzen! Und ich hatte es so deutlich gespürt, dass kein Zweifel möglich war.

Am nächsten Tag kramte ich verstohlen das ausgesonderte Material über die Kymische Hochzeit aus der Schublade und fügte es wieder ins Buch ein.

Meister Konfuzius erklärt:

Nun, meine Liebe, du hast die Kymische Hochzeit deshalb so deutlich erlebt, damit du dieses Wissen an die Menschheit weitergibst!

Mit der Kymischen Hochzeit beginnt die Rückverschmelzung zurück zur ehemaligen Wesenheit. Ihr durchlauft zuvor eine Phase der Prüfung. Dabei dürft ihr unter Beweis stellen, dass ihr reif seid für diesen Schritt und euch bemüht, euch wie verantwortungsbewusste, wache Menschen zu verhalten.

Ist die Kymische Hochzeit vollzogen, habt ihr automatisch ein stärkeres Seelenpotential. Ihr seid ausbalanciert und die Weisheit eurer Seele tritt deutlicher mit eurem Wachbewusstsein in Kontakt. Es ist eine enorme Bereicherung für euch!

Gleichzeitig ist die Kymische Hochzeit euer Garantieschein für das Ende des Inkarnationszyklus. Das Rad des Immer-wieder-Geboren-werdens in der Dualität wird gestoppt. Ihr habt die Meisterschaft damit bestanden und begebt euch nach dieser letzten irdischen Inkarnation zu den Aufgestiegenen Meistern und tretet somit den Rückweg zur göttlichen Quelle an.

Da ihr euch in einer aufsteigenden Zeitebene befindet, wird enormer Druck auf eure Psyche ausgeübt. Eure Seele möchte den Abschluss machen! Sie möchte, dass ihr erwacht und liebevoll für euch selbst sorgt. Sie wird euch so lange in Bedrängnis bringen, bis ihr bereit seid, die Verantwortung für eure Gedanken und Gefühle zu übernehmen. Sie führt euch hin zu eurer wahren Größe, zu der Göttin und dem Gott, der in euch schlummert!

Und wir versichern euch, es werden sehr, sehr viele diesen Schritt machen und der Dualität für immer den Rücken kehren!

Was verändert sich durch die Kymische Hochzeit?

In den ersten Tagen nach der Verschmelzung war mir bei jeder Mahlzeit unterschwellig übel, und ein Teil von mir wunderte sich, dass das alles so künstlich schmeckte. Die Übelkeit verschwand innerhalb kurzer Zeit und Antar wurde stattdessen gefräßig.

Meine innere Stabilität hatte einen gewaltigen Zuwachs erhalten! Wenn ich früher noch gelegentlich aus der Balance geriet, so war doch jetzt deutlich wahrnehmbar eine Präsenz vorhanden, die so leicht nichts erschüttern konnte!

Auch hatte Antar das Bedürfnis, Nachrichten zu schauen, die ich vorher über Jahre eher pestartig gemieden hatte. Meine innere Klarheit bezüglich der Botschaften von Meister Konfuzius und Kuthumi steigerte sich enorm. Ich hatte zu diesem Zeitpunkt fast das komplette Material an Durchsagen für das erste Buch erhalten. Allerdings waren die Kapitel wild durcheinander! Ich hatte sie in der Reihenfolge notiert, wie sie von mir empfangen wurden, und dabei ging es sprunghaft von einem Thema zum anderen.

Vor der Kymischen Hochzeit hatte ich bisweilen Zweifel, ob aus dem gesammelten Material jemals ein Buch werden würde?

Die Zeitebenen und verschiedene andere Aussagen im Manuskript waren mir ein Buch mit sieben Siegeln. Von Antar angetrieben, begannen wir zu ordnen und legten das gesammelte Material am Boden aus. Nach wenigen Tagen hatte ich einen Überblick, der mir vorher gefehlt hatte.

Jetzt verstand ich auf einmal, wie die Aussagen gemeint waren. Auch wurde mehr und mehr deutlich, an welchen Stellen noch Wissenslücken waren, und wir notierten, welche Fragen noch an die Meister gestellt werden mussten.

Ende Februar 2002 war das Manuskript komplett, und ich sah in der Meditation laufend irgendwelche Banner, auf denen „**Bestseller**“ stand! Wir feilten noch etwas an der Ausdrucksform und an einzelnen Worten. Das „Okay“ vom Ch-Falk-Verlag kam sofort!

Meister Konfuzius drängte, wir sollten am Schluss des Buches einen Hinweis auf die künftigen Seminare einfügen. Wofür ich ihm heute noch dankbar bin!

Im August erschien das Buch „Der Aufstieg der Erde“, fand sofort regen Anklang und wurde ein Bestseller. Das erste Seminar mit Meister Konfuzius gab ich im Oktober 2002. Ich spürte, jetzt war die Zeit gekommen, den ungeliebten Halbtagsjob loszulassen!

Meine Angst vor der Kündigung war verschwunden. Ich war mir auf einmal sicher, dass ich jetzt genau das erfüllte, weswegen ich auf die Erde gekommen war!

Der Weg dahin war phasenweise hart gewesen und die Entwicklungsschritte gnadenlos. Aber ich bin sehr froh, dass ich durchgehalten habe! Das Leben bietet immer wieder neue Herausforderungen, aber die Wellen der Emotionen, die Opfer- und Kämpferspiele und gelegentlichen Aufregungen werden immer kürzer und sanfter. Doch es wird nie langweilig!

Ich wünsche allen Menschen von ganzem Herzen, dass sie ihren persönlichen Weg erkennen und viel Freude in ihrem Leben haben!

Seminar-Info

Ute Kretzschmar gibt seit 2003 im deutschsprachigen Raum Seminare, die ihr von Aufgestiegenen Meister und Erzengeln durchgegeben wurden. In den Seminaren geht es um Bewusstseinsarbeit, spirituelles Wissen, die bewusste Wahrnehmung der inneren Stimme sowie das Empfangen von Botschaften aus geistigen Ebenen, Reinkarnation, Dualseelen, die Energie der Erzengel, die neue Welt und vieles mehr. Weitere Infos unter:

www.ute-kretzschmar.com

Weitere Bücher von Ute Kretzschmar:

„Licht am Ende des Tunnels“
Antar-Verlag, Autorin: Ute Kretzschmar, 210 Seiten / D 17,90 €
ISBN 978-3-948034-467 erschienen 2023

„Der Áufstieg der Erde oder Das Erwachen Deiner Seele“
Überarbeitete Neuauflage, Autorin:
Ute Kretzschmar, 252 Seiten / D 17,90 € ISBN 978-3-9817125-13
erschienen 2016

„Aufruf zur Lichtrevolution“
Antar-Verlag. Autorin Ute Kretzschmar, 160 Seiten / D 15,90 €
ISBN 978-3-9815215-97 erschienen 2014

„Chaos & göttlicher Wandel“
Antar-Verlag, Autorin: Ute Kretzschmar, 164 Seiten / D 12,90 €
ISBN 978-3-981521-50-4 erschienen 2012

„Die Seele in den Meisterjahren“
Ch-Falk-Verlag, Autorin: Ute Kretzschmar, 217 Seiten / D 15,90 €
erschienen 2004 ISBN 3-89568-127-X

Ebenso gibt es zahlreiche Meditations- und Channeling-CDs von
Ute Kretzschmar. Infos unter:
www.antar-verlag.de